本书受到西北大学出版基金资助

# 农村社会资本与参保决策

## 一个理论框架及实证检验

吴玉锋 著

Nongcun Shehui Ziben Yu Canbao Juece
Yige Lilun Kuangjia Ji Shizheng Jianyan

中国社会科学出版社

**图书在版编目(CIP)数据**

农村社会资本与参保决策：一个理论框架及实证检验/ 吴玉锋著 .
—北京：中国社会科学出版社，2015.8
ISBN 978 – 7 – 5161 – 6493 – 8

Ⅰ.①农… Ⅱ.①吴… Ⅲ.①农村—社会资本—研究—中国
②农民—社会保障—研究—中国 Ⅳ.①F323②F323.89

中国版本图书馆 CIP 数据核字(2015)第 153905 号

| | | |
|---|---|---|
| 出 版 人 | 赵剑英 |
| 责任编辑 | 刘 艳 |
| 责任校对 | 陈 晨 |
| 责任印制 | 戴 宽 |

| | | |
|---|---|---|
| 出 版 | 中国社会科学出版社 |
| 社 址 | 北京鼓楼西大街甲 158 号 |
| 网 址 | http://www.csspw.cn |
| 邮 编 | 100720 |
| 发 行 部 | 010 – 84083685 |
| 门 市 部 | 010 – 84029450 |
| 经 销 | 新华书店及其他书店 |

| | | |
|---|---|---|
| 印刷装订 | 三河市君旺印务有限公司 |
| 版 次 | 2015 年 8 月第 1 版 |
| 印 次 | 2015 年 8 月第 1 次印刷 |

| | | |
|---|---|---|
| 开 本 | 710×1000 1/16 |
| 印 张 | 17.25 |
| 插 页 | 2 |
| 字 数 | 309 千字 |
| 定 价 | 66.00 元 |

凡购买中国社会科学出版社图书,如有质量问题请与本社营销中心联系调换
电话:010 – 84083683

# 目　　录

# 前　言

本书是笔者在博士论文基础上修改而成。本书从农村社会资本理论视角出发试图回答农民参保决策的影响因素，在建构农村社会资本与农民参保决策理论模型的基础上进行实证研究，并提出了培育农村社会资本的政策建议。以往对农民参保决策影响因素的研究中，通常以理性小农逻辑给出一个经济因素的解释。本书突破学界从经济因素解释农民参保决策的局限，认为农民是社会人，其参保决策嵌于社会结构之中，具有一定的创新性。

近年来，党中央、国务院为促进三农保险的发展做出了一系列重大决策。2002 年 10 月，中共中央、国务院发布了《关于进一步加强农村卫生工作的决定》，提出建立新型农村合作医疗制度。2009 年 9 月，国务院发布了《国务院关于开展新型农村社会养老保险试点的指导意见》，决定在全国开展新型农村社会养老保险的试点工作。2009 年 12 月，中共中央、国务院通过《中共中央国务院关于加大统筹城乡发展力度进一步夯实农业农村发展基础的若干意见》，提出发展农村小额保险，健全农业再保险体系，建立财政支持的巨灾风险分散机制。2014 年 2 月，国务院办公厅下发《国务院关于建立统一的城乡居民基本养老保险制度的意见》，在全国范围内建立统一的城乡居民基本养老保险制度。三农保险是我国缩小城乡差距、推进城乡公共服务均等化、增加农民收入的重大惠民政策。近年来，我国三农保险市场取得了明显的成绩，但总体而言，我国农村保险事业还比较落后。我国三农保险市场发展滞后的本质是农村保险潜在需求巨大与实际参保率低的矛盾。三农保险参保率低，阻碍了我国保险业的发展，阻碍了新农村建设的脚步，也不利于农村多层次社会保障体系的形成，更不利于城乡统筹发展。在此背景下，分析农民参保决策的影响因素显得非常迫切。

社会资本作为一个学术概念,一直是社会科学研究的热点。正如奥斯特罗姆所说,"很少有一个科学概念像社会资本一样,在如此短的时间内引起如此广泛的关注并且聚集了如此众多的追随者"。[①] 自从布迪厄把社会资本概念引入社会学研究领域后,社会资本理论在各个学科领域都表现出了强大的解释力,并且鉴于它不明确的概念关系,不同的研究者给予了社会资本不同的定义。[②] 波特斯(Portes)与阿德勒(Adler)等将这些定义归纳为两种层次:一个是微观社会资本,它是一种嵌入于个人行动背后的社会网络中的资源,其功能在于帮助行动者获得更多的资源;另一个是宏观社会资本,它内含在群体中,表现为规范、信任和网络联系的特征,其功能在于提升群体的集体行动水平。[③] 对宏观社会资本进行定义和研究的学者始于帕特南。帕特南(Putnam)运用社会资本理论分析社区如何通过社会连接和公共事务参与缔造成员间的信任和互惠的规范,以提高政府的绩效和促进经济发展。帕特南通过对意大利南部与北部政府绩效进行跟踪研究,发现同一制度在不同地区产生了不同的绩效,绩效差异应归因于社区社会资本。在帕特南看来,社会资本是一种组织特点,如信任、规范和网络等,它使得实现某种目的成为可能。在社会资本建构较好的意大利的北部城市,市民热衷参与社团和公益事务,社会充满了互信和合作的风气,使得地方政府在社会稳定、社会服务推行、工农业改革等方面都较其他地区要好。[④] 在帕特南开启宏观社会资本的研究之后,更多学者发现了社区社会资本对地区金融发展方面的作用,结论一致认为社区社会资本

① [美] Ostrom, Elinor & [美] T. K., Ahn, *Foundations of Social Capital*, Edward Elgar Publishing Limited, 2003.

② [法] Bourdieu, *The Forms of Capital*, In handbook of Theory & Research for the Sociology of Education, ed. J. G. Richardson, New York: Greenwood, 1985; [美] Coleman, James, *Social Capital in the Creation of Human Capital*, American Journal of Sociology, 1988, 94, pp. s95 – s120; [美] Lin Nan, *Building a Network Theory of Social Capital*, in social capital: Theory and Research, (eds.) by Lin Nan, Karen Cook, Ronald S. Burt, New York: Aldine De Gruyter, 2001; [美] Putnam, Robert D., *Making Democracy Work*, Princeton: Princeton University Press, 1993.

③ [美] Adler, Paul & [美] Kwon, Seok-Woo, "Social capital: prospects for a new concept", in *The Academy of Management Review*, 2002, 27(1), pp. 17 – 40; Alejandro, Portes, "Social Capital: Its Origins & Applicationsin Modern Sociology", *Annual Review of Sociology*, 1998, pp. 1 – 24.

④ [美] Putnam, Robert D., *Making Democracy Work*, Princeton: Princeton University Press, 1993.

通过信任、网络和规范能促进地区经济和金融参与①。

社会学家从一开始就关注经济问题的研究，用社会资本的理论和方法研究经济问题。格兰诺维特（Granovetter）在《经济行动与社会结构：嵌入问题》中开创性地运用嵌入、社会网络和社会资本等分析工具来解释个体经济行为，提出了社会结构对个体经济行为有重要影响的观点。农民参保决策是通过社会互动形成社区相对共识后而达成的。查尔斯·曼斯基（Manski Charles F.）在社会互动的经济学分析中，解释了同一群体成员行为趋向一致性的原因。之前的社会学家将之称为"社会规范"（social norm）、"邻里效应"（neighborhood effects）、"羊群效应"（herd bavior），而他进一步把社会互动分为内生互动（endogenous interactions）、外生互动（contextual interactions）和交互效应（correlated effects）。② 自 20 世纪 90 年代以来，运用社会资本理论研究经济发展的成果层出不穷。社会资本范式对宏观经济增长的解释效力已经取得经济学界的共识。而最近的研究从微观层面检验了社会资本对个体金融参与的促进作用。遗憾的是，有关研究只关注了城市居民的市场金融参与，很少涉及农民参保决策。有关农民参保决策的研究也多强调经济因素的作用，过分强调农民的"计算"动机与能力，对农民的理解单向度化，没有把农民所处的文化和规范等宏观环境纳入到分析框架中。社会资本范式把文化和规范纳入分析框架，对个人经济决策行为动因做出了独特的解释。中国农村社会中基于血缘、地缘所形成的社会关系是乡村各种资源配置的重要机制，农民对村域共同体具有强烈的认同感和归属感，这些特征使得社会资本对农民参保决策有重要影响。对于农村社会资本影响参保决策的解释，还可以从格兰诺维特的"社会嵌入性"观点得到补充。格兰诺维特认为个体的金融行为不是独立存在的，而是嵌入在社会关系和网络中，关系和网络提供了一种信任和规

---

① ［美］Knack, Stephen & ［美］Keefer, Philip, "Does Social Capital Have an Economic Payoff"? *A Cross-Country Investigation*, Quarterly Journal of Economics, November, 1997, 112（4），pp. 1251 – 1288；［美］Knack, Stephen & ［美］Zack, Paul, "Trust and Growth", *Economic Journal*, April, 2001, 111（470），pp. 295 – 321；［美］Grootaert, Christiaan, *Social Capital, Household Welfare and Poverty in Indonesia*, Local Level Institutions Working Paper, No. 6, Washington D. C.：World Bank, 1999, pp. 1 – 79.

② ［美］Manski, Charles F., "Economic Analysis of Social Interaction", *Journal of Economic Perspectives*, 2000, 14（3），pp. 115 – 136.

则,网络中的人们倾向于合作。① 格兰诺维特所说的网络、信任和规则就是社会资本。

本书突破古典经济学对个体经济决策行为解释的局限,提出了解释农民参保决策的新视角,认为个人经济决策行为嵌入在社会关系之中,农民在村域中的互动及关系特征对其经济决策行为有直接的影响,社会结构及其特征组成了村域中农民经济行为的结构性因素,农民的经济行为不仅受到经济理性人逻辑的支配,还要受到村域社会人逻辑的支配,农民的参保决策不仅仅是制度激励的结果,更是农村社会资本支配的结果。本书试图分析农村社会资本对农民参保决策的作用机制和影响效应。

本书共分为五部分,八章。第一部分为导论,即第一章。本部分首先介绍本书提出的理论背景和现实缘由,研究的理论意义和现实意义;其次在梳理国内外研究现状的基础上总结出研究的不足之处,并提出本书的视角;再次对研究涉及的主要概念给出明确的定义,并分析如何实现具体的研究目标,依据研究思路给出本书的章节框架;最后介绍本书所运用的主要研究方法。

第二部分是理论研究,即第二章。本部分的主旨是建构农村社会资本与农民参保决策理论模型,分析农村社会资本对参保决策的影响机制。第二章首先对农村社会资本概念、属性、分析层次等基本理论进行归纳和分析,提出农村社会资本分析框架。其次根据参保决策的"过程"本质,在理论分析参保决策基础上,提出参保决策的分析框架。最后建构农村社会资本与参保决策的理论模型,在此基础上形成本书的研究假设。再从过程激励理论、交易成本理论和羊群行为理论分析农村社会资本对农民参保决策效应的理论基石。

第三部分是实证研究,包括第三章、第四章和第五章。第三章是农村社会资本实证研究。本章分别从农民个体微观和村域社区宏观两个层面实证检验农村社会资本理论。对农民个体和村域社区社会资本的测量指标进行因子分析,通过描述统计对农村社会资本各维度的状况进行分析,通过相关分析对各维度之间的关系进行检验。第四章是农村社会资本与参保决策实证分析:微观层面。本章从农民个体层面实证检验农村社会资本对于

---

①　[美] Granovetter M., *Economic action and social structure*:"The problem of embeddedness", *American Journal of Sociology*, 1985, (91), pp. 481 – 580.

农民信息搜寻、参与指数和参保行为的影响效应和作用机制。第五章是农村社会资本与参保决策实证分析：宏观层面。本章从村域社区层面实证检验农村社会资本对信息搜寻、参与指数和参保率的影响效应和作用机制。

第四部分是对策研究，包括第六章和第七章。第六章分析了农村社会资本对农民参保决策的效应。先分别以新型农村社会养老保险、新型农村社会合作医疗和商业养老保险等三农保险项目为例，分析农村社会资本对农民参保决策的促进效应。第七章是农村社会资本的培育。本章的主旨是分析如何培育农村社会资本。为实现培育农村社会资本的目标，分别从大力发展民间组织、建构农村社会信用体系、增强互惠规范和保护农村传统四个方面提出提升农村社会资本含量的建议。

第五部分是结论与讨论，即第八章。本章归纳出具体的研究结论，并指出本书的创新和不足之处。

本书在理论与实证分析农村社会资本对参保决策影响效应和作用机制的基础上，提出培育农村社会资本的政策建议，研究意义在于：

第一，理论价值。以往对农民参保决策影响因素的研究中，通常以理性小农逻辑给出一个经济因素的解释。本书突破学界从经济因素解释农民参保决策的局限，认为农民是社会人，其参保决策嵌于社会结构之中。农村社会资本对农民参保决策给出了一个可能的解释，它通过多种机制影响农民参保决策。农村社会资本是农民参保决策背后的非经济原因，农民参保决策受到农村社会结构和关系特征的制约。本书在建构农村社会资本与农民参保决策理论模型的基础上进行实证研究，拓展了当前的理论领域。

第二，实际应用价值。本书给发展我国三农保险提供了一个新的社会结构和社会特征的政策视角，完善的三农保险政策需要大系统观，不应局限于经济视角，农村社会资本是重要影响因素。本书的研究揭示出：提高农民和农村地区的社会资本水平是发展三农保险的重要组成部分。可以通过强化民间组织、农村社会信用体系、互惠规范和农村传统来提升农村社会资本含量。

# 第一章 导论

## 第一节 本书研究背景及研究意义

### 一 研究背景

社会学家从一开始就关注经济问题的研究，并运用社会学的理论和方法研究经济问题。以《经济行动与社会结构：嵌入问题》一书的问世为标志，格兰诺维特确立了新经济社会学的学科地位。格兰诺维特开创性地运用嵌入、社会网络和社会资本等分析工具来解释个体经济行为，提出了社会结构对个体经济行为有重要影响的观点。新经济社会学分析个体经济行为的常用理论工具就是社会资本。帕特南指出社会资本与制度一样具有"协调行动"的功能，社会资本实际上是在社会互动中形成的一种非匿名的资本，它的主要形式是在一定社会空间内部的关系网络、信任、互惠和规范。20 世纪 90 年代以来，运用社会资本理论研究经济发展的成果层出不穷。金融参与是经济发展的重要内容，路易吉·圭索（Guiso Luigi）和哈里森·洪（Hong Harrison）等人开创性地分析了社会资本对金融参与的影响。前者从信任视角实证分析了社会资本对地区金融发展和个体金融参与的推动作用，后者实证分析了社会互动对金融参与的显著性作用。他们的主要观点可以概括为：社会互动通过内生互动和情景互动影响个体的金融决策，内生互动促进了个体的金融参与，而情景互动对个体金融参与具有正负两种效应；社会信任通过降低金融契约的交易成本，增加个体投资收益的期望值，从而促进个体的金融参与。

本书的主要研究内容是农民参保决策。跟金融决策行为一样，参保也是一种经济决策行为。新古典经济学提供了个体经济决策行为的解释工具——理性选择范式。理性选择范式把分析个人在既定环境中的选择和行为动机作为解释的重点，把个人看成是纯粹的经济理性，忽视了人的社会性，对个体需要的解读单一化、自然化。为弥补理性选择范式的缺陷，社会学把制度和文化引入到个体行为动机的解释框架中，把"经济人"还原为"社会人"，认为个人是在宏观文化和制度背景之下做出行为决策的，这就是社会资本范式。理性选择范式和社会资本范式对农民经济行为解释的分歧表现为理性小农和生存伦理之争，即波普金—斯科特命题。波普金主张理性小农，认为农民是追求利润最大化的。斯科特用生存伦理假说否定理性小农假说，认为生存伦理取向的农民宁愿选择回报较低但较稳定的策略。无疑，社会资本理论对生存伦理假说有一定的兼容性，社会资本理论视野下的农民是有限理性的，它考虑到农民经济行为背后的非市场机制因素，农民的经济决策行为并非直接接受价格机制的安排，农民在村域中的互动及关系特征对其经济决策行为有直接的影响。社会资本理论提出了解释农民参保决策的新视角，本书试图分析农村社会资本对农民参保决策的作用机制和影响效应。

三农保险不仅可以促进金融等经济资源向农业和农村流动，推动农村的生产型消费，保护农村生产力，而且可以优化财政支农的方式和途径，实现财政投入的放大效应，有效提高农民的社会保障水平。推动三农保险市场发展是我国统筹城乡发展，改善城乡二元经济结构，提升农业、农村再发展能力的重要途径，对建设社会主义新农村具有重要意义。

近年来，在中央和地方各级政府的支持下，尽管我国农村保险市场取得了明显的成绩，但总体而言，我国农村保险事业还比较落后。我国三农保险市场发展滞后的本质是农村保险潜在需求巨大与实际参保率低的矛盾。三农保险参保率低阻碍了我国保险业的发展，阻碍了新农村建设的脚步，也不利于农村多层次社会保障体系的形成，更不利于城乡统筹发展。因此，分析农民参保决策的影响因素显得非常迫切和具有实际意义。

## 二　研究意义

党中央、国务院为促进三农保险的发展作出了一系列重大决策。2002年10月，中共中央、国务院召开了全国农村卫生工作会议并发布了《关于进一步加强农村卫生工作的决定》，提出建立新型农村合作医疗制度。从2004年到2010年中央一号文件都对政策性农业保险的发展提出了具体要求。2009年9月，国务院发布了《国务院关于开展新型农村社会养老保险试点的指导意见》，决定在全国开展新型农村社会养老保险的试点工作。2010 年，《中共中央国务院关于加大统筹城乡发展力度进一步夯实农业农村发展基础的若干意见》进一步提出：积极扩大农业保险保费补贴的品种和区域覆盖范围，加大中央财政对中西部地区保费的补贴力度；鼓励各地对特色农业、农房等保险进行保费补贴；发展农村小额保险，健全农业再保险体系，建立财政支持的巨灾风险分散机制。2012 年，国务院决定在全国范围内开展新型农村社会养老保险（简称"新农保"）工作，新农保制度实现全覆盖。新农保是中央政府主导和地方政府参与，基于自愿参与的农民养老风险分担制度，是我国加快建设覆盖城乡居民社会保障体系的重大决策。2014 年 2 月，国务院发布《国务院关于建立统一的城乡居民基本养老保险制度的意见》，宣布将新农保和城镇居民社会养老保险两项制度合并实施，在全国建立统一的城乡居民基本养老保险制度。可以看出，国家对三农保险的重视程度和支持力度在不断加强。三农保险在推动我国农村地区的发展方面具有重大意义，这些政策的实际效果最终取决于农民参保决策。因此，在自愿参与的前提下，研究农民参保决策的影响因素具有重大的现实意义。本书从农民是村域社会人的角度寻找答案，致力于对影响农民参保决策的非经济因素的分析，解释部分农民、地区拒绝"参保"的社会原因，从而制定相应对策促进农民参保。

以往对农民参保决策影响因素的研究中，通常以理性小农逻辑给出一个经济因素的解释。本书突破学界从经济因素解释农民参保决策的局限，认为农民是社会人，其参保决策嵌于社会结构之中。农村社会资本对农民参保决策给出了一个可能的解释，它通过多种机制影响农民参保决策。农村社会资本是信息传播的重要工具，从而降低了搜寻信息成本；社会互动通过情景互动和内生互动两个机制使得农民参保决策出现示范效应和伙伴效应；农村社会资本作为一种内含于人际之间的信任，可以增进农民对保险的信赖，降低制度交易成本；互惠规范对农民参保决策产生"挤入"和"挤出"两种效应，在"挤出"效应被冲淡的前提下，互惠对参保决策有正效应；"规范"调节了农民的行为，使潜在参保农民做出与已参保农民一致的决策行为。农村社会资本是农民参保决策背后的非经济原因，农民参保决策受到农村社会结构和关系特征的制约。本书在建构农村社会资本与农民参保决策理论模型的基础上进行实证研究，拓展了当前的理论领域。

路易吉·圭索和哈里森·洪突破了以往金融参与研究拘泥于经济学范式的局限，分别从关系性社会资本和结构性社会资本视角实证分析了金融参与的影响因素，开辟了金融参与研究的新视角。但是已有文献分别从社会资本的结构性和关系性维度对金融参与进行研究，而没有将二者放入同一个理论框架进行实证分析，这无法排除它们和金融参与之间存在虚假因果关系的可能，因为结构性社会资本和关系性社会资本之间是一种正相关关系。国外学者季米特里斯（Dimitris）和帕西尼（Pasini）的研究弥补了已有文献在这方面的不足，他们验证了结构性社会资本和关系性社会资本对股市参与的促进效应。国内学者李涛在社会资本理论框架下实证分析了城市居民商业保险购买行为，弥补了国内研究的不足。但国内外已有研究都只探讨了社会资本对城市居民金融参与的影响，极少触及农村居民的金融参与特别是保险参与。本书首次将结构性社会资本和关系性社会资本放入同一个理论框架，分析社会资本对农民参保决策的影响效应和作用机制，以期弥补以往文献的不足。

## 第二节　文献综述

### 一　社会资本在金融参与中的作用

已有的研究多从宏观层面实证分析了地区社会资本对地区经济、金融发展的正效应。在帕特南开启地区社会资本对民主制度绩效具有促进作用的研究之后，国外学者实证研究了社会资本对地区经济、金融发展的效应，结论一致认为社会资本通过信任推动了经济、金融发展。[①] 在宏观研究方面，国外的学者把社会资本定义为信任，并从世界价值观调查中获取数据。

受国外研究的启发，国内学者也实证分析了社会资本对地区金融、经济发展的作用。张俊生和曾亚敏认为，金融的实质就在于以今日的钱财换

---

① Bergelsdijk, S. & T. VanSchalk, *Social Capital and Regional Economic Growth*, Mimeo, Tilburg University, 2001, pp. 1 – 43；Knack, Stephen & Keefer, Philip, *Does Social Capital Have an Economic Payoff? A Cross-Country Investigation*, Quarterly Journal of Economics, November, 1997, 112 (4), pp. 1251 – 1288；Knack, Stephen & Zack, Paul, *Trust and Growth*, Economic Journal, April, 2001, 111 (470), pp. 295 – 321；Grootaert, Christiaan, *Social Capital*, *Household Welfare and Poverty in Indonesia*, Local Level Institutions Working Paper, No. 6, Washington D. C.：World Bank, 1999, pp. 1 – 79.

取一个将来获得更多钱财的承诺。此项交易发生与否不仅取决于契约的法律执行力，而且依赖于借贷者对融资者的信任。因此，作为决定信任度高低的一个重要因素，社会资本必然会对金融发展产生影响。他们用中国省级数据为样本，研究了各地区社会资本与金融发展之间的关系。结果表明，在信任程度以及公德心越强的省份，居民在金融资产上的投入比例越高。具体而言，除了储蓄水平外，社会资本对地区有价证券占人均可支配收入的比例、个人信贷比例、保险购买比例具有显著的解释作用。① 卢燕平运用自愿献血率作为宏观社会资本的测量指标，实证分析了社会资本对各省区股票、信贷等金融发展的促进作用；又以离婚率和工会会员人数比率测量了中观社会资本，验证了中观社会资本对我国金融发展的促进作用。具体的结论是，宏观社会资本与我国金融发展水平正相关。宏观社会资本与存款和存款比率正相关；与非正式信用比率负相关。中观社会资本与股票、存款和贷款呈正相关关系，与非正式信用呈负相关关系。② 陆铭和李爽对国内外相关文献做了梳理，并解释了社会资本对地区金融、经济发展的作用机制。③ 徐淑芳认为社会资本对金融发展的影响主要通过人际之间的信任、互惠规范和社会关系网络等非正式约束机制发挥作用。社会资本增强了人们之间的信任与合作关系，降低了交易成本，抑制了机会主义行为倾向，提高了金融交易的效率。尤其是在法律制度等正式机制相对落后的发展中国家，社会资本作为一种非正式机制能够有效发挥作用，它对提高经济主体的信用水平、减轻企业或个人的融资约束，促进金融和经济的发展有重要影响。④ 杨小玲分析了社会资本对金融发展与经济增长的作用机制，并基于1997—2008年我国31省市的面板数据进行了实证研究。结果表明，社会资本对经济增长具有明显的促进作用。社会资本对金融发展是一种增进效应，社会资本会通过创造信任、约束规范、扩大网络关系等推动金融的发展。⑤

宏观地区金融的发展很大程度上是通过微观个体的金融参与实现的。

---

① 张俊生、曾亚敏：《社会资本与区域金融发展——基于中国省际数据的实证研究》，载《财经研究》2005年第4期。
② 卢燕平：《社会资本与金融发展的实证研究》，载《统计研究》2005年第8期。
③ 陆铭、李爽：《社会资本非正式制度与经济发展》，载《管理世界》2008年第9期。
④ 徐淑芳：《社会资本与金融发展》，载《改革与战略》2008年第8期。
⑤ 杨小玲：《社会资本视角下的中国金融发展与经济增长关系——基于1997—2008年省际面板数据研究》，载《产经评论》2010年第2期。

国外学者进一步从微观的角度,实证分析了社会资本对个体金融参与的正效应。这些学者都是从信任视角来界定社会资本概念的。路易吉·圭索等用意大利的数据首次实证分析了社会资本通过信任对居民金融参与的促进作用。他们认为,金融合同交易中存在一定的交易成本,交易者存在违约的风险。而社会资本能够通过信任实现金融合同交易,提高交易率,从而促进金融的发展。通过分析意大利不同地区的数据发现,在社会资本水平较高的地区,居民金融参与的可能性很高,居民更多使用支票、投资股票,更易于获得正规信贷。在法律薄弱地区和受教育程度低的人群中,社会资本的促进效应尤其显著。① 路易吉·圭索等用美国的数据再次验证了信任是解释股市参与低迷的原因。个体是否参与股市跟其信任程度有关,低信任水平的个体不参与股市,即使参与也是低度参与,因为信任水平低下使得个体参与股市的成本放大。信任解释了美国高收入者有限参与股市的原因,也解释了不同国家之间的差异。在运用荷兰和意大利的数据进行分析时也得出了相同的结论,在控制风险厌恶和模糊厌恶的条件下,信任使得个体购买股票的可能性提高50%,个体股票持有额在原来基础上增加3.4%。② 季米特里斯和帕西尼利用欧盟健康、老龄化和退休及世界价值观的调查数据,实证分析了信任对个体参与股市的正效应。研究发现,个体的普遍信任水平和对金融机构的特殊信任水平的增加都能显著提高其购买股票的可能性。普遍信任水平低下解释了澳大利亚、西班牙和意大利富人有限参与股市的原因。③ 目前,国内运用社会资本理论实证分析个体金融参与的文献很少。李涛运用2004年广东省居民调查数据,从社会互动和信任理论视角实证分析了城市居民参与股市的影响因素。回归分析结果表明,信任推动了居民积极参与股市。信任对居民参与股市的影响可以归纳为两个渠道,即股市投资预期收益的实现概率和实现数额。居民的信任程度越高,就越相信上市公司会不断改善经营管理,证券公司会合规经营,股票投资未来回报的可能越大,数额也越可观,进而股市参与就越积

---

① Guiso Luigi, Paola Sapienza & Luigi Zingalea, "The Role of Social Capital in Financial Development", *American Economic Rewiew*, 2004, 94 (3), pp. 526 – 556.

② Guiso Luigi, Paola Sapienza & Luigi Zingales, "Trusting the Stock Market", *The Journal of Finance*, 2008, 63 (6), pp. 2557 – 2600.

③ Dimitris, Georgarakos & Giacomo, Pasini, "Trust Sociability and Stock Market Participation", *Review of Finance*, 2011, 15 (4), pp. 693 – 725.

极。① 李涛运用 2005 年对中国 12 个城市投资者行为的调查数据，在验证社会互动作用的同时，控制了普遍信任变量。结果表明，普遍信任对于银行存款、外汇、股票、基金等投资参与均有正效应。②

国外更多的文献从微观角度实证分析了社会互动对金融参与的作用。社会互动通过内生互动和情景互动两个机制来影响个体金融决策行为。曼斯基阐述了内生互动作用个体金融决策的三个机制：提供信息、交流感受和一致性规范。③ 首先，社会互动通过信息传递降低了信息搜寻成本。杰克逊（Jackson）回顾了社会互动通过信息传递影响个体决策行为的文献。④ 格兰诺维特提出了社会互动在信息提供中的弱关系假设，认为弱关系相比强关系可以提供更有价值的信息。⑤ 班纳吉（Banerjee）探讨了社会互动通过信息的口头相传或者观察性学习机制影响个体参与股市。⑥ 比赫昌达尼（Bikhchandani）等详细探讨了内生互动的信息获得机制，解释了从参照群体获得的信息对个体投资决策的重要性。⑦ 季米特里斯和帕西尼实证分析了社会互动对股市参与的显著性作用。结果验证，社会互动对股市参与的显著性作用是独立于信任而存在的。社会互动促进了瑞典、丹麦等国不太富裕的个体积极参与股市，社会互动通过口头相传信息降低了股市参与的成本。⑧ 哈里森·洪等以美国为例，就社会互动对居民参与股市的影响进行了实证分析。在控制收入水平、教育、种族及风险态度等变量后，那些经常与邻居保持联系或参加教堂活动的家户更有可能在股票市

---

① 李涛：《社会互动、信任与股市参与》，载《经济研究》2006 年第 1 期。

② 李涛：《社会互动与投资选择》，载《经济研究》2006 年第 8 期。

③ Manski, Charles F. , "Economic Analysis of Social Interaction", *Journal of Economic Perspectives*, 2000, 14, pp. 115 – 136.

④ Jackson, Matthew O. , *The Economics of Social Networks*, in Advances in Economics and Econometrics, Theory and Applications: Ninth World Congress of the Econometric Society, ed. by R. Blundell, W. Newey & T. Persson, Cambridge University Press, Chap. 1, 2006, 1, pp. 1 – 56.

⑤ Granovetter M. , "The Strength of Weak Ties", *American Journal of Sociology*, 1973, 78 (6), pp. 1360 – 1380.

⑥ Banerjee, Abhijit. , "A simple model of herd behavior", *Quarterly Journal of Economics*, 1992, 107, pp. 797 – 817.

⑦ Bikhchandani S. , D. Hershleifer & I. Welch, "Learning from the Behavior of Others: Conformity, Fads and Informational Cascades", *Journal of Economic Perspectives*, 1998, 12, pp. 151 – 170.

⑧ Dimitris, Georgarakos & Giacomo, Pasini, "Trust Sociability and Stock Market Participation", *Review of Finance*, 2011, 15 (4), pp. 693 – 725.

场上投资。社会互动影响股票市场参与的途径包括信息传播和交流感受以获得愉悦感。社会互动程度越高，居民的观察性学习和交流股市话题的机会也越多，参与股市的净成本越低，参与股市的可能性就越高。[①] 伯恩海姆（Bernheim）解释了个体和参照群体在互动中形成的规范为何影响了个体投资的选择。[②] 路易吉·圭索等发现社会规范导致了个体和参照群体一致的决策行为，社会规范作为异于政策、法律和市场的调节机制，被认为是文化在对个体的经济行为起调节作用。[③] 路易吉·圭索等解释了个体和参照群体决策保持一致的原因，社会规范反映了个体对参照群体投资决策的认同，遵守这种规范可以获得群体的尊重和声望，否则会有被排斥和孤立的可能。国内从社会互动理论视角实证分析个体金融参与的文献较少。[④] 李涛首次以社会互动为理论视角，对股市参与进行了实证分析。研究结果表明，总的来说，社会互动推动了居民参与股市，其中内生互动促进了居民参与股市，而情景互动阻碍了居民参与股市，这与我国股市普遍亏损的市场环境有关。细分样本后发现，社会互动对于低学历居民参与股市的正面效应更为明显。受研究数据所限，作者并没有实证检验内生互动的三个作用机制。[⑤] 李涛运用 2005 年中国 12 城市投资者行为调查数据对社会互动的作用机制进行了实证研究。结果表明，社会互动通过内生互动和情景互动两个机制影响了个体在股票、基金等金融项目上的参与，内生互动对金融参与的促进效应是通过信息获得、感受交流和一致性规范实现的。[⑥]

　　梳理有关文献发现，哈里森·洪等在研究金融决策行为时，只考虑了社会互动即结构性社会资本的可能性作用，没有关注到信任、互惠等关系性社会资本的作用。路易吉·圭索等在研究中，也只关注了信任对金融决

　　① Hong, Harrison, Jeffrey D. Kubik & Jeremy C. Stein, "Social Interaction and Stock Market Participation", *The Journal of Finance*, 2004, 59 (1), pp. 137 - 163.

　　② Bernheim, D. B., "A Theory of Conformity", *Journal of Political Economy*, 1994, 102, pp. 841 - 877.

　　③ Guiso Luigi, Paola Sapienza & Luigi Zingalea, "Does Culture Affect Economic Outcomes"?, *Journal of Economic Perspectives*, Spring, 2006, 20 (2), pp. 23 - 48.

　　④ Guiso Luigi, Paola Sapienza & Luigi Zingalea, "The Role of Social Capital in Financial Development", *American Economic Rewiew*, 2004, 94 (3), pp. 526 - 556.

　　⑤ 李涛：《社会互动、信任与股市参与》，载《经济研究》2006 年第 1 期。

　　⑥ 李涛：《社会互动与投资选择》，载《经济研究》2006 年第 8 期。

策行为的影响作用，而没有考察社会互动这种结构性社会资本的可能性作用。鉴于结构性社会资本和关系性社会资本之间存在相关关系，分别从社会互动或者信任视角对金融参与进行研究无法排除社会资本的不同维度和金融参与之间可能存在虚假因果关系的可能。因此，将结构性社会资本和关系性社会资本置于社会资本理论框架下对金融参与进行实证分析是必要的。

### 二 农民参保决策影响因素文献综述

有关国外研究农民参保决策的文献主要是围绕农业保险展开的。国外很多学者用计量经济学方法，对农业保险参保率或者参保行为的影响因素进行了实证分析，结果既有相似也有分歧。莱特（Wright）和休伊特（Hewitt）基于美国农业部的一项全国调查，分析了农民不参与联邦农作物保险的原因，并对这些原因进行了排序。结果显示，农业保险保障太低、保费太高、更愿意自己承担风险、农场是分散化经营的、拥有其他农作物保险是排名前五位的原因。[①] 奈特（Knight）和科布尔（Coble）的研究表明，作物多重险保险主要是针对没有保险的农场或者风险厌恶的农场主。作物多重险保险所提供的收益比较小会导致农户放弃农业保险，而那些对保险收益期望比较高的农户更倾向于购买保险。[②] 塞拉（Serra）等在对美国农民农业保险需求的实证研究中发现，农户家庭财富和参与农业保险呈现倒"U形"相关。随着农户家庭财富增加到一定程度，其风险规避倾向减弱，保险购买意愿降低。这个结论暗示参保是中等经济水平家庭的事情，很穷或者很富的家庭参保的可能性相对比较低。家庭财富少的农户无意购买农业保险，家庭财富多的农户倾向于自保。[③]

有关我国农民参保决策的研究多以农业保险、老农保、新型农合等保险项目为例对农民的参保行为或者参保意愿进行实证分析。以商业医疗保险或者商业养老保险等险种为例来探求农民参保决策影响因素的研究比较

---

① Wright, B. D. & J. D. Hewitt., *All Risk Crop Insurance: Lessons From Theory and Experience*, Giannini Foundation, California Agricultural Experiment Station, Berkeley, April, 1990, pp. 73 – 112.

② Knight, T. O. & K. H. Coble, "Survey of U. S. Multiple Peril Crop Insurace Literature Since 1980", *Review of Agricultural Economics* (spring summer), 1997, pp. 128 – 156.

③ Serra T., B. K. Goodwin & A. M. Featherstone, "Modeling Changes in the U. S. Demand for Crop Insurance during the 1990s", *Agricultural Finance Review*, 2003, 63 (2), pp. 109 – 125.

少见，这跟这些险种在农村保险市场发展不足的现状有关。下面以这三种保险为例对有关文献进行分析。

农业保险需求不足成为困扰中国农业保险发展的重要问题，学者对农业保险参保决策影响因素进行了一系列实证研究。张跃华等实证分析了财富、收入与保险购买意愿之间的非线性关系：农户购买农业保险的意愿随财富、收入的增加而增加，在达到某一临界点后，购买意愿则又随财富、收入的增加而减弱。① 宁满秀等以新疆玛纳斯河流域棉花保险为例，探讨了不同保险条款下农户对农业保险的支付意愿及其影响因素。结果表明，农户对棉花保费的支付水平主要受"棉花产量波动性"、"棉花播种面积"、"近四年自然灾害对棉花的总经济损失"、"农户对农业保险重要性的认知度"等因素的影响。② 张跃华等以河南省 662 个农户为调查样本，运用 Logistic 回归模型对农户保险需求进行分析。结果发现，影响农户购买保险的因素有农户的受教育年数、是否出去务工以及家庭年收入。③

老农保参保行为影响因素的研究可以分为两种类型：一种类型是宏观制度叙事；另一种类型是微观实证分析。宏观制度叙事类研究多从规范分析方法入手，强调农民需求偏好对制度有效实施的决定性作用。邢宝华等认为国家只给政策不分担缴费、集体经济功能丧失使得老农保演变为鼓励农民储蓄的制度，缺乏吸引力。④ 赵建国认为 60 岁的农民被排斥在制度外，参保对象以中青年人群为主，老农保存在严重的"保小不保老"倾向。⑤ 乔晓春认为老农保"保富不保贫"，制度主要在经济发达的农村开展，参保的大多是富裕农民，迫切需要保障的欠发达地区农民和贫困农民则无法或无力参保。⑥ 老农保在执行过程中，农民对该制度缺乏依赖感、安全秩序感和信任感。吕继明指出危及农民参保的关键因素是"基金缩

---

① 张跃华、顾海英、史清华：《农业保险需求不足效用层面的一个解释及实证研究》，载《数量经济技术经济研究》2005 年第 4 期。

② 宁满秀、邢郦、钟甫宁：《影响农户购买农业保险决策因素的实证分析——以新疆玛纳斯河流域为例》，载《农业经济问题》2005 年第 6 期。

③ 张跃华、顾海英、史清华：《农业保险需求不足效用层面的一个解释及实证研究》，载《数量经济技术经济研究》2005 年第 4 期。

④ 邢宝华、窦尔翔、何小峰：《新型农村社会养老保险制度的金融创新》，载《东北财经大学学报》2007 年第 4 期。

⑤ 赵建国：《农村养老保险制度的反思与创新》，载《法学杂志》2004 年第 4 期。

⑥ 乔晓春：《农村社会养老保险问题研究》，载《中国人口科学》1998 年第 6 期。

水严重"。① 田凯认为老农保"存在着较为明显的制度需求与供给的不平衡，因此老农保制度实施没有达到预期效果"②。马利敏认为老农保"不能担负起农村跨世纪社会养老责任，需要更有效的制度取而代之"。③ 刘书鹤甚至界定老农保制度"存在着重大的理论和实践上的错误"。④

微观实证分析。这类研究多运用实证研究方法，剖析农民参与意愿和参与行为的影响因素。总体来说，农民对社会养老保险需求强烈，但现实参与严重不足。因此，实证分析农民参与养老保险的影响因素显得很重要。有关这方面研究将参保的影响因素归为三类。第一类是农民的个人、家庭、社区特征等因素。首先，农民的性别、年龄、文化程度和是否担任村、组干部是影响其参保行为的变量。史清华认为女性比男性更倾向于参保。⑤ 王海江的研究表明，年龄与参保呈现倒"U 形"相关，中年农民参保的可能性最高。⑥ 至于农民的政治身份，乐章认为农民是否担任村、组干部是影响农民参保的重要因素⑦。其次，家庭子女数量和家庭人均收入是重要的变量。王海江认为家庭子女数与参保显著负相关，子女越多越倾向家庭养老。⑧ 家庭收入对农民参保有显著效果，家庭收入越高，农民参保的积极性越高。⑨ 最后，有学者从村域的角度进行研究，认为农民参保不仅是农民个体选择的结果，而且还受村庄层面自然环境、社会经济与政治民主情况的影响。村庄地理位置越接近镇政府所在地，农民参加小城镇

---

① 吕继明：《我国农村养老保险的现状及发展路径分析》，载《宁夏党校学报》2005 年第 11 期。

② 田凯：《当前中国农村社会养老保险的制度分析》，载《社会科学辑刊》2000 年第 6 期。

③ 马利敏：《农村社会养老保险请缓行》，载《探索与争鸣》1999 年第 7 期。

④ 刘书鹤：《我对"农村社会养老保险"的看法及建议》，载《社会学研究》1997 年第 4 期。

⑤ 史清华：《民生化时代中国农民社会保险参与意愿与行为变化分析——来自国家农村固定观测点 2003—2006 年的数据》，载《学习与实践》2009 年第 2 期。

⑥ 王海江：《影响农民参加社会养老保险的因素分析——以山东、安徽省六村农民为例》，载《中国人口科学》1998 年第 6 期。

⑦ 乐章：《现行制度安排下农民的社会养老保险参与意向》，载《中国人口科学》2004 年第 5 期。

⑧ 王海江：《影响农民参加社会养老保险的因素分析——以山东、安徽省六村农民为例》，载《中国人口科学》1998 年第 6 期。

⑨ 李连重：《农村社会养老保险调查与研究》，载《北京邮电大学学报》1999 年第 4 期；吴罗发：《中部地区农民社会养老保险参与意愿分析——以江西省为例》，载《农业经济问题》2008 年第 4 期。

保险的积极性越高,因而会降低农民参与农村社会养老保险的积极性。[①]
第二类归为经济因素。收入状况、农民劳动力比例、集体经济补助等经济
因素通过影响农民缴费能力来影响农民参保决策。吴罗发研究发现,农民
人均纯收入、劳动力比重、承包耕地面积对参保意愿有显著影响。[②] 史清
华发现收入水平、消费水平是影响农民保险支出的重要变量。[③] 第三类归
为农民对制度的主观感受等心理因素。李连重认为制约老农保参保率的一
个关键因素是农民的心理预期,农民对政策不稳定的预期限制了其参保的
可能性。[④] 基层组织违规挪用保险费,农村基层干部与村民享受养老金有
异,政府承诺的集体补助和政策扶持难以兑现,政府对养老金的保值增值
能力不足,政策不稳定这些问题导致农民对基层政府不信任,因此农民参
保热情不足。[⑤] 谭静等实证分析表明,农民心理预期是其是否参与养老保
险的重要影响因素,对制度及管理者的信任度和满意度等因素对参与意愿
也有重要影响。[⑥]

　　新农合参保行为影响因素。有关研究认为,农民个体、家庭、社区
和政府等方面都是农民参保的影响因素。龚向光等调查了贫困地区农民
对合作医疗的支付意愿的影响因素。结果发现,农民的社会地位、家庭
经济收入、家庭成员健康状况、保险意识与参合意愿之间显著相关[⑦]。
叶琪和潘再见通过对农民在选择是否参加新农合过程中的博弈分析,验
证了农民对自身病情的预期、对政府管理的信任是其参与新农合的重要
影响因素。[⑧] 左延莉等在分析 2004 年中国新型农村合作医疗参合率时指

---

　　① 赵德余:《制度与信任形成的微观机制——兼评房莉杰〈制度信任的形成过程〉》,载
《社会》2010 年第 6 期。

　　② 吴罗发:《中部地区农民社会养老保险参与意愿分析——以江西省为例》,载《农业经
济问题》2008 年第 4 期。

　　③ 史清华:《民生化时代中国农民社会保险参与意愿与行为变化分析——来自国家农村固
定观测点 2003—2006 年的数据》,载《学习与实践》2009 年第 2 期。

　　④ 李连重:《农村社会养老保险调查与研究》,载《北京邮电大学学报》1999 年第 4 期。

　　⑤ 文莉、肖云、胡同泽:《政府信誉与建立农村养老保险体制研究——对 1757 位农民的调
查》,载《农村经济》2006 年第 1 期。

　　⑥ 谭静、江涛:《农村社会养老保险心理因素实证研究》,载《人口与经济》2007 年第
2 期。

　　⑦ 龚向光、胡善联、程晓明:《贫困地区农民对合作医疗的意愿支付》,载《中国初级卫
生保健》1998 年第 8 期。

　　⑧ 叶琪、潘再见:《新型农村合作医疗制度与农民行为分析》,载《辽宁工程技术大学学
报》2006 年第 1 期。

出，加强宣传、更新收缴方式是提高参合率的关键。农民缴纳的合作医疗资金仅占其人均年收入的 5% 左右，农民是有能力缴纳费用的，决定农民参保意愿的关键是农民对政府的信任程度以及是否具有互助共济精神。[①]

综上所述，对农民参保决策影响因素的研究遵循主体—需求的研究范式，注意到了农民参与对三农保险有效实施的决定性作用。这类研究在从宏观层面分析制度的同时，不乏从参与意愿和行为的微观角度进行定量研究。总结已有研究发现，学界基本用参保行为或者意愿来指代参保决策概念，强调了参保决策的结果，忽略了农民参保决策的动态过程。这些研究缺乏系统的理论依据，多从经济理性人的视角出发，片面强调经济因素在参保决策中的作用，忽视村域中的社会结构和社会关系特征等非经济因素对农民参保决策的影响。因而，无法全面理解农民参保决策的动因。

### 三 社会资本在参保决策中的作用文献综述

从本质而言，参保跟金融参与一样，今天的投资是为了将来某个时刻能有收益，因而参保决策是金融参与的重要组成部分。国内外运用社会资本理论实证分析农民参保决策的文献比较少见。仅有的文献可以分成两类：一类是从宏观视角实证分析地区社会资本对地区某种保险参保率的影响，结果发现地区社会资本水平的提高有助于提高参保率，这类研究通常将地区社会资本界定为信任；另一类是从微观视角，分别从社会互动或者信任角度实证分析个体参保决策的影响因素，结论一致认为社会互动和信任水平的提高有助于个体参保。

社区社会资本提高了保险参与率。国内外学者对社会资本与卫生领域的关系开展了一些研究工作，但其研究内容大多集中在社会资本与健康、社会资本与卫生服务利用等方面，有关社会资本与参保决策方面的研究相对较少。国外运用社会资本理论研究了发展中国家基于自愿参与的社区医疗保险，发现信任等认知型社会资本有助于消除医疗健康保险中的道德风

---

① 左延莉、胡善联、博卫等：《2004 年中国新型农村合作医疗参合率分析》，载《卫生软科学》2006 年第 8 期。

险、逆向选择，从而提高保险参与率。[1] 施耐德（Schneider）发现了信任在提供社区医疗保险信息中的作用，研究认为信任降低了信息搜寻成本，促进了社区医疗保险的参与。[2] 国内的文献中，张俊生、曾亚敏肯定了信任对保险业发展的作用，并进行了实证分析。结果表明，作为社会资本的替代变量，自愿无偿献血率和信任评分都对地区保险业的发展（保险支出占人均可支配收入的比例）起到了推动作用。在加入人均 GDP 与教育发展水平等控制变量后，社会资本的解释力仍然显著。他们解释了信任的作用机制：一方面，投保人对保险公司的信任能够有效地解决投保容易、理赔难的问题；另一方面，保险公司对投保人的信任可以有效解决骗保等道德风险问题。[3] 总的来看，已有研究的不足是以信任代指社会资本，忽略了社会资本其他维度如互惠、规范及结构性社会资本对保险参与率的影响。

国内学者从微观层面对个体参保决策的影响因素进行了实证研究。现有文献基本从信任和社会互动两个视角进行了实证分析。学者们以新农合、商业保险、老农保和新农保等险种为例，从信任的理论视角实证分析了农民参保决策的影响因素。张里程等利用哈佛大学有关中国农村社区合作医疗项目的调查资料，首次对社会资本与农民参与合作医疗的支付意愿之间的关系进行了定量分析。文中用信任指数和互惠指数构造了社会资本变量。在控制了年龄、性别、婚姻状况、教育水平、自我评估的健康状况、收入以及是否参与原有的合作医疗等变量后，回归分析结果表明，农民信任度的增加可以提高其参保意愿，而互惠指数没有通过显著性检验。[4] 张里程的研究只是从信任度和互惠两个方面对社会资本进行了测

---

① Atim C., "Social movements and health insurance: A critical evaluation of voluntary, non-profit insurance schemes with case studies from Ghana and Cameroon", *Social Science & Medicine*, 1999, 48 (7), pp. 881 – 896; Hsiao, W. C., *Unmet health needs of two billion: Is community financing a solution?* HNP Discussion Paper, World Bank, Washington DC, 2001; Schneider P., Diop F., Maceira D. & Butera D., *Utilization, cost and financing of district health services in Rwanda*, Technical Report No. 61, Partnerships for Health Reform Project, Abt Associates Inc. Bethesda, MD, 2001.

② Schneider P., "Trust in micro-health insurance: An exploratory study in Rwanda", *Social Science & Medicine*, 2005, 61 (7), pp. 1430 – 1438.

③ 张俊生、曾亚敏：《社会资本与区域金融发展——基于中国省际数据的实证研究》，载《财经研究》2005 年第 4 期。

④ 张里程、汪宏、王禄生等：《社会资本对农村居民参与新型农村合作医疗支付意愿的影响》，载《中国卫生经济》2004 年第 10 期。

量，在此基础上对农民与农村合作医疗筹资意愿之间的关系进行了研究，他们忽略了社会互动的可能性作用，因此在社会资本的测量和指标选择方面有待进一步完善。何兴强和李涛首次实证检验了城市居民商业保险购买行为的社会互动和社会资本解释。文中依据路易吉·圭索等人的做法，将社会资本操作化为居民是否有过无偿献血，是否主动为赈灾、希望工程等捐钱捐物，是否参加过如志愿者等义务社会工作三个方面的情况。在控制其他产生或维持信任的各种机制如政府、法院、媒体等变量后，回归分析发现，较高的社会资本有助于居民购买保险。虽然社会资本不能完全替代契约和法律，但可以降低交易成本，从而有助于交易完成。[1] 李涛运用2005 年中国 12 城市投资者行为调查数据，实证分析保险等 13 种金融项目投资的影响因素。文章采用个体对社会大多数人的信任程度作为普遍信任的替代指标。回归分析表明，作为控制变量，普遍信任有助于个体参与包括保险在内的 13 种投资行为。[2] 文莉等研究了特殊信任对农民参与农村社会养老保险的促进作用，在对 1757 位农民调研的基础上，指出政府在农村社会养老保险中信誉度不高的问题不利于农民参保。[3] 谭静和江涛以南充市 230 户低收入农户为例，分析了农民对政府的信任等心理预期对其参保意愿的影响作用。[4] 吴玉锋从信任的视角实证分析了新农保参与的影响因素。研究发现，农民的信任可以分为特殊信任和村域信任，村域信任对农民参保有显著促进作用。村域信任降低了信息搜寻成本，还增加了农民对新农保制度的期望值。[5]

国内外学者以各种人身保险为例，实证检验了社会互动对参保决策的作用机制和影响效应。德斯梅特（Desmet）等发现了社会互动在提供社区医疗保险信息中的作用。研究认为，社会互动降低了信息搜寻成本，促

① 何兴强、李涛：《社会互动、社会资本和商业保险购买》，载《金融研究》2009 年第2 期。

② 李涛：《社会互动与投资选择》，载《经济研究》2006 年第 8 期。

③ 文莉、肖云、胡同泽：《政府信誉与建立农村养老保险体制研究——对 1757 位农民的调查》，载《农村经济》2006 年第 1 期。

④ 谭静、江涛：《农村社会养老保险心理因素实证研究》，载《人口与经济》2007 年第2 期。

⑤ 吴玉锋：《新型农村社会养老保险参与实证研究：一个信任分析视角》，载《人口研究》2011 年第 4 期。

进了社区医疗保险的参与。① 迪弗洛（Duflo）和赛斯（Saez）研究了大学退休教师养老保险的选择，发现社会互动通过传递信息对个体购买养老保险决策产生影响，参照群体的决策影响了个体的选择。② 索伦森（Sorensen）研究了加州大学教师参与健康保险的影响因素。研究认为，个体的参保决策受到经常拜访的邻居的影响，邻居的决策是个体决策的主要参考依据。③ 贝斯特夫（Beiseitov）等用 1998 年美国的数据，实证研究了社会互动对老年人购买商业医疗保险的影响。研究发现，社会互动通过传递医疗保险信息影响商业医疗保险的购买。社会互动程度越高，即经常和朋友、邻居交流的家庭，其购买保险的可能性越低。非正式网络中口头信息虽然降低了参保成本，但商业医疗保险的坏口碑降低了其购买的可能性。贝斯特夫等的研究表明，社会互动并不总是促进个体做出参保决策。社会互动的影响机制有两个，即内生互动和情景互动，内生互动通常显示出正效应，而情景互动则可能显示出负效应，特别是在投资环境比较差的情况下。他们还发现受教育程度低的个体更容易受到社会互动的影响，因为这样的个体更依赖他人提供的信息，而在个体熟悉保险知识的前提下，社会互动的影响就不显著。例如，在个体决定是否参与人寿保险的决策中，社会互动的影响作用就不显著，因为参与主体对人寿保险知识的了解程度很高。④ 泽维尔·基内（Xavier Giné）等研究了印度农村农业保险的购买情况，发现拥有社会网络的农民倾向于购买保险，对保险知识了解甚少的年轻农民尤其受到网络中其他农民的影响。⑤

国内的文献中，李涛对城市居民保险金投资影响因素的回归分析表

① Desmet M., Chowdhury, A. Q. & Islam, M. K., "The potential for social mobilisation in Bangladesh: The organisation and functioning of two health insurance schemes", *Social Science & Medicine*, 1999, 48 (7), pp. 925 – 938.

② Duflo, Esther & Emmanuel Saez, "Participation and Investment Decisions in a Retirement Plan: the Influence of Colleagues' Choices", *Journal of Public Economics*, 2002, 85 (1), pp. 121 – 148.

③ Sorensen, A. T., *Social learning in the demand for employer-sponsored health insurance*, Unpublished manuscript available, at http://terpconnect.umd.edu/dvincent/learning.pdf, 2001.

④ Beiseitov, Eldar, Jeffrey D. Kubik & John R. Moran, *Social Interaction and Health Insurance Choices of the Elderly: Evidence from the Health and Retirement Study*, Working Paper, Syracuse University, 2004, pp. 1 – 34.

⑤ Xavier Giné, Robert Townsend & James Vickery, "Patterns of Rainfall Insurance Participation in Rural India, Oxford Journals, Social Sciences", *World Bank Economic Review*, 2008, 22 (3), pp. 539 – 566.

明，个体对投资过程中与其他朋友交流的重要性的更高评价提高了其投资于保险金项目的可能性。内生互动的交流感受指标作用显著，这支持了基于交流感受的内生互动理论对个体投资选择的解释。在投资过程中，个体通过和其参照群体成员交流共同投资决策的经验感受，获得了愉悦，增加了其投资保险的偏好和可能①。遗憾的是，研究没有发现显著且稳健的回归结果支持内生互动的交流感受机制、信息获得机制和情景互动机制对个体保险投资选择的显著影响。何兴强和李涛实证检验了城市居民的社会互动对商业保险购买的影响。文中用居民在春节期间给亲戚、朋友拜年的人数，上个月居民家庭人际交往方面的开支和对自己在社会上人际交往程度的判断三个指标测量了城市居民的社会互动水平。回归分析结果表明，社会互动对保险购买没有显著作用，但不能据此认为社会互动对居民的保险购买没有显著影响。这可能是因为内生互动的正效应和情景互动的负效应相互抵消而致：内生互动通过提供信息、交流感受和一致性规范促进了个体购买保险，而中国保险业缺乏诚信的坏口碑降低了个体购买商业保险的可能性。② 他们的研究表明，在分析社会互动在参保决策中的作用时，区分社会互动的正负效应是有必要的。石绍宾等利用山东省 10 市 16 县 163 个农民的调查数据，对农民参加农村社会养老保险的影响因素进行了实证分析。回归分析发现，邻居参保对农民参保的影响效应显著。在没有邻居参加的情况下，有超过 90% 的农民都没有参保，而在有邻居参加的情况下，有超过 54% 的居民参保。这说明农民是否参保存在明显的"邻里效应"。③ 吴玉锋在问卷调研的基础上，从社会互动理论视角实证分析了其对农民参与新农保的影响效应和作用机制。研究发现，农民的社会互动可以分为特殊互动和村域互动。村域互动通过内生互动和情景互动对农民参保决策产生影响。总的来说，村域互动提高了农民参保的可能性④。

综上所述，学者们在运用社会资本理论框架对参保决策进行实证分析时，都没有全面测量社会资本。何兴强和李涛在运用社会互动、社会资本

---

① 李涛：《社会互动与投资选择》，载《经济研究》2006 年第 8 期。

② 何兴强、李涛：《社会互动、社会资本和商业保险购买》，载《金融研究》2009 年第 2 期。

③ 石绍宾、樊丽明、王媛：《影响农民参加新型农村社会养老保险的因素》，载《财贸经济》2009 年第 11 期。

④ 吴玉锋：《社会互动与新型农村社会养老保险参保行为实证研究》，载《华中科技大学学报》（社会科学版）2011 年第 4 期。

解释城市居民的商业保险购买行为时，把社会资本操作化为居民在近三年中是否有过无偿献血、是否主动为赈灾和希望工程等捐钱捐物、是否参加过志愿者等义务社会工作等三方面的情况，这些指标集中反映了社会资本的互惠维度的一个层面，即非均衡互惠。尽管非均衡互惠是一种高度生产性的社会资本，但以其代指社会资本，无疑是以偏概全。张里程在用社会资本理论实证分析农村居民是否参与新农合时，运用多指标分别测量了信任和互惠，使用社会信任指数和互惠指数指代社会资本，忽略了结构性社会资本，同样没有全面反映社会资本概念。鉴于结构性社会资本和关系性社会资本之间是一种相关关系，为排除二者和金融参与之间存在虚假因果关系的可能，把结构性社会资本和关系性社会资本纳入同一理论框架对农民参保决策进行分析显得非常必要。

## 四　研究述评

国内外从社会互动或者信任理论视角分析个体金融参与的实证研究相对比较成熟。学者大多从社会互动或者信任视角对个体金融参与进行理论和实证研究，形成了风格鲜明的两种研究范式。一种研究范式是把金融参与行为或者金融发展置于社会资本即信任的分析框架中，主张信任能够降低交易成本，提高投资者对投资产品未来收益的期望值，从而提高金融合同的签约率，推动金融发展。这种范式是路易吉·圭索、萨皮恩（Sapienza）和津加莱斯（Zingales）开创的，他们于 2004 年首次以意大利为研究对象，通过丰富的数据验证了信任对金融发展的作用。随后他们于 2008 年以荷兰和意大利的数据为基础，再次验证了信任对股市参与的推动作用。简单起见，可以把这种研究范式称为 GSZ 范式。另一种范式是把金融参与行为置于社会互动的分析框架中，主张社会互动能够降低信息搜寻成本，产生内生互动效应，进而推动个体购买股票或其他金融产品；同时，这种范式也认为社会互动会产生情景互动效应，这对个体的金融参与具有正负两种效应。因此，社会互动的影响效应取决于内生互动和情景互动效应的比较。这种研究范式是哈里森·洪、库比克（Kubik）和施泰因（Stein）开创的，他们于 2001 年运用美国健康与退休研究项目的调查数据，首次实证检验了社会互动对居民参与股市的影响。他们发现，内生互动通过观察性学习和共同话题交流两个机制推动了金融参与。观察性学习从他人处获得了专业知识，降低了参与成本，共同话题交流增加了主观效用。我们可以将这种研究范式称为 HKS 范式。

GSZ 范式验证了信任对个体金融参与或者地区金融发展的促进作用。这种范式的研究视角有两个：一个是宏观视角，以国家或者地区为单位来收集数据，做结论；另一个是微观视角，以个体或者家庭为单位来收集数据，做结论。当这种范式从宏观视角进行研究时，通常以信任指代社会资本，运用世界价值观的调查数据测量社会资本。当这种范式从微观视角进行研究时，通常基于个体信任状况的调查数据进行分析。GSZ 范式引起了国内学者的注意，出现了一些基于面板数据实证分析社会资本对地区金融发展差异的解释性研究。这些研究多以自愿献血率为社会资本的替代指标，通过回归分析检验社会资本对金融发展的作用。也出现了一些基于个体或者家庭为分析单位的研究，这些研究通常以个体对社会上大多数人的信任程度作为测量信任的指标，在控制其他变量的情况下，实证检验社会资本的显著性作用。

HKS 范式验证了社会互动对个体金融参与的作用。这种范式局限于微观层面的研究，即以个体或者家庭为分析单位去分析和做结论。这种范式基本都是微观层面的研究，忽略了宏观层面的研究。这可能有两个原因：一个是宏观层面社会互动的测量是一个难题；另一个是可能假定宏观层面社会互动水平是没有显著性差异的，因此无法解释地区金融发展水平的差异。由于国内外文化的差异，这些研究对于社会互动的测量多有不同。国外研究通常将社会互动操作化为邻里互动和去教堂的频率，而国内通常操作化为春节期间拜年人数或者交往广泛性的自我评价。

GSZ 范式和 HKS 范式突破主流经济学研究的局限，创造性地提出了金融参与、发展的新解释框架，弥补了主流经济学范式的不足。然而这两种研究范式各行其是，缺乏对话和融合。社会资本理论认为，社会互动与信任互相强化，互为因果。频繁的交往可以传递个人品行信息，有效抑制投机行为，增加对对方行为预期的可能性，因而可以培育信任。而信任则会让彼此更加愿意继续交往，而且社会互动、信任很难与互惠和规范剥离开来。现有的研究分别从社会互动或者信任的理论视角对金融参与或者金融发展做出理论分析和实证检验，过分强调了二者的区别，忽略了二者的联系。鉴于社会互动与信任具有很强的关联性，可以推论，当在社会互动的理论框架下对金融参与的影响因素做分析时，社会互动在模型中的显著性作用有可能反映的是信任的作用；而当在信任的框架下对金融参与的影响因素做分析时,信任在模型中的显著性作用有可能反映的是社会互动的作用。因此,有必要把社会互动与信任放在同一个理论框架中对个体金融参与或者地区金融发展作出验证。

目前,将社会互动和信任纳入一个理论框架进行实证研究的文献比较少见。国内学者李涛于 2006 年在《经济研究》期刊上先后发表的《社会互动、信任与股市参与》和《社会互动与投资选择》两篇文章,弥补了当前研究的缺陷。作者着重分析社会互动在金融参与中的作用的同时,把信任纳入了理论分析框架。结果验证,社会互动和信任通过不同的机制对个体的金融参与产生显著性影响。2009 年何兴强和李涛在《金融研究》期刊上发表的《社会互动、社会资本和商业保险购买》也是这方面研究的补充。国外学者季米特里斯和帕西尼于 2009 年发表《信任、社会交往和股市参与》一文,他们也在同一个理论框架下探讨社会互动和信任对金融参与的影响作用。遗憾的是,目前这些研究尽管突破了 GSZ 和 HKS 范式各自独立研究的局限,但没有在研究中注意到互惠和规范对金融参与或者金融发展的作用。作为一种互助共济的文化观念,互惠对金融产品的购买特别是保险产品的购买具有一定的"挤入"和"挤出"效应。作为一种非正式控制的手段,规范对金融产品的购买特别是保险购买会产生羊群效应。鉴于此,我们需要考虑在同一个理论框架下对金融参与或者金融发展做进一步的研究,社会资本理论提供了这样一个框架。

运用社会资本理论分析个体金融参与或者地区金融发展的研究是新兴的领域。尽管国内外学者做了一些初步的探究,但研究存在很大的局限性。梳理有关文献发现:第一,已有研究多从社会互动或信任理论视角对金融参与进行研究,缺乏在同一个理论框架下对二者的互补关系进行检验;第二,研究局限于股票等市场金融参与,对保险购买行为的分析还远远不够;第三,研究对象局限于城市居民,对农村居民的研究较少涉及;第四,缺乏以具体险种为例的研究;第五,社会互动在金融领域的研究局限在微观层面,已有研究仅探讨了社会互动对个体金融参与的影响效应,从宏观层面探究其对地区金融发展影响作用的研究缺乏;第六,已有文献强调了社会互动对信息传递的作用,却没有触及信任等关系性社会资本对信息传递的作用;第七,忽略社会资本其他维度如互惠和规范在金融参与中作用的探究。

国内研究农民参保决策的文献很多,这是因为近年来中央特别重视在农村地区推行的三农保险。三农保险对农村社会经济发展有重要意义，但其在农村的发展有很大的瓶颈。总体来看，尽管农民对各类保险潜在需求很大，但现实中农民的参保热情普遍不高，这制约了农村保险市场的发展。因此，学界多以农民的参保行为或者参保意愿为因变量，借助经济学理论框架进行分析和探讨。

已有研究多从农民的年龄、家庭财富、收入、受教育程度和风险观念等方面对参保决策的影响因素进行分析。首先，农民个体家庭的财富和收入水平可能影响其保险购买决策。保险是一种长期的理财行为，如果没有殷实的家庭财富和较高的经济收入作为支撑，再优良的险种也无人购买。一方面，保险购买存在一定的财富和收入门槛效应，只有当个体家庭财富和收入水平足以维持家庭成员基本生活所需之后才有购买的能力和欲望；另一方面，家庭财富和收入水平越高，购买保险的平均成本越低，成功规避风险带来的预期收益也越大，因此拥有更多家庭财富和收入的个体更有能力也更愿意购买保险。其次，农民个体的受教育程度也会影响其保险购买决策。受教育程度反映了个体的理论素质和识别能力。受教育程度高的个体更容易独立获取和处理保险购买的必要信息，降低了信息搜寻成本，而受教育程度低的个体缺乏独立获取和处理保险信息的能力，更多的是听取参照群体的意见。再次，农民的养老观念也是其做出购买决策的重要依据。长期以来我国尤其是农村地区盛行的"养儿防老"和"家庭养老"的观念使得我国居民特别是农村居民倾向于将风险自留，而不会通过保险来规避养老风险。最后，农民的风险观也会影响其保险购买决策。包括养老保险在内的任何金融投资都会有一定的风险，风险偏好型的个体会倾向于做出投资决策，而风险厌恶型的个体可能会拒绝投资。

学界对农民的参保行为或参保意愿的影响因素做了大量的实证研究，这些研究强调了参保决策的"结果"，忽略了参保决策的"过程"。学界关于参保决策概念的界定有"过程论"和"结果论"之分。"结果论"把农民参保决策简单地界定为是否缴费参保或者是否愿意缴费参保，很少关注农民如何获取信息，如何对参保进行主观评价。这是一种静态的参与，而非动态的参与。这种界定方式忽略了农民参保决策的阶段性特征。参保决策不仅仅指参保行为或者意愿，还应包括需求识别、信息搜寻、对参保的评价和参保后评估。也有学者认识到了目前研究的不足，提出了参保决策的"过程论"。如 2008 年毕红静博士在对新型农村合作医疗参与过程的研究中①，根据农民参与新农合的时间和内容的不同，将农民参与新农合的行为划分为五个阶段：农民知情权的获得、参合权的确立、就医权的优化、报销权的保证和再投保的激励，这五个阶段环环相扣组成一个封闭式循环。参保决策的"过程论"体现了农民参保决策的真实过程，这为本书如何界定参保决策的概念提供了依据。

　　参保决策本质上是一个过程，是一个包括保险需求识别、信息搜寻、参保评价、参保行为和参保后评估的过程。社会资本对参保决策的每个阶段都会产生影响。保险需求识别在很多时候是通过外部刺激形成的，社会互动通过情景互动机制和内生互动中的共同话题交流机制来形成外部刺激，从而引起农民的保险需求识别；社会互动、信任可以降低信息搜寻成本，增进信息处理能力；社会资本可以提高农民对保险的满意度和信任度等主观评价；社会资本通过信任可以降低制度交易成本，增进对保险收益的期望值，促进保险合同交易的实现；互惠作为一种非正式保险机制可能会对目标人群的参保行为产生"挤出"效应，但其互助共济的文化规范也可能会产生"挤入"效应。因此，在社会资本理论框架下对农民参保决策进行解释是完全合适的。

　　目前，综合运用社会资本理论实证分析我国农民参保决策的文献还没有。已有文献虽然意识到社会资本对农民参保决策存在影响，但这些研究仅限于从社会资本的某一个维度去探究。杜尔劳夫（Durlauf）和法肯姆普斯（Fafchamps）分析认为，社会资本对群体成员的行为具有正外部性，外部性源自网络中共享的信任、规则和价值观，这些规则和价值观又产生于社会互动，因此社会互动是社会资本的一个维度②。伊斯兰姆（Islam）等提出用结构性社会资本和关系性社会资本来解决这个问题，把结构性社会资本定义为社会网络的密度、公民参与等，而把关系性社会资本定义为人际信任、共享和互惠③。社会资本是一个复合体，只从社会互动、信任

---

① 毕红静博士界定了参与的概念，将农民参与新农合的行为划分为：知情权的获得、参合权的确立、就医权的优化、报销权的保证和再投保的激励。毕红静：《激励、制约与农民参与行为》，吉林大学博士论文，2008。

② Durlauf, Steven N. & Marcel Fafchamps, *Social Capital*, NBER Working Paper No. W10485, 2005, pp. 1639 – 1699.

③ Islam M. Kamrul, Juan Merlo, Ichiro Kawachi, Martin Lindström & Ulf G. Gerdtham, ? "Social Capital and Health：Does Egalitarianism Matter"? *A Literature Review*, *International Journal for Equity in Health*, 2006, 5（3）, pp. 1 – 28.

或者互惠的视角对农民参保决策进行分析是不完整的。

　　本书之所以从社会资本视角对农民参保决策进行研究有四点原因：
（1）社会资本范式对宏观经济增长的解释效力已经取得经济学界的共识。
而最近的研究从微观层面验证了社会资本对个体金融参与的促进作用。遗
憾的是，有关研究只关注了城市居民的市场金融参与，很少涉及农村居民
的金融参与，特别是农民参保决策。（2）对农民参保决策给出一个独特
的解释。以往关于农民参保决策的研究多强调经济因素的作用，通常用理
性选择范式进行解释。理性选择范式基于经济人假设，过分强调农民的
"计算"动机与能力，对农民的理解单向度化，无视其社会需要，没有把
农民所在的文化和规范等宏观环境纳入到分析框架中。社会资本范式在不
否定理性选择范式的前提下，把经济人还原为社会人，指出人的社会需要
对个人行动的重要影响，把文化和规范纳入分析框架，对个人经济决策行
为动因做出了独特的解释。（3）社会资本符合中国农村社会的形态。中
国社会尤其是农村社会一向强调个人利益服从家庭利益和群体利益，村域
中基于血缘、地缘和趣缘所形成的社会关系是乡村各种资源配置的重要机
制，农民对村域共同体具有强烈的认同感和归属感，这些特征使得社会资
本很容易在中国农村找到理论原型和经验证据。（4）社会资本理论本土
化的重要性。社会资本是一个舶来品，在研究我国社会、经济问题时，社
会资本概念的界定和运用必须考虑到我国社会特别是农村社会文化和地域
的特殊性，对社会资本概念的界定和分析必须要符合我国农村社会的现
实，学理层面的界定和分析也需要在经验层面进行验证，以实现社会资本
理论的本土化。

## 第三节　概念界定

　　自布迪厄将"社会资本"概念引入社会学研究领域后，社会资本理
论在各个学科领域都表现出了强大的解释力。鉴于它不明确的概念关系，
研究者给予社会资本的定义不尽相同。林南将众多的定义归纳为两个层
次：一个是个体社会资本，即一种嵌入于个人行动背后的社会网络中的资
源，其功能在于帮助行动者获得更多的资源；二是团体社会资本，表现为
一个团体所具有的能够维持团体存在和增进团体成员生活机会的集体财

产，它内含在群体中，其功能在于提升群体的集体行动水平。① 帕特南最早开启对宏观社会资本进行研究，他运用社会资本理论分析社区如何通过社会连接和公共事务参与缔造成员间的信任和互惠规范，以提高政府的绩效和促进经济发展。帕特南认为社会资本是一种组织特点，如信任、规范和网络等，它使得实现某种目的成为可能。②

笔者借鉴帕特南的定义，将农村社会资本定义为：村域中农民之间的交往和在交往过程中产生的关系特征，包括信任、互惠和规范维度。并依据林南的分类，将社会资本分为微观和宏观两个层面：一个层面是农民个体社会资本，指的是农民个体之间的互动及互动中形成的关系特征；另一个层面是村域社区社会资本，指的是村域社区内农民之间的互动水平及其关系特征。本书对社会资本概念的界定主要依据了帕特南的研究，将社会资本界定为网络、信任、互惠规范。区别于帕特南将社会资本概念仅限定为宏观层面的社会结构和特征，本书依据林南的观点将社会资本概念区分为宏观和微观两个层面进行分析和研究。本书中不管是微观还是宏观层面，社会资本的维度都包括结构性社会资本、关系性社会资本。结构性社会资本指向社会网络，指的是社会组织外在的可以观察到的部分，如社会互动以及公共参与等，鉴别的是团体组织联系和互动的强度。关系性社会资本指向信任、互惠和规范关系特征，评价的是人们对人际间信任和互惠规范的感受。本书中，社会资本包括社会网络、信任、互惠和规范四个维度。

社会网络包括社会互动和社团参与。社会互动指个体与朋友和邻里之间互相交往的程度，具有结构松散和非组织化的特征。社团参与是个体参与高度组织化和角色多样化的俱乐部、协会和组织等的情况。信任是基于对他人的个人特质和社会约束的计算之后与他人合作的决定，或者说是基于对某人或某物之品质或属性，或对某一陈述之真实性，持有信心或依赖的态度。互惠是构筑帮助的给予和回报的道德规范，可以分为均衡的互惠和普遍的互惠，前者指人们同时交换价值相等的东西，后者在特定的时间里是无报酬和不均衡的。规范是指在长期的生活中形成的不成文的，但为

---

① Lin Nan, *Building a Network Theory of Social Capital*, in social capital: Theory and research, (eds.) by Lin Nan, Karen Cook, Ronald S. Burt, New York: Aldine De Gruyter, 2001, p. 8.

② 帕特南:《使民主运转起来:现代意大利的公民传统》，王列等译，江西人民出版社 2001 年版，第 195 页。

社会成员所理解和接受的一种非正式社会控制。

学术界最为常用的方法就是从职业的角度来界定农民的概念，"从事农业生产的劳动者"是这一概念的核心。农民就是从事农业生产，户口登记在农村并为农业户口的农村人。农民与村民有别，村民是在一定时期内居住在某一乡村区域，受区域或村庄组织领导管理的自然人。而农民与农业劳动相联系。

村域又名村庄、村落，是指农民自然聚居的，在长期生活中自然形成的具有一定人口规模，明显村落边界和社区意识的群落。

三农保险是以农业、农村和农民为服务对象的各类政策性和商业性保险的统称。它是以缴费参保的形式来转移和分散风险和损失的一种社会互助机制，它包括农业保险、农村商业财产保险、农村人身保险三个方面。

本书中农民参保决策是一种过程，而非一个时间点的行为或者行为倾向。参保决策不同于参保行为或者意愿，它包括保险需求识别、信息处理、评价参保、参保行为和参保后评估五个阶段。这种界定方法关注到了农民参保决策的动态本质。参保决策概念的"过程"特征符合三农保险在农村推行的实际过程：第一个阶段，农民在内外刺激的影响下心理状态发生变化，引发需求动机识别；第二个阶段，农民通过政府宣传等正式渠道和非正式渠道了解相关保险信息；第三个阶段是农民对保险做出心理估价，对其进行信任度和满意度的评估，形成参与指数；第四个阶段是做出是否参保的决策；第五个阶段是农民在参保后根据预期和现实体验做出参保评估，而这一评估结果会成为下一次保险需求识别的内部刺激。

## 第四节　研究思路与结构框架

本书的总体目标是建构农村社会资本与农民参保决策的理论框架，先以农民参与新型农村社会养老保险为例，实证分析农村社会资本对农民参保决策的作用机制和影响效应，再以农民参与新型农村社会养老保险、新型农村合作医疗和商业养老保险为例，分析、总结农村社会资本对农民参保决策的效应，在此基础上提出增进农村社会资本含量的政策建议。本书旨在实现以下目的：第一，建立农村社会资本分析框架，促进社会资本理论本土化；第二，建立参保决策分析框架；第三，建立农村社会资本与农民参保决策理论模型；第四，分析农村社会资本对农民参保决策的效应；

第五，为增进农村社会资本的含量提出相关建议。本书有两个分析单位，即农民个体和村域社区，分清楚研究所涉及的分析单位在资料收集、分析和做结论中是非常必要的。本书的思路如下：

首先，通过文献梳理和概念分析，分别建构农村社会资本和参保决策分析框架。具体来说，在对社会资本概念、属性和类型进行分析的基础上，结合我国农村社会特征，确立农村社会资本概念、属性和类型，从纵向和横向两个维度建立农村社会资本分析框架。在科学界定参保决策概念的基础上，合理划分参保决策维度，从纵向和横向两个维度建立参保决策分析框架。在分别形成农村社会资本和参保决策分析框架的基础上，建构农村社会资本与参保决策的理论模型，建立预期假设，并以过程激励理论、交易成本理论和羊群行为理论作为分析农村社会资本对农民参保决策效应的理论基石。其次，以农民参与新型农村社会养老保险为例，从微观和宏观两个层面对农村社会资本和参保决策进行测量，分别实证检验农村社会资本和参保决策理论，并运用多元回归分析方法从微观和宏观两个层面对农村社会资本与参保决策的理论模型进行检验。再次，从农民参与新农保、新农合和商业养老保险等保险项目入手分析农村社会资本对农民参保决策的效应。然后，在明确农村社会资本对农民参保决策意义的基础上，从大力发展农村民间组织、建构农村社会信用体系、增强互惠规范和保护农村传统四个方面提出增进农村社会资本含量的相关建议。最后是研究的基本结论、创新点和不足之处。具体思路如图1—1所示。

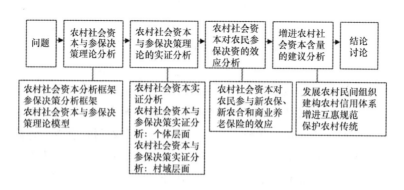

**图1—1 研究思路**

第一章是导论。首先，介绍本书提出的理论背景和现实缘由，研究的理论意义和现实意义。其次，进行文献综述，在梳理国内外研究现状的基础上总结出研究的不足之处并提出本书的研究视角。再次，进行概念界定，提出研究思路和结构框架，对研究涉及的主要概念给出明确的定义，并分析如何实现具体的研究目标，依据研究思路给出本书的章节框架。最后，提出研究方法，介绍本书所运用的文献研究法、调查研究法等主要方法。

第二章是农村社会资本与参保决策理论基础。本章的主旨是建构农村社会资本与农民参保决策理论模型。为实现这一目标，首先，结合我国农村社会地域和文化特征对农村社会资本概念、属性、分析层次等基本理论进行归纳和分析，提出农村社会资本分析框架。其次，根据参保决策的"过程"本质，在理论分析参保决策的基础上，提出参保决策的分析框架。建构农村社会资本与参保决策的理论模型，在此基础上形成本书的研究假设。最后，从过程激励理论、交易成本理论和羊群行为理论入手分析农村社会资本对农民参保决策效应的理论基石。

第三章是农村社会资本实证研究。本章主旨是分别从微观农民个体和宏观村域社区两个层面实证检验农村社会资本理论。首先，分别对农民个体和村域社区社会资本的维度和测量做一分析。其次，对测量农民个体和村域社区社会资本的指标进行因子分析，以检验农村社会资本的结构。再次，通过描述统计对农村社会资本各维度的状况进行分析。最后，通过相关分析对各维度之间的关系进行检验。

第四章是农村社会资本与参保决策实证分析：微观层面。本章的主旨是从农民个体层面实证检验农村社会资本对于农民信息搜寻、参与指数和参保行为的影响效应和作用机制。为实现这一目标，首先，建立农村社会资本对新农保信息了解程度影响作用的线性回归模型。其次，建构参与指数变量并以此为因变量，分析个体社会资本对参与指数的影响。再次，以参保行为为因变量，个体社会资本为自变量，通过 Logistic 回归模型实证分析农民个体社会资本对参保行为的影响。最后，为了更深入地了解社会资本对农民参保行为的作用机制，分别从社会互动和信任视角对农民的参保行为进行实证分析。

第五章是农村社会资本与参保决策实证分析：宏观层面。本章的主旨是从村域社区层面实证检验农村社会资本对信息搜寻、参与指数和参保率的影响效应和作用机制。为实现这一目标，首先，运用线性回归方程分析村域社区社会资本对新农保信息了解程度的影响。其次，建构参与指数变量并以此为因变量，分析村域社区社会资本对参与指数的影响。最后，以村域参保率为因变量，以村域社区社会资本为自变量，实证分析村域社区社会资本对村域参保率的影响。

第六章是农村社会资本对农民参保决策的效应分析。本章的主旨是农村社会资本对农民参保决策的效应分析。为实现这一目标，分别以新型农村社会养老保险、新型农村社会合作医疗和商业养老保险等三农保险项目为例，分析农村社会资本对农民参保决策的促进效应。

第七章是农村社会资本的培育。本章的主旨是分析如何培育农村社会资本。为实现培育农村社会资本的目标，分别从大力发展民间组织、建构农村社会信用体系、增强互惠规范和保护农村传统四个方面提出提升农村社会资本含量的建议。

第八章是结论与讨论。本章归纳出具体的研究结论，本书的创新和不足之处。

## 第五节　研究方法

本书采用理论研究与实证研究相结合的方法，以文献研究为主要方法收集有关文献，在建构理论的同时，以问卷调查和部门调查为主要方法收集有关数据，通过定量研究检验理论模型，从而把理论和现实情况有机结合起来。

本书从新经济社会学视角认为农民参保决策是嵌入在农村社会资本中的，运用农村社会资本理论工具分析了农民参保决策的非经济因素。分析了农村社会资本对农民参保决策效应的理论基石，为实现这一研究目的，分别运用制度经济学中的交易成本理论、管理学中的过程激励理论和行为金融学中的羊群行为理论对农村社会资本对参保决策的效应理论基石进行了分析。

文献研究是一种通过收集和分析现存的以文字、数字、符号、画面等信息形式出现的文献资料，来探讨和分析各种社会行为、社会关系及其他社会现象的研究方式[1]。本书通过阅读相关书籍、期刊论文和电子书籍，

---

[1]　风笑天：《社会学研究方法》（第三版），中国人民大学出版社 2009 年版，第 233 页。

全面了解国内外运用社会资本理论实证分析金融参与、参保决策影响因素和社会资本对参保决策作用相关研究的现状、进展和趋势，在梳理有关文献的基础上分别建构了农村社会资本分析框架和参保决策分析框架，建构了农村社会资本与农民参保决策的理论模型。并且在梳理有关文献的基础上，归纳总结了农村社会资本对农民参与新农保、新农合和商业养老保险的效应，提出了增进农村社会资本含量的有关建议。

风笑天认为，调查研究是指一种采用自填式问卷或结构式访问的方法，系统地、直接地从一个取自某种社会群体的样本那里收集资料，并通过对资料的统计分析来认识社会现象及其规律的社会研究方式。[1] 本书采用立意抽样和随机抽样相结合的方法选取了若干农民和村域作为调查对象，并采用自填式问卷和部门调查的方法收集了有关资料。

农民个体层面资料的收集。2010 年 5 月至 8 月进行了首次资料收集工作。本次资料收集的主要方法是问卷调查法。调查对象为 16 岁至 59 岁之间的农村居民。新农保还处于试点运行阶段，因此我们采用了立意抽样方法选择了陕西省的神木县、耀州区和山东省青岛即墨区为调查点。调查点的选取考虑了地区经济水平的差异，神木县代表陕西经济较强的地区，耀州区次之，山东青岛的即墨区则代表沿海区县。在每个区县采取多阶段随机抽样的方法选择调查对象。在神木县发放问卷 800 份，回收 746 份。在耀州区，发放问卷 700 份，回收 672 份。在山东省青岛即墨区，发放问卷 200 份，回收 177 份。本次调查，成功访问农民 1595 人。从性别结构看，男性占 64.4%，女性占 35.6%。从年龄结构看，30 岁以下占 7.2%，31 岁至 40 岁占 33.8%，41 岁至 50 岁占 51%，51 岁至 59 岁占 8%。

村域社区层面资料的收集。2011 年 5 月至 7 月进行了第二次资料收集工作。本次资料收集的主要方法是问卷调查和部门调研。问卷调查的对象为村落。调查采用随机抽样方法选择了河南省鲁山县库区乡、下汤乡和赵村乡三个乡镇为调查点。在每个调查点采用随机抽样的方法选择了若干村域为调查对象，其中库区乡 10 个村域、下汤乡 17 个村域、赵村乡 20 个村域，一共选取了 47 个村域构成了本次调查的样本。问卷调查主要收集了村域社会资本有关数据，具体方法是在每个调查村域采用简单随机抽样的方法选取 30 个左右的农民作为问卷调查对象，一共成功访问 1471 个

---

[1] 风笑天：《社会学研究方法》（第三版），中国人民大学出版社 2009 年版，第 159 页。

农民构成问卷调查对象。以社会资本每个指标在农民层面的平均得分作为村域社区社会资本在该指标上的得分。为获得 47 个村域的人口数据、务工率和参保率等宏观数据，本次调查还分别从河南鲁山县统计局、县新型农村社会养老保险管理中心、库区乡社会保障所、下汤乡社会保障所和赵村乡社会保障所收集了相关数据。表 1—1 反映了两次调研的具体过程和成果。

表 1—1 　　　　　　　　　　　数据来源与资料收集方法

| 调研时间 | 地区 | 资料收集对象 | 资料内容 | 收集方法 | 成果 |
|---|---|---|---|---|---|
| 2010 年 5—8 月 | 陕西省神木县；陕西省耀州区；山东省青岛即墨区 | 农民；县社保局 | 农民参保情况及社会资本情况 | 问卷调查 | 1595 份问卷 |
| 2011 年 5—7 月 | 河南省鲁山县库区乡；下汤乡；赵村乡 | 县新农保管理中心；各乡镇社保所；农民 | 参保情况及社会资本；各村域参保率及基本情况 | 问卷及部门调查 | 1471 份问卷；47 个村域的参保率等情况 |

定性研究方法，是指以普遍承认的公理、一套演绎逻辑为分析基础，根据社会现象或事物所具有的属性，从事物的内在规定性来研究事物的一种方法或角度。农村社会资本与农民参保决策理论模型的建构是重点和难点。借助定性研究方法从"质"的层面对社会资本与参保决策的关系进行探究，具体通过归纳、分析农村社会资本基本理论和参保决策概念，建构农村社会资本与农民参保决策的理论模型，分析农村社会资本对农民参保决策的效应。定量研究是为了对特定研究对象的总体得出统计结果而进行的。本书进一步借助定量研究方法，利用 SPSS17.0 分析软件，运用均值分析和因子分析等方法对数据进行简化处理，并运用 Logistic 和线性回归方程以及路径分析等多元统计分析方法更加精准地探究农村社会资本与农民参保决策之间的因果关系，科学地认识和揭示农村社会资本对农民参保决策的作用机制和影响效应。

# 第二章　农村社会资本与参保决策
# 理论基础

## 第一节　农村社会资本理论和分析框架

### 一　农村社会资本的概念

本书要探究农村社会资本对农民参保决策的作用机制和影响效应，需要对农村社会资本概念进行界定。布尔迪厄、科尔曼、帕特南、奥斯特罗姆等从社会学、政治学和经济学领域对社会资本的研究作出了重要贡献，他们从自己的知识背景和研究兴趣入手，对社会资本概念做了不同的诠释。布尔迪厄强调了社会网络的重要性，可以视为社会网络观[①]；科尔曼则强调功能的重要性，可以视为功能观[②]；帕特南强调了社会资本的主体是社区，可以视为社区观[③]；波茨则是嵌入（理性嵌入、结构嵌入）观[④]；福山是规范（信任）观[⑤]；林南是资源观[⑥]；奥斯特罗姆则是互动

---

[①]　Bourdieu, *The Forms of Capital*, In handbook of Theory & Research for the Sociology of Education, ed. J. G. Richardson, New York: Greenwood, 1985, p. 249.

[②]　Coleman, James, "Social Capital in the Creation of Human Capital", *American Journal of Sociology*, 1988, , p. 95 – 120.

[③]　帕特南：《使民主运转起来：现代意大利的公民传统》，王列等译，江西人民出版社2001年版，第195页。

[④]　Alejandro, Portes, Social Capital: Its Origins & Applications in Modern Sociology, Annual Review of Sociology, 1998, p. 1 – 24.

[⑤]　福山：《信任：社会道德和繁荣的创造》，李宛蓉译，台北立绪文化事业有限公司，1998年版，第34页。

[⑥]　林南：《社会资本——关于社会结构与行动的理论》，张磊译，上海人民出版社2005年版，第28页。

模式观①。为了简明地看到社会资本概念的演变，本书绘制了社会资本概念演变表，见表2—1。通过比较发现，社会资本概念在从社会学到政治学和经济学的发展历程中，其研究视角也完成了从微观到宏观的转变。

表2—1　　　　　　　　　社会资本概念特征及其演变表

| | | | |
|---|---|---|---|
| 社会学领域 | 布尔迪厄（1986） | 网络观 | 实际或潜在资源的集合体，它们与或多或少制度化了的相互认识与认知的持续关系网络联系在一起……通过集体拥有的资本的支持提供给它的每一个成员 |
| | 波茨（1995） | 嵌入观 | 个人通过他的成员身份在网络中或者在更宽泛的社会结构中获取稀缺资源的能力。获取能力不是个人固有的，而是个人与他人关系中包含着的一种资产。社会资本是嵌入的结果 |
| | 科尔曼（1999） | 功能观 | 社会资本的定义由其功能而来，它不是某种单独的实体，而是具有各种形式的不同实体。共同特征有两个：由构成社会结构的各个要素所组成；为结构内部的个人行动提供便利 |
| | 林南（2004） | 资源观 | 是通过社会关系获取的资源。社会资本包含其他个体行动者的资源（如财富、权力、声望和社会网络等），个体行动者可以通过直接或间接的社会关系获取 |
| 政治学领域 | 奥斯特罗姆（999） | 互动模式观 | 社会资本是关于互动模式的共享知识、理解、规范、规则和期望，个人组成的群体利用这种模式来完成经常性活动 |
| | 帕特南（2001） | 社区观 | 社会资本是指社会组织的特征，诸如信任、规范以及网络，它们能够通过促进合作行为来提高社会效率 |
| | 纽顿（2003） | 文化观 | 社会资本是社会和政治文化的主观表象，它指的是人们关于公民同仁的集体态度，进而也指公民相关联的方式，是使人们倾向于相互合作、去信任、理解、去同情的主观性世界观 |
| 经济学领域 | 福山（2003） | 规范观 | 社会资本是一种有助于两个或更多个体之间相互合作、可用事例说明的非正式规范。这种规范可以是两个朋友之间的互惠性规范，也可以是像基督教或儒教之类的复杂而精巧的教条 |
| | 世界银行（2008） | 制度观 | 社会资本是指能够形塑一个社会的社会互动关系的数量和质量的各种制度、关系和规范。社会资本不仅仅是制度的总和，它是将它们黏合起来的黏合剂 |

---

① 埃莉诺·奥斯特罗姆：《社会资本流行的狂热抑或基本概念》，参见曹荣湘《走出囚徒困境：社会资本与制度分析》，上海三联书店2003年版，第27页。

　　从上述种种社会资本的概念来看，不同领域的研究者从特定的研究目的出发给出了不同的界定，不同学科分别从自身关注的视角来界定社会资本概念。这在一定程度上导致了社会资本概念的混乱。分析发现，学界对社会资本概念的界定有明显的学科痕迹：社会学倾向从微观视角界定社会资本为社会网络，发现社会资本能够提供资源，从而有助于个体实现一定的目标；政治学则从宏观视角界定社会资本为一个地区的网络、信任、互惠和规范特征，发现社会资本能够提高制度的绩效；经济学延续了宏观视角的研究，从更宽泛的视角来理解社会资本，发现其能推动地区经济的发展。

　　如前所述，学界对社会资本概念有不同的理解和界定，分析层次和研究目的不同，概念的界定就不同，这为本书界定农村社会资本概念提供了依据。本书对农村社会资本概念的界定需要考虑以下几个原则：（1）农村社会资本概念的界定取决于研究目的。美国斯坦福大学经济学教授青木昌彦在其著作《比较制度分析》中，针对学界对于"制度"一词的种种定义曾经发表过这样的看法："关于制度的定义不涉及谁对谁错的问题，它取决于分析的目的，什么是制度，我们能不能把制度等同于法律条文、非正式、组织、合同、人们的意识或所有这些因素的部分或全部的组合，给诸如'制度'之类的任何概念下一个合适的定义将取决于分析的目的。"[①]（2）农村社会资本概念的界定要区分分析层次。忽略研究对象的层次会造成农村社会资本概念的混乱。根据研究对象的不同，可以把农村社会资本的种种定义总结为两大类——微观层次的社会资本和宏观层次的社会资本。（3）农村社会资本概念是多维度的。已有文献表明，社会网络（社团参与、非正式互动）、信任、互惠和规范是社会资本的核心要素。无论是微观层次还是宏观层次，农村社会资本对金融参与或者金融发展的影响都是通过社会网络等结构性社会资本和信任等关系性社会资本两种不同类型的社会资本的相互作用来实现的。（4）农村社会资本概念的本身和后果必须区分。社会资本概念的界定不区分社会资本本身和后果招致了很多批评。如当运用农村社会资本范式来解释农民的政治参与或者经济行为时，农民的政治参与或者经济行为是农村社会资本的结果而非社会

---

　　①　青木昌彦：《比较制度分析》，周黎安译，上海远东出版社2001年版，第2页。

资本本身。(5) 农村社会资本概念界定必须考虑到我国农村社会文化的特殊性。我国农村社会文化重视集体和家庭在个人生活中的重要性,对家庭、血缘和姻亲等初级社会关系的重要性十分强调。其他社会关系是在血缘和姻亲关系的基础上扩展而来,是基于地缘、业缘和趣缘等次级关系衍生而成的。而西方社会重视正式社团在个人生活中的重要性,基于社团身份的社会关系在个体的生活中扮演了更重要的角色,家庭和姻亲关系在个人生活中的地位并非是最主要的。

　　本书从微观和宏观两个层面分析农村社会资本对农民参保决策的作用。具体来说,先以农民个体为分析单位,将农民个体置于村域社会网络和社会交往中考察农民的社会互动以及形成的信任、互惠、规范关系特征如何作用于农民的信息搜寻、参与指数和参保行为决策;再以村域社区为分析单位,考察村域的社会资本含量(网络参与、互动、信任、互惠和规范)如何影响村域社区整体的参保决策过程。参照帕特南对社会资本概念的经典论述,根据本研究的目的和以上概念界定的原则,本书把农村社会资本概念界定为嵌入在农村社会关系或者社会网络结构中的主体(农民个体或者村庄)在长期的互动中形成的关系特征,诸如信任、互惠和规范,嵌入社会关系或者网络结构中的主体可以通过这种关系或者网络结构及其关系特征来实现自身目标或者集体行动。这个概念可以分为两个层面:一个层面是微观(个体)社会资本,指农民个体自我嵌入在特定的社会关系中,诸如血缘、地缘、业缘或者趣缘关系等,通过长期的互动形成稳定的关系特征,农民个体可以通过这种关系及其特征实现自身的目标;另一个层面是宏观社会资本,指村域社区内的结构化网络以及通过长期互动形成的稳定的网络结构特征,诸如信任、互惠和规范,村域社区可以通过这种网络结构与关系特征提升集体行动水平。本书对农村社会资本概念的界定既考虑到了研究目的和分析层次,又综合了社会资本的不同维度,避免了概念内涵的割裂。

## 二　农村社会资本的属性

　　确定社会资本的属性是理解社会资本概念和理论的关键。从已有文献来看,几乎所有社会资本的研究者都对社会资本的属性做过表述。美国著名政治学家埃莉诺·奥斯特罗姆对社会资本的特性做出了四点概括:"社会资本会因为不用而枯竭;社会资本难以测量;社会资本不容易通过外部干预而形成；全国和区域性政府机构影响着个人追求长期发展所需的社会资本。"① 燕继荣在《投资社会资本：政治发展的一种新维度》中认为社会资本具有无形资产、公共物品、外部性和自我积累性四大属性。第一，无形资产。社会资本存在于人际关系中，是一种无形资产。社会资本是无形的，它表现为人与人的关系，内生在人们的关系结构中。社会资本看不见也摸不着，是难以观察和度量的。第二，公共物品。当社会资本的拥有者是群体或者组织时，它就具备了供给的连带性和非排他性。帕特南阐释过社会资本因其公共物品的特性而导致供给不足的难题，社会资本常以其他社会活动的副产品形式出现。② 第三，外部性。外部性指个体的行为对其他人产生了好的或者坏的影响，但行为者不会得到补偿或者付出代价的现象。一般而言，社会资本具有积极和消极两种外部性。第四，自我积累性。社会资本是人们在社会网络中反复博弈的结果，一旦形成就具有稳定性和良性互动的效果，反复使用会增加供给，搁置不用则会减少供给。③

对农村社会资本属性的认识和解析是为了更好地把握农村社会资本概念的内涵。对农村社会资本属性的认识应该从三个层面来确定。首先，农村社会资本具备资本的本质属性。马克思最早对资本的特征进行了深刻表述，即资本本身具有生产性、增值性和过程性，那么农村社会资本作为一种特殊的资本形式也具备这三个特征。其次，农村社会资本具备社会资本的一般属性。社会资本具有无形资产、公共物品、外部性和自我积累性四个特征，农村社会资本也具备这四个特征。最后，农村社会资本具有区别于城市社会资本的具体属性。

农村社会资本的本质属性。农村社会资本的本质属性是指其具有资本的基本属性，即生产性、增值性和过程性。社会关系网络并不完全是自然赋予的，需要通过投资于团体关系制度化的战略来加以构建。农村社会资本的生产性需要拥有者花费时间、精力和财力去投资维持社会关系，去认同和维护各种规范。就农民个体社会资本而言，农民需要通过人情往来、

---

① 埃莉诺·奥斯特罗姆：《社会资本流行的狂热抑或基本概念》，参见曹荣湘《走出囚徒困境：社会资本与制度分析》，上海三联书店 2003 年版，第 31 页。

② 帕特南：《使民主运转起来：现代意大利的公民传统》，王列等译，江西人民出版社 2001 年版，第 199 页。

③ 燕继荣：《投资社会资本：政治发展的一种新维度》，北京大学出版社 2006 年版，第 103—111 页。

互惠互助等途径来形成或者维持社会关系,而这需要付出一定的时间、物质和精神成本。就村域社区社会资本而言,村委会需要组织各种形式的活动促进村民之间的互动,也可以通过组织宣传和教育等手段向农民灌输普遍信任和互惠等非正式规范。农村社会资本的增值性指的是农村社会资本一旦存在就会产生一定的正外部性,会给投资者带来经济或者社会收益。就农民个体社会资本而言,个体社会资本有助于农民的心理健康、摆脱贫困、提升社会地位等。就村域社区社会资本而言,村域社区社会资本可以促进村域集体行动,增进村域社会关系的和谐。农村社会资本的过程性指的是农村社会资本和所有的物质一样,具有产生、发展和灭亡的过程。就个体社会资本而言,农民个体有建立、维持、动员和脱离关系网络的过程;就村域社区社会资本而言,村域传统文化通过沉淀、变迁和消亡等形式表现出过程性。

农村社会资本的一般属性。农村社会资本的一般属性指的是农村社会资本作为社会资本的一种特殊形式,应具备社会资本的四大属性。首先,农村社会资本是一种无形资产。就农民个体社会资本而言,农民之间的关系和蕴含在关系中的信任、互惠和规范都是隐形的,但却又在农民需要时发挥作用。就村域社区社会资本而言,村域内部的网络结构关系和关系特征也是无形的,难以观察的。其次,农村社会资本具有公共物品属性。当农村社会资本的主体为农民个体时,农村社会资本是一种私有物品,具有不可让渡性和排他性。而当农村社会资本的主体为村域社区时,其具有公共物品性。这种公共物品类似空气和自然环境是村域中每个农民的福利品。每个农民都可以顺利获得村里其他人的各种帮助。尽管他可能抱着投机的心态,但他去寻求物质或者精神帮助时,很少遭到拒绝。当然这种环境对投机行为的约束力和惩罚性更强,投机行为几乎是行不通的。再次,农村社会资本具有外部性。从农民个体来讲,当农民通过社会资本谋取一个在城市务工就业的机会或者获得创业资助款时,农村社会资本带来了正外部性;而当一个农民为了交情而包庇一个罪犯时,农村社会资本带来了负的外部性。从村域社区来讲,当村域和谐的社会关系给社区内部带来安全秩序时,农村社会资本的正外部性显现;而当村域中的农民结伙在外贩卖假货或者组织成一个盗窃团伙时,农村社会资本的负外部性显现。最后,农村社会资本具有自我积累性。从农民个体来讲,农民只有不断地使用其已有的社会关系,信任、互惠和规范才能保持、积累和增加,而长时间闲置已有的关系，信任、互惠和合作规范会逐渐消失殆尽。村域社区社会资本亦是如此。

农村社会资本的具体特征。农村社会资本的具体特征来源于农村社区和城市社区的区别。我国城乡二元格局的状态使得农村社会具有一定的独特性。农村社会的制度、结构和文化等要素与城市社会的有很大区别，这导致农村社会资本与城市社会资本有很大的差别。首先，从社会资本的表现形式来看，农村社会资本的社会关系和规范以关系网络和非正式制度为主要表现形式，而城市社会资本则以法人组织和正式制度为主要表现形式。其次，从社会资本的稳定性来看，农村社会资本具有同质性和稳定性，而城市社会资本则具有异质性和易变性。再次，从社会资本的分化程度来看，农村社会资本内部分化小，而村域之间分化大；城市社会资本内部分化大，而城市之间分化小。最后，农村社会资本主要建立在血缘和地缘等初级关系的基础之上，而城市社会资本主要建立在业缘和趣缘等次级关系的基础之上。

### 三　农村社会资本的分析层次

个体和群体分析层次。以林南和波茨为代表的学者分析社会资本的焦点是关注个体如何投资社会关系，并如何从社会关系中获取资源以实现自己的目标或者利益。他们界定社会资本概念时，其观察对象是行动者个体，他们主要关注个体是如何嵌入在社会关系之中，如何获取关系资源和各种利益的。以布尔迪厄、科尔曼、帕特南和福山为代表的学者分析社会资本的焦点是关注某些群体如何维持社会资本作为集体资源，这些集体资源如何增加成员的生活机会。他们界定社会资本概念时，其观察对象是群体，这种观点的兴趣是探索群体中社会资本的创造和维持过程。个体和群体只是学者们在分析社会资本概念时对社会资本主体的界定不同。不管是从个体还是从群体层次来考察社会资本，学者都认同下述观点：群体成员的互动使社会资本的积累成为可能，也就是说，网络成员的互动是社会资本的基本要素，厄普霍夫将其称为"结构性社会资本"①。不同的是，以

---

① 诺曼·厄普霍夫：《理解社会资本：学习参与分析与参与经验》，参见帕萨·达斯古普特伊斯梅尔·撒拉尔丁《社会资本：一个多角度的观点》，张慧东等译，中国人民大学出版社 2005年版，第 278 页。

个体为观察对象的学者在研究过程中似乎不太强调网络互动过程中的关系特征，即厄普霍夫所说的"关系性社会资本"。因此，有学者认为这些个体层次的社会资本，以社会关系网络定义社会资本，与"社会资本"相比，林南、波茨等人用"社会网络"似乎更能准确地指称其研究对象①，这实质是对个体层面社会资本概念只强调结构性社会资本而忽略关系性社会资本的一种批评。个体社会资本不能简单地等同于结构性社会资本或者网络互动，互动中形成的关系特征也应该成为个体社会资本的重要组成部分，只强调网络互动或者结构特征是偏颇的，网络结构和关系特征共同构成了完整的社会资本概念。因此，本书在社会资本概念的界定中，不管是农民个体社会资本还是村域社区社会资本，社会资本的基本要素都由两部分构成，即结构性社会资本和关系性社会资本，在相互作用中讨论个体和社区社会资本对参保决策的作用。

微观、中观和宏观分析层次。布朗把社会资本的分析层次归纳为微观、中观和宏观三个层次，并对三个层面进行了理论剖析。微观层次的社会资本分析的是嵌入自我的观点，关注的是个人行动如何嵌入特定的社会结构中。中观层次的社会资本分析的是结构的观点，研究的是特定社会网络的结构化，关注的是社会网络自身的特征和形成。宏观层次的社会资本分析的是嵌入结构的观点，关注的是社会资本的网络如何嵌入在较大的政治系统或文化系统之中，外在的政治系统或者文化系统是如何影响社会资本的。布朗认为这三个层面的分析并不互相排斥，它们相互作用。一个分析层面出现必然会带出另一个分析层面。任何给定的问题都需要在三个层面上进行分析，以便对作为社会结构主要过程的社会资本有个全面的了解。② 本书尽管没有从中观层面考察社会网络的结构化过程以及自我之间的联系，但分别从农民微观角度和村域宏观角度对社会资本进行分析和考察，并从微观和宏观两个视角考察了社会资本对农民参保决策的作用。

内部和外部社会资本分析层次。阿德勒等采取了一种两分的分类方法，他们将微观层次和中观层次的社会资本合称为"外部社会资本"，而

---

① 马得勇：《社会资本：对若干理论争议的批判分析》，载《政治学研究》2008年第5期。

② 托马斯·福特·布朗：《社会资本理论综述》，木子西编译，载《马克思主义与现实》2000年第2期。

宏观社会资本是"内部社会资本"。① 微观和中观层面的社会资本产生于某一行动者的外在社会关系，其作用是帮助行动者获取资源以实现个体目标，称为"外部社会资本"。外部社会资本属于个人而且服务于个人利益，是一种"私人物品"。而宏观社会资本形成于群体内部的关系，其作用是提升群体的集体行动水平以实现群体目标。它属于某一群体或者团体而且服务于该群体或团体的公共利益，因此它是一种"公共物品"。从阿德勒的观点来看，农民个体社会资本是外部社会资本，帮助农民获取信息等各种资源；村域社区社会资本是内部社会资本，有助于提升村庄的集体行动水平。

本书对农村社会资本理论的解析必须要考虑到农村社会资本的分析层次，这有助于把握农村社会资本的属性，并在此基础上构建农村社会资本分析框架。依据社会资本理论，结合我国农村社会现实，把农村社会资本划分为以下几个层次。

农民个体社会资本和村域社区社会资本。根据农村社会资本拥有主体的不同，可以将农村社会资本分为农民个体社会资本和村域社区社会资本。农民个体社会资本指的是农民个体拥有的可以用来实现自身目标的社会资源，包括农民个体的社会关系、成员资格及附于关系之上的各种规范。它意味着农民的社会关系规模越大，关系质量越高，个体社会资本的含量就越高。村域社区社会资本指的是村域所具有的追求团体目标、实现集体合作的组织资源，包括正式与非正式的关系网络及其关系特征。它标志着一个村域的凝聚力，意味着村域内部横向网络越密集，成员之间的关系质量越高，文化价值观念越是一致，村域的集体行动能力越强。本书对农村社会资本分析框架的建构就是依据这种分类标准进行的，将农村社会资本划分为农民个体社会资本和村域社区社会资本。

农村正式社会资本和农村非正式社会资本。根据农村社会资本规范程度的不同，可以分为正式社会资本和非正式社会资本。农村正式社会资本是由政府和法律提供的正式规范，它可以对农民的行为加以约束和指导，促成农民通过合作实现集体行动。农村非正式社会资本是农村自发形成的类似于信任和互惠等道德资源。它具有非正式性，其作用类似于法律等正

---

① Adler, Paul & Kwon, Seok-Woo, "Social capital: prospects for a new concept", *in the Academy of Management Review*, 2002, 27 (1), pp. 17–40.

式社会资本，同样可以对农民的行为加以约束和调节，可以减少不确定性和降低交易成本，提高交易效率和促进集体行动。本书认为政府社会资本等农村正式社会资本也是影响农民参保决策的重要因素，如政府的威信和办事效率。但本书并没有考察政府社会资本对农民参保决策的影响，只是考究民间社会资本等非正式社会资本在其中的作用。

农村结构性社会资本和关系性社会资本。农村结构性社会资本和关系性社会资本是从社会资本形式特征的角度来区分的。不管是农民个体还是村域社区社会资本，都包括结构性社会资本和关系性社会资本。前者指农民个体的社会关系、社团身份或者村域内部网络结构，这些关系是以社会互动为基础的，是可以观察到的，有形的，可以测量的。后者指附着于农民个体社会关系或者网络结构之上的关系特征，如信任、互惠和规范等，它标志着关系质量的高低，是无形的，难以观察和测量的。举例来说，我们很容易观察到一个农民和邻居之间互相来往频繁，却很难知道他们之间是否互相信任，尽管二者通常是一种正相关关系。本书依据厄普霍夫的分类法，将微观个体和宏观村域社会资本都区分为两种类型，即结构性社会资本和关系性社会资本。前者指有形的社会结构，如社团参与、社会互动，而后者指网络中的关系特征，如信任、互惠和规范。

## 四　农村社会资本分析框架

本书研究的具体问题是农民参保决策，解释农民参保决策的理论视角并非唯一，而本书选择从社会资本理论视角试图对农民参保决策做出一个独特的解释。一个有效的研究视角应包括对特定研究问题"逼近"的思路，这种"逼近"的思路就是"研究框架"。研究框架主要揭示从哪些层面入手来分析之前设定的具体问题。具体到本书来讲，本书研究的具体问题是农民参保决策，理论视角是社会资本，研究框架就是如何以社会资本理论为研究工具来剖析农民参保决策的问题。本研究的目的是探讨农村社会资本在农民参保决策中的作用如何，需要建构农村社会资本分析框架。

本书从纵向和横向两个维度建构农村社会资本分析框架。农村社会资本的纵向维度是指农村社会资本有农民个体和村域社区两个主体，可以分为农民个体社会资本和村域社区社会资本。前者指微观社会资本，后者指宏观社会资本。农村社会资本的横向维度是指农村社会资本有结构性和关系性两种类型，前者指网络结构和社会互动等客观联系，后者指信任、互惠和规范主观价值。本书认为不管是微观还是宏观层面，探讨其对金融或者经济发展的作用时，都应包括结构性社会资本和关系性社会资本，只不过二者在农民个体和村域社区社会资本上的具体表现形式不尽相同。据此，本书建构了农村社会资本分析框架。表2—2展示了农村社会资本分析框架。

表2—2 农村社会资本分析框架

| 纵向维度 | 分析角度 | 分析单位 | 横向维度 | 构成要素 | 具体内容或者含义 |
|---|---|---|---|---|---|
| 农民个体社会资本 | 微观层面 | 农民个体层面 | 结构性社会资本 | 社团参与 | 指农民参与社团的类型和数量，反映了农民的正式网络 |
| | | | | 社会互动 | 指农民个体和村域中不同对象之间联系的强度，反映了农民的非正式网络 |
| | | | 关系性社会资本 | 信任 | 指农民个体对村域内不同对象的信任程度，反映了农民的特殊信任状况 |
| | | | | 互惠 | 指农民个体和村域内不同对象之间的互助状况，反映了农民之间的均衡互惠水平 |
| | | | | 规范 | 指农民个体对各种规范的认同和遵守程度，反映了农民规范水平 |
| 村域社区社会资本 | 宏观层面 | 村域社区层面 | 结构性社会资本 | 社团参与 | 指村域社区社团分布数量，反映村域正式社会网络状况 |
| | | | | 社会互动 | 指村域社区内部的网络结构，反映村域非正式社会网络状况 |
| | | | 关系性社会资本 | 信任 | 指村域社区对内部和对外部世界的信任程度，反映村域的普遍和特殊信任水平 |
| | | | | 互惠 | 指村域社区内部的互助状况，反映村域的均衡和非均衡互惠水平 |
| | | | | 规范 | 指村域内部非正式规范程度，反映了村域的秩序和状况 |

从表2—2可以看出，本书中农村社会资本的分析单位有两个：一个是农民个体，一个是村域社区。不管是微观还是宏观层面，农村社会资本都包括了结构性社会资本和关系性社会资本。农民个体社会资本和村域社

区社会资本在具体表现形式上的区别不大,所不同的是,在测量社会资本内涵时,指标指代的层次不同。比如说,在测量中都通过社团参与来衡量农民个体和村域社区社会资本的状况,但二者指代的层面不同。农民个体社团参与指农民个体参与社团的类型和数量,反映农民个体情况,其分析单位是个体;村域社区社团参与则指村域内社团数量,反映的是村域社区社团分布情况,其分析单位是村域。其他所有测量指标均有农民个体和村域社区之别,具体农民个体社会资本和村域社区社会资本的指标及其测量会在下文详细论述,在此不再赘述。

本书要弄清楚农村社会资本对农民参保决策的作用机制和影响效应。为达到这一研究目的,需要从农村社会资本的两个层面展开论述。一个层面是从农民个体社会资本出发,在界定农民个体社会资本概念的基础上,提出农民个体社会资本的维度和测量方法,对农民个体社会资本的含量、维度之间的关系进行实证分析。然后,在定量认识农民个体社会资本的基础上,实证分析农民个体社会资本对其参保决策的作用机制和影响程度。具体来说,在控制有关变量的情况下,分别检验农民个体社会资本对信息搜寻、参与指数和参保行为的作用。另一个层面是从村域社区社会资本出发,在界定村域社区社会资本概念和梳理社区社会资本相关测量文献的基础上,提出村域社区社会资本概念的维度和测量指标,并对村域社区社会资本的含量、维度之间的关系进行实证分析。然后,在定量认识村域社区社会资本的基础上,实证分析村域社区社会资本对村域层面信息搜寻、参与指数和参保率的作用机制和影响效应。

## 第二节　参保决策理论和分析框架

### 一　参保决策理论

本书认为参保是一种动态的复合决策过程,而非静态的决策结果。从理论上论证参保决策的过程本质,提出参保决策概念和分析框架是本书的研究目的之一。张述林提出了一种参保人行为复合决策过程的综合模型,提供了参保决策概念框架,对分析参保人的行为具有一定的理论指导意义。张述林认为,一般而言,在保险市场中,根据时间和内容的不同,参保人的决策过程包括五个阶段:第一阶段是需求识别;第二阶段是搜寻相关信息;第三阶段是参保抉择评价;第四阶段是参保行为;第五阶段是对选择结果的评估。[①]　本书根据张述林的参保行为复合决策过程模型对五个阶段进行学理上的分析。

第一个阶段是需求识别。需求识别是指参保人的内在心理状态，是从参保需求唤起开始的。参保需求识别的过程可以概括为内、外部刺激影响参保人心理状态进而对需求唤起或需求识别产生作用。内部刺激主要有三种类别：第一种是参保动机的形成；第二种是参保人的特性；第三种是参保人过去的经验。参保动机的形成跟人的需要有关系，马斯洛的需要层次理论把需要分为五个层次，即生理、安全、社会、尊重和自我实现的需要。保险需要属于安全需要的范畴，保险能够化解人们未知的风险，提供安全感。因此，从人的需要角度而言，人人都有参保的动机。但参保需要的形成还与参保人的特性有关系，这种特性主要指参保人的风险观。风险厌恶、风险中性和风险偏好的不同个体对保险需求程度是有很大差异的。参保人的年龄、职业、家庭生命周期、经济收入等特性会直接影响个体的风险观，从而对保险需求产生影响。参保人过去的参保经验是一种重要的内部刺激。参保人在过去的参保经历中形成了对保险的认识，参保人会根据过去参保收益的情况形成对保险的评价，而这些主观的认识和评价会以经验的形式影响参保人的心态。除了内部刺激外，参保需求也会通过外部环境刺激获得。参保人的参保需求与其所处的外在环境有很大关联。保险市场营销策略是重要的环境刺激，它提供各色保险产品的费率和收益的信息，从而刺激参保人唤起保险需求。还应该强调的是，参保人不是孤立地做出参保决策的，其所处社区的文化、规范、网络和价值观念必然会影响参保需求的心理状态。

从参保需求到需求识别还需要经过参保人心理状态和刺激方向的相互作用和强化。参保人的心理状态直接影响着是否参保或对险种的选择。参保人的心理状态一般由需求标准和参保态度两部分组成。需求标准是参保人判断某种险种重要性的标准，如保险费率是否合理，保险基金经营是否安全，保险收益是否有吸引力，保险理赔是否高效。参保态度包括对保险的认知、情绪偏好和参保行为倾向。具体来说，参保态度包括三个方面的内容：保险认知，即对险种、保险公司、保险中介人或者政府等的认知；参保情绪体验，即对保险公司或者政府等保险经营管理者的主观好恶；参

---

① 张述林：《试论投保人行为的复合决策过程》，载《重庆社会科学》1996 年第 5 期。

保行为趋势，即参保态度的意念部分，它激发对参保的注意，反映参保人态度的坚定性。一般而言，参保人的心理状态是需求标准和参保态度二者的胶着，它在内外两种刺激的作用下产生保险需求识别。当保险需求被识别时，参保人的心理产生紧张状态，从而激发起信息搜寻行为。

第二阶段是参保人信息处理。当参保人完成需求识别阶段后，进入有关信息处理的阶段。参保人信息处理涉及刺激知觉、记忆和信息搜寻三种形态。通过知觉，参保人组织和传导刺激对自身的感觉。参保人通过注意、综合、保持和记忆四个阶段来知觉并显露刺激。首先是注意，注意是认识刺激的过程，它具有一定的可选性，参保人倾向于注意与自身需求相关的部分刺激；其次是综合，综合是一种选择，参保人接受消息表现出选择性，因态度和经验的差异，在面对同一保险广告时，不同的参保人倾向于认同广告信息的不同侧面；再次是保持，参保人在注意和接受保险信息后，也可能很快忘记，这涉及信息的保持，一般而言，与参保人需求直接相关的消息容易保持，如保险费率水平和保险收益水平等；最后是记忆，过去参保体验形成的老信息和保险营销刺激形成的新信息将被储存在参保人的记忆中。在参保决策过程中，老信息和新信息都将被运用，参保人根据存储的信息对保险进行主观评价，进而影响其决策行为。参保人无法规避信息不对称的困境。一般而言，参保人会通过各种正式和非正式的渠道搜寻保险信息，在充分掌握信息的基础上做出参保决策。

第三个阶段是评价参保行为，又称参与指数。评价参保行为是指参保人根据搜寻的相关信息，在了解险种、服务等相关信息的基础上，比照需求联想对该险种进行满意度和信任度等主观评估，在形成参与指数的基础上决定是否参保。评价参保行为包括三个阶段，即参保人心理状态变化、需求联想和期待的满意度。首先是参保人心理状态的变化。参保人在某一时间心理状态的变化必然会影响其参保决策。影响参保人心理状态变化的最主要因素是对信任度的评估，它指参保人对险种、保险公司或保险中介的信任程度。其次是需求联想，它是参保人在参保决策过程中根据自己的情况提出需求的重点并据此评价相关险种的心理。参保人会根据参保的目的设计一种"理想险种"，参保人倾向于用"理想险种法"来评价和选择其喜欢的险种。通常的做法是参保人以理想险种为标准来衡量现实险种，参保人会选择最接近理想险种标准的保险。最后是期待的满意度。依据需求联想，参保人会评估险种达到期待的满意程度，这是参保人是否参保的关键性因素。通常来说，参保人会选择期待满意程度最高的险种，即参保人最喜欢的险种。

第四个阶段是参保行为。参保行为是参保人在唤起保险需求识别、通过各种渠道搜寻相关信息和完成保险心理评估三个阶段后做出是否购买保险的行为决策。一般而言，参保人会选择参与指数最高的险种，但在参与指数和决定是否参保之间还介入了不可知的意外情况，例如，参保人本打算购买某险种，但其父亲认为该保险保费太高，收益太低，购买保险不划算，这就会削弱参保人原来的购买意愿。介入者的态度越坚决，和参保人的关系越密切，对参保决策的影响就越大。一般而言，参保人根据其家庭经济水平、费率水平和预期收益等形成参保意图，但意外情况会使参保人打消参保意图。

第五个阶段是参保后评估。参保后评估是参保决策的最后一个阶段，主要表现为参保后的主观满意度评价。参保人参与某险种后，必然会有某种程度的满意或者不满意。参保后的满意感或不满意感（S）是其预料（E）和险种的觉察性能（P）的函数，即 $S = F(E, P)$。这就是说，若险种的觉察性能符合参保人的预料，参保人就满意，若其觉察性能超过参保人的预料，参保人就会很满意，反之亦然。

从以上分析得知，在参保决策过程中，在做出参保行为之前，参保人还需要经历三个阶段：需求识别、信息搜寻和抉择评价。在做出参保行为之后，参保人会对参保预期和参保收益进行对比，形成参保后的评价，从而影响下一步的需求识别。良好的参保评价会刺激参保需求动机，有利于参保；反之，不好的参保评价则会抑制参保需求动机，不利于参保。这是一个心理和行为的循环过程，良性的或者恶性的。图 2—1 给出了参保决策的完整模型，可以更清晰地观察到整个循环过程。

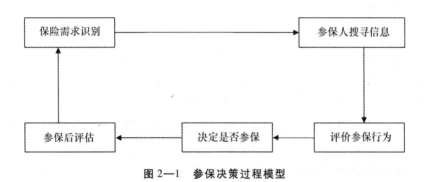

图 2—1　参保决策过程模型

## 二　参保决策分析框架

与农村社会资本分析框架的建构类似,农民参保决策分析框架也是从横向和纵向两个维度展开的。

从横向来看,农民参保决策分为保险需求识别、信息搜寻、参与指数、参保行为和参保后评估五个阶段。相应的,从理论上来讲,对参保决策概念的测量也应该从这五个方面进行。然而,需要指出的是,根据具体保险在推行过程中时间的长短不同,这五个阶段未必能全部显现。具体到新农保来说,因为制度推行时间尚短,加上15年的缴费年限,参保农民还没有获得新农保的收益,所以也无从对参保的好坏进行评估,也就无法以经验的形式作为外部刺激来影响其他农民的保险需求识别。也就是说,具体到新农保而言,参保后评价和保险需求识别阶段尚不存在。鉴于本书的实证研究是以农民参与新农保为例的,因此在实际操作中,本书把农民参保决策操作化为三个维度:信息搜寻、参与指数和参保行为(参保率)。

第一,信息搜寻维度。信息搜寻包括信息搜寻渠道和信息了解程度。村域中农民获得保险信息有两个渠道:一个是政府宣传的正式渠道,另一个是农民之间的口头相传的非正式渠道。目前,三农保险特别是社会保险在农村的推行是以县级为单位进行的,县级人民政府负责保险的运行,农村社会保险的参保情况是衡量地方政府政绩的一个标准。为了增强信息宣传效果,地方政府采取多种形式进行宣传,包括出动宣传车、散发宣传手册、设置咨询台、组织村民会议和座谈会等形式,自上而下地向农民传播信息。政府宣传等正式渠道的优点是可以确保信息全面、准确无误地传播给农民,但缺点也很明显,即宣传成本大,可持续性差,政策文本性强,农民不易理解。农民获得信息的另一个渠道是人际网络的口头相传,这种渠道的优势是成本低,可持续性强,且通俗易懂,但无法保证信息的全面性和准确性。在决定是否参保之前,农民通过这两个渠道搜寻信息。农民最终是否做出参保决策取决于对信息的了解程度。农民对三农保险的缴费、保值增值、管理安全和待遇水平等保险制度构件的了解程度直接影响到其对三农保险的信任度和满意度评估，进而影响其参保行为。

第二，参与指数维度。保险评估或者参与指数指农民对三农保险的信任和满意程度的主观评价。如果农民对三农保险持有乐观预期，农民就会持续缴费，否则农民缴费可能受到影响。因此，农民对三农保险的信心是缴费的关键。地方政府或者保险机构的持续融资能力、基金的安全管理、保值增值是影响农民心理预期的重要因素。除了信任因素外，农民对政府补助力度、管理和服务的满意程度是另一个重要因素。在信息不完全、认识能力有限的前提下，农民的行为是有限理性而非完全理性，农民决策的标准是寻求令人满意的决策而非最优决策。农民参保决策不仅接受理性人逻辑的支配，还受到主观效用最大化的影响。农民参保选择有两个依据：一是保险能不能给农民带来实惠，多大实惠；二是农民对保险实惠、管理、服务是否满意，前者是农民的信任度问题，后者反映了农民的满意度问题。农民对三农保险的信任度和满意度成为判断农民心理参与程度的重要衡量标准。农民在对保险形成心理参与指数的基础上做出是否参保的行为决策。

第三，参保行为维度。参保行为指农民在当年是否缴费参保。农民个体层面的参保行为在村域层面表现为参保率，即实际参保人数占村域人口总数（或者应参保人数）的比例。前面分析已经指出，学界对参保决策的研究比较缺失，对参保行为或者参保率的研究比较充分。比较多的研究都会把参保行为界定为是否参保，通过 Logistic 或者 Probit 模型对农民参保行为影响因素进行分析。

从纵向来看，农民参保决策包括农民个体和村域社区两个层面。本书要从农民个体和村域社区两个层面来分析农村社会资本对农民参保决策的作用机制和影响效应，因此农民参保决策也分为农民个体和村域社区两个层面。具体来说，信息搜寻包括农民个体信息搜寻和村域信息搜寻两个层面，参与指数包括农民个体参与指数和村域参与指数两个层面，参保行为包括农民个体参保行为和村域参保率两个层面。表 2—3 从纵向和横向两个层面建构了参保决策分析框架。

表2—3　　　　　　　　　　　　参保决策分析框架

| 纵向维度 | 分析角度 | 分析单位 | 横向维度 | 具体内容或者含义 |
|---|---|---|---|---|
| 农民参保决策 | 微观层面 | 农民个体层面 | 信息搜寻 | 指农民获得信息的渠道和对保险信息的了解程度 |
|  |  |  | 参与指数 | 指农民对三农保险的信任程度和满意程度的主观评价 |
|  |  |  | 参保行为 | 指农民是否缴费参保 |
| 村域参保决策 | 宏观层面 | 村域社区层面 | 信息搜寻 | 指村域中所有农民对保险信息的平均了解程度 |
|  |  |  | 参与指数 | 指村域中所有农民对保险的平均心理参与程度 |
|  |  |  | 参保率 | 指村域中实际参保农民占应参保农民的比率 |

## 第三节　农村社会资本与参保决策的理论模型与假设

### 一　农村社会资本与参保决策的理论分析

社会资本范式强调一定空间内社会互动和关系特征对于个体经济决策行为的影响。农民参保决策不仅是理性选择的结果，还是社会互动的结果，农民参保决策嵌于农村社会资本之中。对于农村社会资本影响农民参保决策的解释，还可以从格兰诺维特的"社会嵌入性"观点中得到补充。格兰诺维特认为个体的经济决策行为不是独立存在的，而是嵌入在社会关系和网络中，关系和网络提供了一种信任和规则，网络中的人们倾向于合作。[①] 本质而言，不管是农业保险、商业保险还是政府推行的基于自愿参与的社会保险（养老保险或者医疗保险），农民参保决策类似于金融决策行为。农民和保险公司或者政府之间存在一种交易：目前的投资，是为了将来某个时候获得更多的收入。这种交易能否发生，取决于农民是否获得信息、农民是否信任保险。农村社会资本影响农民参保决策的机制有五个：一是降低保险信息搜寻成本；二是促进农民对保险的信任，降低制度交易成本；三是产生社会互动效应（示范效应和伙伴群体效应）；四是产生互惠效应；五是产生规范效应。本书详细阐释了农村社会资本对农民参

---

① Granovetter M., "Ecnomic action and social structure：The problem of embeddedness", *American Journal of Sociology*, 1985, (91), pp. 482 – 513.

保决策的作用机制。

第一，农村社会资本降低了农民搜寻信息的成本。作为一种网络结构，农村社会资本充当了重要的信息流通载体，降低了农民搜寻信息的成本。那哈皮特（Nahapiet）等认为社会网络是一种不可见的资源，能促进个体之间的信息共享，通过密切的社会交互，农民能增加相互之间信息交换的广度、深度和效率。[①] 作为一种关系特征，农村社会资本有助于农民通过这两个渠道获取参保信息。首先，信任水平高的村民更积极参与政府宣传活动，如通过村大会和座谈会等来获取信息。已有文献多以村委会选举为研究对象，验证了信任对农民参与公共事务的积极影响。[②] 其次，信任不仅有助于农民通过正式渠道获取信息，还推动了农民通过人际网络传播来交流信息。信任是信息交流的前提，提供了信息交流的意愿，有助于农民之间信息的传递。信任会使农民更愿意给对方有用的信息，更容易倾听对方，接受对方的影响。知识管理领域也验证了信任对信息传播的重要性。兰斯基（Szulanski）认为不信任对于知识转移有消极作用，是知识转移的主要障碍之一。[③] 周涛和鲁耀斌对虚拟社区信息共享的研究也验证了信任对信息传播的重要性。[④]

第二，农村社会资本促进了农民对保险的信任，增加了对保险的期望值。信任是基于对他人的个人特质和社会约束的计算之后与他人合作的决定，是对交易关系中利益相关方可能采取的对各方都有利的合作性策略的一种稳定性的期望。比亚吉奥（Biagio）强调了信任在金融合同交易中的重要性，信任就是投资者在面对金融合同不确定性风险时，投资者对合同方是否会尽其所能完成合同的主观判断。[⑤] 路易吉·圭索等（2004）理论

①　Nahapiet J., Ghoshal S., "Social Capital, Intellectual Capital and the Organizational Advantage", *The Academy of Management Review*, 1998, 23 (2), pp. 242 – 266.

②　孙昕、徐志刚、陶然等：《政治信任、社会资本和农民选举参与——基于全国代表性样本调查的实证分析》，载《社会学研究》2007 年第 4 期；胡荣：《社会资本与中国农村居民的地域性自主参与——影响村民在村级选举中参与的各因素分析》，载《社会学研究》2006 年第 2 期。

③　Szulanski G., "Exploring internal stickiness: Impediments to the transfer of best practice within the firm", *Strategic Management Journal*, 1976, 17, pp. 27 – 43.

④　周涛、鲁耀斌：《基于社会资本理论的移动社区用户参与行为研究》，载《管理科学》2008 年第 3 期。

⑤　Bossone, Biagio, *The Role of Trust in Financial Sector Development*, Policy Research Working Paper No. 2200, the World Bank, 1999, pp. 1 – 33.

分析了社会资本对金融参与的作用机制，金融契约涉及的不确定性决定了金融交易信任密集型的特征，交易的完成不仅取决于金融契约的法律执行力，而且依赖于授信者对受信者的信任程度。社会资本影响金融效率的一个重要机制是增强了个体之间的信任水平，因此社会资本对金融市场的发展会产生主要影响。弗洛伦西奥（Florencio）和施莱费尔（Shleifer）进一步阐述了普遍信任对金融交易的重要性。金融契约需要高度透明，买方必须确定金融机构和政府能够偿还未来的投资收益，这需要一个好的法律环境，律师诉讼成本是可以支付的，法律应该是公正的，当然这些要求是可以通过普遍信任来满足的。[1] 信任不仅降低了保险交易成本，还增加了农民对保险的期望值。农村社会资本在农民和保险之间架起了一座桥梁，农民的信任水平越高，就越相信政府或者保险机构会合规经营，确保基金保值、增值，就越相信参保对风险的化解能力，就越相信参保收益高。

第三，社会互动推动农民做出参保决策。社会互动对农民参保决策具有伙伴群体效应和群体示范效应。杜尔劳夫认为社会互动通过内生互动和情景互动这两种机制来影响居民的金融决策行为。[2] 内生互动指个体的投资决策受到其参照群体成员同期行为的影响，而其自身的决策又反作用于参照群体成员的投资决策，它也被称为伙伴群体效应。内生互动实际上是一种个体与参照群体成员之间的互相影响和暗示，表现为"看别人参与了，我也要参与；别人缴费多，我也缴费多"，这种影响是双向的，结果也是不确定的。情景互动则是一种单向作用，个体的投资决策受到参照群体成员的影响，但其自身的决策并不能反作用于参照群体成员，它也被称为群体示范效应。情景互动强调个体行为受到参照群体行为结果的影响，表现为"我是否参与，看别人参与结果的好坏"，这种影响是单向的，结果也是不确定的。个体认为"参保结果较好"时，情景互动效应为正，"感觉受到欺骗"时，情景互动效应则为负。内生互动通过传递信息、交流感受和一致性规范对参保决策产生正效应，而情景互动对参保决策具有正负两种效应。因此，加总的社会互动对农民参保决策的效应要视内生互动和情景互动效应的比较而定。总的来说，社会互动对农民参保决策具有

---

[1]  Lopez-de-Silanes, Florencio & Shleifer Andrei, "What Works in Securities Laws", *Journal of Finance*, 2006, 61 (1), pp. 1 - 32.

[2]  Durlauf, Steven, *Neighborhood Effects*, in Handbook of Regional & Urban Economics, J. V. Henderson & J. F. Thesse, eds, Amsterdam: North Holland, 2004, pp. 2173 - 2242.

推动作用。

第四，互惠对农民参保决策有正效应。总的来看，互惠对农民参保决策有两个效应："挤入效应"和"挤出效应"。互惠对农民参保决策的"挤入效应"也称激励效应。"挤入效应"主要体现在正式保险的有效推行需要参保对象具备互助共济的观念，正式保险就是通过参保主体的共同参与来共同承担未知风险的。正式保险的有效运行需要人们认同互助共济的价值观念。对农民而言，农民的助人意愿越强烈，意味着他们越愿意在生产和生活中替别人分担各种风险。而三农保险等正式保险需要借助农民的互助共济意识提高他们的筹资热情，实现提高参保率的目标。可以说，农民的互惠意识和行为契合了正式保险的需要，因此对农民参保决策有很强的"挤入效应"。左延莉、胡善联等在分析新型农村合作医疗参保率时，指出了互助共济观念对农民参保的重要性。从缴费能力来讲，农民是有能力承担的，决定农民参保意愿的关键是互助共济精神。① 这种互助共济的精神也体现在农民在缴费中的互相帮助。乐章认为社区中村民互相帮助的程度越高，越愿意参加社会养老保险，原因是互惠使得农民在缴费中互相帮助。②

互惠对农民参保决策也有"挤出效应"。互惠提供了一种非正式支持，这种非正式支持在一定程度上会削弱农民对保险的需求，从而产生保险替代效应，不利于其参保。作为一种非正式保险，互惠和正式保险之间是一种替代关系。亲朋好友间的馈赠和礼金支出是一种普遍的加强社会经济关系的方式，礼物馈赠暗含义务的特性，它对农民化解风险有很大帮助，可以将馈赠等互惠形式作为一种保险关系来对待。在中国，家庭间的相互馈赠极为普遍，在小孩出生、结婚、老人去世的时候都会有馈赠发生。③ 范飞认为农民之间的互惠具有"保险替代"效应，并预期非正式保险的深度即家庭馈赠支出与收入的比例越大，农民家庭购买正式保险的可能性越小。实证结果验证了这一点，在中国民间，家庭的婚嫁馈赠支出占

---

① 左延莉、胡善联、博卫等：《2004 年中国新型农村合作医疗参合率分析》，载《卫生软科学》2006 年第 8 期。

② 乐章：《现行制度安排下农民的社会养老保险参与意向》，载《中国人口科学》2004 年第 5 期。

③ Kipnis, Andrew B., *Producing Guanxi: Sentiment, Self and Subculture in a North China Village, Durham*, N. C.: Duke University Press, 1997.

家庭收入的比例越大,该家庭购买正式保险的可能性越小。① 马小勇的研究表明,我国农户一般通过社会网络内的互惠行为等非正规机制来规避各种风险。这种风险化解机制没有强制性和正式性,是一种非正式的制度安排。社会网络内风险化解方法是互惠性的收入转移,即当农民遇到困难时,其所属的社会网络内的其他成员给予"借钱"、"借物"、"帮工"等各种形式的援助,而该成员有义务在其他成员遇到困难时也给予援助。农民各类风险能够化解是因为遵循了互惠规范,网络中违背规则的成员将受到某种惩罚,被网络成员孤立、排斥,被排除在社会网络之外独自承担风险。②

　　实际上,正式保险和非正式保险之间并非一定是替代关系,二者的替代关系有可能被互补关系冲淡。农民在财产、人身和农业生产中必然面临许多风险,这需要农民在风险识别后选择相应的策略来处理风险。农民的风险处理策略是其在感受到各种风险时化解风险尽量减少损失的方式,可以分为正式机制与非正式机制。前者包括以市场为基础的商业保险和由政府提供的政策性保险,后者主要是指农民个人借助于平时对社会关系的投资,投资于社会关系在于对社会关系的工具性利用。由此来看,互惠对农民参保决策的负效应被冲淡,最终表现为正效应。

　　第五,规范效应。规范推动农民做出参保决策,对其具有调节效应。规范对参保的正效应实际上反映了文化对经济的调节作用。规范作为一种非正式控制方式对农民的经济决策行为有很强的指导作用。路易吉·圭索等发现,社会规范导致个体和参照群体一致的金融决策行为;社会规范作为异于政策、法律和市场不同的调节机制,被认为是文化在对个体的经济行为起作用。③ 路易吉·圭索等认为,社会规范反映了个体对其参照群体投资决策的认同,遵守这种规范可以获得群体的尊重和声望,违反这种规范,会有被排斥和孤立的可能。④ 社会规范对特定投资决策的认同显著地

---

① 范飞:《家庭馈赠对医疗保险需求的影响——一个非正式风险分担机制的视角》,复旦大学硕士论文,2008 年。

② 马小勇:《中国农户的风险规避行为分析——以陕西为例》,载《中国软科学》2006 年第 2 期。

③ Guiso Luigi, Paola Sapienza & Luigi Zingalea, "Does Culture Affect Economic Outcomes"?, *Journal of Economic Perspectives*, Spring, 2006, 20 (2), pp. 23 – 48.

④ Guiso Luigi, Paola Sapienza & Luigi Zingalea, "The Role of Social Capital in Financial Development", *American Economic Rewiew*, 2004, 94 (3), pp. 526 – 556.

影响了个体在参保选择方面的差异，对农民参保决策具有调节效应。

## 二　研究假设

研究假设是将抽象的概念之间的关系用变量之间的关系表示出来。本书要从农民个体和村域社区两个层面研究农村社会资本对参保决策的作用。相应的，研究假设也应该从农民个体和村域社区两个层面设立。

农村社会资本通过信任降低了信息搜寻成本，增加了农民对三农保险的期望值。农民是否参保取决于农民对政府和三农保险的信任程度。信任在交易中扮演着关键角色，信任可以降低制度交易成本，社会资本在农民和政府、办事人员、三农保险政策之间架起了一座桥梁，农民信任水平越高，越容易相信政府会保证基金安全、保值、增值，越容易相信参保对化解风险的能力。而之前的分析也表明，信任将有助于农民传播保险信息，降低信息搜寻成本。据此，形成假设 A1 至假设 A6。

假设 A1：农民个体信任水平越高，其信息搜寻成本越低。

假设 A2：农民个体信任水平越高，其参与指数越高。

假设 A3：农民个体信任水平越高，其参保的可能性越高。

假设 A4：村域社区信任水平越高，其信息搜寻成本越低。

假设 A5：村域社区信任水平越高，其参与指数越高。

假设 A6：村域社区信任水平越高，其参保率越高。

农民做出参保决策是通过社会互动形成相对共识后达成的。社会互动对金融决策的影响可以分为内生互动和情景互动，社会互动通过内生互动和情景互动这两种机制来影响居民的金融决策行为。具体到农民参保决策而言，内生互动实际上是农民和其参照群体成员之间的相互影响，是一种伙伴效应，表现为"别人参与了，我也要参与；别人缴费多，我也缴费多"；情景互动则强调农民参保行为受到参照群体行为结果的影响，表现为"我是否参与，看别人参与结果的好坏"。情景互动可以视为"结果示范性"效应。情景互动使农民了解了更多参保的结果，农民认为参保"结果较好"时，"结果示范性"效应为正，从而做出参保决策；"感觉受到欺骗"时，"结果示范性"效应则为负，从而不参保或者甚至退保。总体来看，社会互动在个体的参保决策中呈现出正效应。之前的分析也指出了社会互动对信息传播的作用。据此，形成假设 B1 到假设 B6。

假设 B1：农民个体互动水平越高，其信息搜寻成本越低。

假设 B2：农民个体互动水平越高，其参与指数越高。

假设 B3：农民个体互动水平越高，其参保的可能性越高。

假设 B4：村域社区互动水平越高，其信息搜寻成本越低。

假设 B5：村域社区互动水平越高，其参与指数越高。

假设 B6：村域社区互动水平越高，其参保率越高。

互惠对农民参保决策具有正效应。互惠对农民参保决策具有正负两种效应。第一是"挤入效应"。互惠有助于农民在缴费中互相帮助，也契合了正式保险对人们互助共济意识的要求。这使得互惠对农民参保决策产生促进作用。第二是"挤出效应"。互惠为农民化解各种风险提供了一种非正式支持，这种非正式支持在一定程度上会削弱农民对正式保险的需求，从而产生保险替代效应，不利于其参与。互惠对农民参保决策正负效应都有。但在风险面前，农民也有可能通过正式和非正式渠道等多种渠道来化解风险，非正式保险和正式保险也可能是一种互补关系。也就是说，有了非正式保险后，农民也不排除通过正式保险的途径来化解风险。因此，总体来看，互惠对参保决策的负效应削弱。因此，本书预期互惠对参保决策的正效应大于负效应。据此，形成假设 C1 到假设 C4。

假设 C1：农民个体互惠水平越高，其心理参与指数越高。

假设 C2：农民个体互惠水平越高，其参保可能性越高。

假设 C3：村域社区互惠水平越高，其参与指数越高。

假设 C4：村域社区互惠水平越高，其参保率越高。

规范推动农民做出参保决策。规范能够调节农民的经济决策行为，遵循规范可以获得尊重，违反规范可能会被孤立。村域中，潜在参保农民受到其他参保农民的行为所反映的规范的影响，使得潜在参保农民保持与已参保农民一致的决策行为。通过观察周围其他农民的参保决策，潜在参保农民可以了解到他所属群体的适当行为，并希望选择与参照农民类似的决策。据此，形成假设 D1 到假设 D4。

假设 D1：农民个体规范水平越高，其心理参与指数越高。

假设 D2：农民个体规范水平越高，其参保可能性越高。

假设 D3：村域社区规范水平越高，其参与指数越高。

假设 D4：村域社区规范水平越高，其参保率越高。

## 第四节　农村社会资本与参保决策模型的理论基石

农村社会资本对参保决策具有推动作用，农村社会资本的作用机制具有深刻的理论基础，过程激励理论和交易成本理论解释了信任对参保决策的正效应，而行为金融的有关理论解释了社会互动在参保决策中的促进效应。

### 一　过程激励理论

美国心理学家弗鲁姆认为个体总是渴求满足一定的需要，并设法达到一定的目标，这个目标在尚未实现之前，表现为一种期望。行动者只有在预期行为有助于达到这种目标的情况下，才会被充分激励起来产生行为。激励力量的大小，取决于效价和期望值的乘积。效价是目标或结果对个体的吸引力，同一个目标、同一个结果对不同的个体所产生的吸引力是不同的，也就是效价对个体有差异性。期望值是个体根据经验判断对所采取的行为将达到的目标或结果的可能性的估算。当人们为所选择的行为做出努力时，不仅考虑目标或结果效价的大小，同时还考虑目标或结果获得的可能性。一般而言，期望值越大，激励力量也越大。[1] 激励的期望理论主要关注激励力量对个人行为的影响，没有考察个人与他人激励效果的比较影响。过程激励的公平理论弥补了这一缺憾。激励力量不仅受到效价和期望值的影响，而且还受到个体与其他个体之间的付出与所得进行比较的影响。在这个过程中，个体会将自己同另一个成员进行比较，被用来比较的这个成员，称为参照成员（参照群体）。[2] 如果农民认为参照成员获得了比自己更多的报酬，就会对制度产生一种不公平感，这种不公平感将直接影响农民行为的积极性。

过程激励理论可以解释农民参保决策的内在动力，三农保险的效价是由其化解风险的能力决定的，不同保险对农民的效价是不同的，这取决于险种，也取决于农户。除了保险效价能够影响农民的决策外，农民对保险的期望值也是一个重要因素。期望值就是农民在遭遇风险时，三农保险可

---

① 顾琴轩、郭培芳：《组织行为学》，上海人民出版社 2003 年版，第 157 页。

② 尹钢、梁丽芝：《行政组织学》，北京大学出版社 2005 年版，第 156 页。

以兑现承诺的概率。而权益公平性比较则指农民和参照群体对比投入和收益的结果而感知的公平感。农民参保决策受保险的效价、对保险的期望值和权益公平性比较的影响。就期望值和权益公平性比较而言,农村社会资本通过信任可以提高农民对制度的期望值和制度的公平感,从而对农民参保决策有推动作用。在农民经济行为的学术研究中,存在所谓"生存伦理"范式。"生存伦理"强调农民具有选择回报低但较稳定以规避风险的动机,换言之,农民具有"损失厌恶"情结,表现为农民对损失的担心远大于对同等收益的向往。因此,制度的稳定性,即农民对制度的期望值对农民参保决策有更为重要的影响。三农保险包括农民的人身保险、农村财产保险和农业保险,三农保险对化解农民的风险,促进农村地区的发展有重要价值。农民的信任水平越高,对所参与保险的期望值就越高,其参保热情就越高。过程激励理论揭示出农民对三农保险的信任对其参保决策的重要性。农村社会资本能够通过信任提高农民对三农保险的信任水平,农村社会资本水平越高,农民越倾向于相信三农保险政策会稳定推行,政府管理部门或者保险机构会保证基金安全秩序、确保基金保值增值,确保政策运行的公平性,就越相信参保对未来风险的保障能力。由此可见,农村社会资本通过信任增加了农民对三农保险的期望值和公平感,其对农民参保决策的促进作用显而易见。

## 二　交易成本理论

作为新制度经济学的核心人物,肯尼斯·阿罗把交易成本界定为"经济系统的运行成本"①。科斯用交易成本理论来解释企业产生的原因。科斯指出,"在市场交易中,为了进行交易,必须发现谁希望进行交易,并通过讨价还价的谈判缔结契约以及监督契约条款的严格履行等,由此发生的成本即交易成本"。②威廉姆森认为,"交易成本分为两部分:合同签订前的交易成本和合同签订之后的交易成本。前者是指草拟合同,就合同

---

①　Arrow Kenneth J., *The Organization of Economic Activity*: *Issue Pertinent to the Choice of Market Versus Nonmarket Allocation*, in The Analysis and Evaluation of Public Expenditure, The PPB System Vol. 1, U. S. Jaint Economic Committee, 91st Congress, 1st Session, Washington, D. C., U. S. Government Printing Office, 1969, pp. 59 – 73.

②　科斯:《社会成本问题》,载《财产权利与制度变迁——产权学派与制度学派译文集》,陈昕译,上海人民出版社 1994 年版,第 20 页。

内容进行谈判以及确保合同得以履行所付出的成本；后者是指签订合同后的成本，包括不适应成本、讨价还价的成本、建立及运转成本和保证成本"①。保险作为一种市场交易商品也会产生交易成本。保险交易成本始于保险商品销售环节的起点，终于保险合同权利义务的消失。我国三农保险存在很多问题，如保险机构或者保险公司的赔偿支付水平低，不重视售后服务，保险代理人或者村干部为完成任务利用信息不对称误导农民参保，农民在参保前隐瞒真实情况，恶意骗保诈保，导致保险机构或者保险公司赔付水平居高不下等。诸多问题可以归结为我国三农保险市场交易成本过高。保险交易成本过高直接制约了我国三农保险业的健康发展。农民参保的制度交易成本主要包括两个方面：信息搜寻成本和预期经营成本。信息搜寻需要花费时间和精力等成本，农民不可能搜寻保险产品所有的信息，搜寻行动应该在搜寻信息的边际成本等于边际收益时停止。获得信息需要花费成本，保险信息成本的存在使得农民不可能拥有完全信息。信息不对称使得保险信息优势的一方通过投机获取利益成为可能，这会导致两种问题："逆向选择"和"道德风险"。前者存在于参保前信息的不对称；后者存在于参保后信息的不对称。

不管是商业保险还是政策性保险，三农保险项目都存在信息不对称的问题。在商业保险经营中，信息不对称引起的逆向选择、道德风险和对象甄别等问题使得保险交易成本昂贵。在政府推行的自愿参与社会保险中，信息不对称同样导致政府失灵。信息搜寻成本主要体现在农民对保险信息了解和制度监督成本上。一是制度信息了解成本。农民是否参保首先取决于农民对三农保险信息的了解程度。受学历和理论素质的限制，农民自身搜寻信息、辨别信息的能力较差，这会影响到农民参保决策。即使农民已经参保，如果对三农保险缺乏深入了解，农民也可能不再持续参保甚至退保。二是制度监督成本。它是指农民参保后，防止政府部门或者保险机构贪污挪用保险经费所要付出的成本。高额的监督成本会降低参保的价值，如果农民参与到保险监督中来，制度能够保证农民对保险的监督权，农民参保的积极性就会提高。然而，地方政府虽然在形式上设计了群众监督机制，但实际上没有保障群众对制度的监督权。监督缺失加大了农民分辨政

---

① 奥列弗·E.威廉姆森：《资本主义经济制度——论企业签约与市场签约》，段毅才等译，商务印书馆2004年版，第31—35页。

府欺骗行为的难度,进一步"鼓励"了政府的欺骗行为。预期经营成本是指农民预期政府部门管理运营三农保险基金的成本。如果政府部门不能有效管理基金,保证资金保值、增值,则预期经营成本较高。在预期经营成本很高的情况下,农民不敢轻易参保,从而对参保采取"一脚门内,一脚门外"的犹豫态度。

交易成本理论认为三农保险存在制度交易成本,这主要包括信息搜寻成本和预期经营成本。农村社会资本可以有效地降低信息搜寻成本。农民通过互动从社会网络中获取真实、有用的信息,这种信息来源渠道具有通俗易懂和可持续性的特征,迎合了农民的口味。农村社会资本通过信任也能降低信息搜寻成本。信任使得农民更愿意给对方有用的信息,影响信息交换的广度和深度。农村社会资本通过信任降低了农民对三农保险的预期经营成本,农民的信任水平越高,就越相信政府或者保险机构会确保基金保值、增值。农村社会资本通过信任可以有效地降低制度交易成本,信任水平越高,农民对三农保险就越有信心,参保的积极性就越高。由此来看,农村社会资本对农民参保决策具有相当的促进效应。

### 三  羊群行为理论

现代金融理论构建了有效市场假说,提出了一系列解释投资者行为的理论模型。随着研究的深入,学术界发现现代金融理论模型与市场上的实际投资决策行为是不相符的。现代金融理论的基础假设认为市场竞争中只有理性投资者能幸存下来,而实际情况并非如此。大多数投资者并非是标准金融投资者而是行为投资者,他们的行为符合一定的心理规律。行为金融学就是以心理学为基础辅以社会学等其他社会科学的观点,尝试从心理学角度解释个体的投资行为,充分考虑投资者心理因素在决策中的作用,为解释金融参与行为提供了新视角。行为金融学创造性地运用羊群行为解释了农民参保决策的非理性行为。

羊群行为通常是指在已有的公共信息下,参与者观察他人行为并受其影响从而放弃自己信念做出与他人相似行为的现象。羊群行为可以分为基于不完全信息的信息流羊群行为、信息流羊群行为和声誉羊群行为三种类型。基于不完全信息的信息流羊群行为假定投资机会对所有投资者均具有同样的价格,在先行者做出投资决策后,后继投资者根据私有信息和先行投资者传递的信息做出决定,以后的投资者再根据前面投资者的决策做出投资决策，从而形成了决策信息流。此模型假定先行投资者的收益不受后继投资者的影响。信息流羊群行为强调的是行为的"结果示范"效应，即个体的决策会受到其参照群体成员行为结果的影响，但其决策却不能同时反作用于参照群体成员。声誉羊群行为强调的是一个投资者行为受到社会规范的影响，遵守社会规范会赢得声誉，背离社会规范会被群体排斥。明智的做法是与参照群体保持一致的行为。羊群行为表明农民在参保决策时会受参照群体的影响。

行为金融理论表明农民在参保决策时会受到羊群行为的影响，这实际上也是社会资本在农民参保决策中起作用的一种表现。行为金融理论解释了社会互动是如何通过内生互动和情景互动两种机制来影响农民做出参保决策的。内生互动意味着农民和参照群体之间的互相影响，表现为"你参与了，我也参与"，"你缴费多，我也缴费多"。为什么农民在参保决策面前会共进退，表现出随大流的现象呢？这是因为内生互动提供了农民之间互相交流期望的机会，这种期望暗含在社会规范之中，这种规范可以调节农民的经济决策行为。遵守规范可以赢得尊重，获得声望，违背规范可能会被排斥和孤立。这实际上是声誉羊群行为的一种表现。情景互动意味着先参保的农民在体验参保后，将其体验感受告知未参保农民，这对未参保农民决策的影响可能是不确定的。通过情景互动未参保农民可以了解更多参保的结果，农民认为参保"结果较好"时"结果示范"效应为正，"感觉受到欺骗"时影响效应为负。情景互动强调的"结果示范"效应对农民参保决策的影响可能是正面的，也可能是负面的，这实际上是信息流羊群行为起作用的表现。

过程激励理论、交易成本理论和行为金融理论中的羊群行为解释了信任、社会互动对参保决策的促进作用，信任降低了制度交易成本，增加了农民对三农保险的期望值，而社会互动使得农民在参保决策中出现了羊群效应（邻里效应）。农村社会资本对参保决策的促进效应具有理论依据。

# 第三章　农村社会资本实证研究

## 第一节　农村社会资本维度和测量

### 一　农民个体社会资本维度和测量

目前，有关个体社会资本测量的文献比较丰富，这种测量一般是基于社会学领域中倾向于把社会资本概念操作化为社会网络的结果。已有文献对社会资本的测量存在不少问题，其中最突出的问题是没有评估测量工具的信度和效度，测量维度不够全面或者测量指标与社会资本理论缺乏对应。总结这类文献发现，这些研究沿用布尔迪厄和林南对社会资本概念理解的传统，认定社会资本是嵌入在社会网络中的资源，个体可以通过关系获得资源，从而实现特定的目标。受这种概念界定的影响，有关个体社会资本的测量比较多地只关注了结构性社会资本，相对忽略了嵌入在结构中的关系特征，这也是社会学领域中对个体社会资本测量的弊病。如前所述，农民个体社会资本指的是农民个体拥有的可以用来实现自身目标的社会资源，包括农民个体的社会关系、成员资格及附于关系之上的信任、互惠和规范。社会关系和成员资格是农民个体的结构性社会资本，而信任、互惠和规范是农民的关系性社会资本。本书中农民个体社会资本的维度有四个方面：网络、信任、互惠和规范。

第一个维度是网络。在社会资本概念中，社会成员之间的交换网络是源发性维度，信任、互惠和规范特质都产生于此。社会资本作为网络或者结构是一个连续体，连续体的两端是非正式网络和正式组织。非正式网络通常指朋友和邻里之间相互交往的网络形式，这种网络结构之所以被称为非正式网络，是因为它具备结构松散、非组织化的特征。正式组织通常以社团的形式出现，这种社会网络是以俱乐部、协会和组织为载体的，它具备高度组织化和角色多样性的特征。通常，社会网络的测量比较复杂，涉及多个方面，如网络密度、规模、一致性和趋同性。

鉴于社会互动是社会网络的基础，本书从农民的社团参与和社会互动两个方面来测量农民个体的结构性社会资本。社会互动反映了农民和村域中不同对象之间的交往情况。在问卷调查中，通过分别问被访者与亲戚、本家族成员、同小组村民、同自然村村民、同行政村村民以及村干部的交往情况来测量农民的社会互动情况。测量农民与不同交往对象的问题共6项，答案按李克特量表的格式设计，分为"经常来往"、"有时来往"、"较少来往"和"很少来往"四个等级，根据受访者的不同回答分别记4至1分。另外，本书还测量了农民的社团参与情况。根据我国农村的社团类型，我们选择了共青团、妇代会、民兵组织、娱乐组织、科技组织、合作社、借贷组织、体育运动组织、宗教信仰组织共9类组织，问被访者是否参与这些组织，以测量、分析其社团参与情况。答案分为"是"与"否"，分别赋值为"1分"和"0分"。

第二个维度是信任。一直以来，信任问题是社会科学界研究的兴奋点，也取得了很多重要的成果。科尔曼在其巨著《社会理论的基础》中用了很大篇幅来讨论信任问题。在理性选择理论的框架内，他提供了把信任看成是完全理性的交换的一个分析模型。[①] 福山在其名著《信任：社会道德和繁荣的创造》中解释了信任对于经济发展、社会繁荣的重要性。[②] 关于信任的研究必须首先界定信任的概念。迪格·甘必特把信任看作是基于对他人的个人特质和社会约束的计算之后与他人合作的决定。[③] 洛特将信任定义为"个人拥有的有关其他个人或群体的语言、承诺、口头或书面的声明等可以信赖的一般化期待"[④]。吉登斯将信任定义为"对某人或某物之品质或属性，或对某一陈述之真实性，持有信心或依赖的态度"[⑤]。有学者对中国人的信任问题进行了测量和研究，结论倾向认为中国是一

---

[①]　詹姆斯·科尔曼：《社会理论的基础》，邓方译，社会科学文献出版社1999年版。

[②]　福山：《信任：社会道德和繁荣的创造》，李宛蓉译，远方出版社1998年版，第100—114页。

[③]　Gambetta D., *Can We Trust Trust*? In Trust: Making and Breaking Cooperative Relations, ed. Diego Gambetta, Oxford: Blackwell, 1988, p. 216.

[④]　Rotter, J. B., "Interpersonal Trust, Trust Worthiness and Guilibility", *American Psychologist*, 1980, 35, pp. 1–7.

[⑤]　吉登斯：《现代性的后果》，田禾译，译林出版社2000年版，第26页。

个缺乏普遍信任的社会。福山对华人的家族结构和企业模式进行了研究，认为中国人的信任建立在血缘共同体的基础之上，是一种难以普遍化的信任。因而，中国的家族企业多，难以产生现代企业。[1] 韦伯也强调中国社会是一个低信任度的社会，因为一切社会组织都建立在血缘之上，人们缺乏对家族之外其他人的信任。[2] 但是，最近国内学者的研究并不都支持这些观点。例如，李伟民和梁玉成指出，中国人所信任的人群，虽然以有血缘家族关系的亲属家庭成员为主，但同时也包括家族之外的亲密朋友。[3] 这些研究表明，信任的对象是多样化的，信任的结构也是多样化的。

本书认为信任反映了农民对村域中不同对象的信任情况。在调查中，我们分别问被访者对亲戚、本家族成员、同姓村民、同小组村民、同自然村村民、同行政村村民以及村干部的信任程度。测量村民信任程度的 7 个项目的答案也分为四级，即"非常信任"、"比较信任"、"有点信任"和"不信任"，分别记 4 至 1 分。

第三个维度是互惠。在社会学和人类学中，毛斯、古德纳等学者从不同角度对互惠的概念进行了界定。毛斯对美国印第安土著人中存在的"夸富宴"进行了研究。毛斯认为在夸富宴中存在以获得荣誉为目的的互惠，"人们无权拒绝礼物与夸富宴，否则就是表明自己害怕要去还礼，就是担心一旦自己还不出礼就会被'瞧不起'"。[4] 广泛道德交换模型理论把互惠定义为"构筑帮助的给予和回报的道德规范"。互惠源于"如果你想得到他人帮助，你必须帮助别人"，在互惠的讨论中有两个重要的变量：涉及交易人所界定的价值对等及在送礼和还礼的互动间的时间消逝问题。[5] 人们在社会互动中相互追求回报，互惠是个体之间社会互动的基础。互惠存在于农村社会生活之中，是农民人际交往的基本规范。作为一种经济行为，互惠是农民之间资源的再分配方式，农民通过互惠规范在网

---

① 福山：《信任：社会道德和繁荣的创造》，李宛蓉译，远方出版社 1998 年版，第 100—114 页。

② 韦伯：《儒教与道教》，王容芬译，商务印书馆 1995 年版，第 292—297 页。

③ 李伟民、梁玉成：《特殊信任与普遍信任：中国人信任的结构与特征》，载《社会学研究》2002 年第 3 期。

④ 马赛尔·毛斯：《社会学与人类学》，佘碧平译，上海译文出版社 2003 年版，第 165 页。

⑤ Susana Narotaky, *New directions in economic anthropology*, Pluto press, 1977, p. 45.

络中交换各种资源，对其化解各种风险起到了一定的保障作用。互惠在村域社区的主要表现是农民和邻居之间在物质、经济、人力和其他资源上的互相支持，它包括换工、互相馈赠礼品、兴建和维修房屋，以及邻里在生老病死诸方面的互相帮助等。

互惠反映了农民和邻里之间在"借物"、"借款"和"帮工"等项目上的互助情况。在实际操作中，我们通过农民对"邻里之间应该互相帮忙、邻里之间应该互相借东西、邻里之间应该互相借钱和邻里之间帮忙不求回报"四个陈述的认同程度来测量农民的互惠程度。答案的赋值方法也采用李克特量表格式，分为"非常赞同"、"比较赞同"、"有点赞同"和"不赞同"，分别赋值 4 到 1 分。

第四个维度是规范。规范按照程序化程度和权威性高低分为正式规范和非正式规范。社会资本中的规范通常指人们在日常的互动过程中形成的为大家所接受的行为模式，是一种非正式规范。非正式规范通常是不成文、不明确的，是生活在同一地区的人们在长期的生产和生活实践中积淀下来的行为模式。这种规范提供了一种非正式的社会控制，它对人们的观念具有潜移默化的影响，对人们的行为具有很强的指导作用。非正式规范和法律等正式规范是一种互补关系，减少了人们对正式制度的依赖。科尔曼认为，在社会资本丰富的社区，犯罪和越轨行为少，不需要太多的警力维持治安，社会成员因而也有更多的安全感。[1]

规范反映了村域中一种非正式的社会控制，规范程度高的村域，村域安全秩序高，农民的认同感强。本书通过以下 4 个问题测量了农民对村域的认同感："邻村的姑娘是否愿意嫁到本村？""你认为在本村生活有安全感吗？""你经常会因为你是本村的农民而感到光荣吗？""与周围的村相比，本村的社会风气如何？"通过以下 3 个问题测量了农民对村域的安全感："你村是否经常发生地里庄稼被盗的事情？""你村是否经常发生家里东西被盗的事件？""你村是否经常发生邻里争吵事件？"有关村域认同和安全规范方面的问题的答案分别为 4 级或 5 级："邻村的姑娘是否愿意嫁到本村？"这一问题的答案分为"很愿意"、"较愿意"、"一般"、"很不

---

① Coleman, James, "Social Capital in the Creation of Human Capital", *American Journal of Sociology*, 1988, 94, pp. s95 – s120.

愿意"和"较不愿意"5个等级，分别赋值5至1分。"你认为在本村生活有安全感吗?"答案分为4级，即"很有安全感"、"较有安全感"、"较少安全感"和"没有安全感"，分别赋值4至1分。"你经常会因为你是本村的农民而感到光荣吗?"答案分"经常"、"有时"、"很少"和"从不"4级，分别记4至1分。"与周围的村相比，本村的社会风气如何?"答案分"很好"、"较好"、"一般"、"较差"和"很差"5级，分别记5至1分。"你村是否经常发生地里庄稼被盗的事情"、"你村是否经常发生家里东西被盗的事件"以及"你村是否经常发生邻里争吵事件"的答案分为4级，即"经常发生"、"有时发生"、"很少发生"和"没有发生"，分别记1至4分。

本书中农民个体社会资本的测量包括了结构性和关系性两种社会资本，从正式网络和非正式网络入手测量了结构性社会资本，从信任、互惠和规范入手测量了关系性社会资本。具体维度和测量指标见表3—1。

表3—1　　　　　　　个体社会资本维度与指标

| 维度 | 子维度 | 问题 | 答案及其赋值 |
|---|---|---|---|
| 结构性维度 | 正式网络（社团参与） | 共青团、宗教协会、娱乐组织、体育组织、合作社、妇女代表大会、民兵组织、科技组织、借贷组织，是否参加了这些组织 | "是"与"否"，分别赋值1分与0分 |
| | 非正式网络（社会互动） | 与亲戚交往程度 | "经常发生"、"有时发生"、"很少发生"和"没有发生"，分别记1至4分 |
| | | 与本家族交往程度 | |
| | | 与同组农民交往程度 | |
| | | 与同村农民交往程度 | |
| | | 与同行政村农民交往程度 | |
| | | 与村干部交往程度 | |

续表

| 维度 | 子维度 | 问题 | 答案及其赋值 |
|---|---|---|---|
| 关系性维度 | 信任 | 对亲戚信任程度 | "非常信任"、"比较信任"、"有点信任"和"不信任",分别赋值4至1分 |
| | | 对本家族信任程度 | |
| | | 对同姓农民信任程度 | |
| | | 对同组农民信任程度 | |
| | | 对同自然村农民信任程度 | |
| | | 对同行政村农民信任程度 | |
| | | 对村干部信任程度 | |
| | 互惠 | 邻里应该互相帮忙认同程度 | "非常赞同"、"比较赞同"、"有点赞同"和"不赞同",分别赋值4到1分 |
| | | 邻里应该互相借东西认同程度 | |
| | | 邻里应该互相借钱认同程度 | |
| | | 帮忙不求回报认同程度 | |
| | 规范 | 邻村的姑娘是否愿意嫁到本村 | 答案分为5级或者4级,分别赋值5至1分或者4至1分 |
| | | 在本村生活是否有安全秩序感 | |
| | | 是否为本村感到光荣 | |
| | | 本村的社会风气好不好 | |
| | | 果园或农作物是否经常被盗 | "是"与"否",分别赋值1分与0分 |
| | | 农民家里是否经常被盗 | |
| | | 邻里之间是否经常吵架 | |

## 二　村域社区社会资本维度和测量

早期的理论都强调社会资本是为某一社区或者团体所拥有,而非个体的私人资本,这一强调社会资本集体特征的传统得到了学术研究的延续。但从笔者搜集到的文献来看,目前关于社会资本的经验研究主要集中在微观层次,中观和宏观层次的研究较少。相应的,有关中观和宏观社会资本测量的研究也比较少见。究其原因,笔者认为这主要与社会资本的研究领域、研究可行性和成本有关系:其一,社会资本的经验研究多在社会学领域中进行,而社会学领域中的学者倾向于从个体层面来界定和分析社会资本,这导致已有的经验研究忽略了对中观和宏观社会资本的关注;其二,从中观或者宏观层面来测量某一社区或者社会组织的社会资本存在资料收集难的问题，由于分析单位的非人格化，很难获得信任等主观性很强的关系性社会资本的相关资料，而这些是集体社会资本的重要组成部分；其三，当研究者试图从中观或者宏观层面来测量社会资本时，需要较大的研究成本，而这是很多研究所不允许的。学界对中观或者宏观层面社会资本测量的研究较少，这限制了社会资本理论的发展。因此，从社区层面测量社会资本很有必要。笔者认为对村域社区社会资本的测量需遵循四个原则：第一，依据研究目的对村域社区社会资本的概念进行操作化；第二，严格区分社会资本本身、原因和后果，避免用社会资本的后果作为其本身的测量指标；第三，使用多个指标测量社会资本的各个维度，多指标测量可以更好地评估测量工具的质量；第四，结合经验研究的分析结果和理论含义对指标进行取舍。尽管本书给出了村域社区社会资本的概念，但考虑到学界对社区社会资本的理论含义没有达成一致，社区社会资本的核心维度以及测量指标可以从已有的实证研究文献中获得。

社区社会资本的核心维度有哪些呢？本书通过梳理有关文献来总结社区社会资本概念的核心维度。帕特南是较早研究社区社会资本的学者，在研究意大利民主制度绩效的差异时，他认为地区社会资本的维度应包括社团参与、信任、互惠和规范。[1] 帕特南从两个方面测量了美国的集体社会资本：首先是美国人的政治参与情况，用投票率和对政府的信任程度来表示；其次是美国人在公共事务中的参与情况，用参加各种社团的人数来表示，测量的结果是美国的社会资本正在衰减。[2] 福山认为以往研究对社区社会资本的测量主要从两个方面进行：一是对社会中群体和群体成员进行普查，测量指标包括群体规模、群体内聚力、集体行动能力、群体信任范围、群体的交往方式；二是利用有关信任和公民参与的社会调查资料，如世界价值观调查。[3] 奥尼克丝和布伦的研究认为，社区社会资本应该包括社区参与、邻里联系、朋友和家人间的联系、工作联系、社会能动性、信

---

① 帕特南：《使民主运转起来：现代意大利的公民传统》，王列等译，江西人民出版社2001年版，第195页。

② 帕特南：《独打保龄球：美国下降的社会资本》，参见李惠斌、杨雪冬主编《社会资本与社会发展》，社会科学文献出版社2000年版，第165—176页。

③ 福山：《公民社会与发展》，参见曹荣湘《走出囚徒困境：社会资本与制度分析》，上海三联书店2003年版，第80—86页。

任、安全秩序、对差异的容忍度、个人价值共 9 个维度。[①] 格鲁特鲁特和
巴斯特雷对世界银行的社会资本测量工具进行了改进，他们把社会资本分
为结构性社会资本和认知性社会资本，采用与组织联系、参与公共事务、
集体行动、社会支持、信任、互惠、社会凝聚力、归属感 8 个维度来测量
社会资本。[②] 德·席尔瓦、卡瓦奇等国外的一些学者对社会资本测量文献
进行了归纳与分析，总结了经验研究中社会资本概念的主要维度。德·席
尔瓦认为社会资本包括信任、社会凝聚力、社区归属感、参与社团、社会
网络、社会支持、参与公共事务以及家庭社会资本共 8 个维度。[③] 桂勇和
黄荣贵对已有文献进行整理发现，有些维度是社会资本的结果而非社会资
本本身，如集体行动、参与公共事务；一些维度是互相包含的，如互惠和
社会支持。他们发现最常见的社区社会资本测量包括 8 个维度：参与地方
性社团或组织、地方性社会网络、非正式社会互动、信任、互惠、志愿主
义、社会支持、社区凝聚力和社区归属感。[④]

　　桂勇和黄荣贵认为实证研究中较少有人系统测量互惠这一维度，而且
互惠维度与其他维度有一定的重叠。因此，他们没有将互惠作为单独的维
度进行测量。笔者认为这种说法不妥，如对社区社会资本研究做出重要贡
献的帕特南认为社区社会资本包括互惠，互惠尤其是非均衡的互惠是一种
高度生产性的社会资本，是社会资本的核心维度。志愿主义和社会支持实
际是互惠的替代说法：志愿主义因强调无偿帮助别人或者愿意无偿帮助别
人，是一种非均衡的互惠，付出并不要求立即的回报；社会支持因强调地
方性支持，是一种均衡的互惠，群体中的成员互惠互利，相互依赖，实现
工具性和情感性的帮助。社区凝聚力和社区归属感实质上反映了社区规范
程度。由此来看，国内外已有文献基本认定社区社会资本包括社会网络、

　　① Onyx, Jenny & Paul Bullen, "Measuring Social Capital in Five Communities", *The Journal of Applied Behavioral Science*, 2000, 36 (1), pp. 23 – 42.

　　② Grootaert, Christiaan and Thierry van Bastelaer (eds.), *Understanding and Measuring Social Capital: A Multi-disciplinary Tool for Practitioners*, Washington, D. C.: World Bank, 2002, pp. 1 – 30.

　　③ De Silva, Mary, *System Review of the Methods Used in Studies of Social Capital and Mental Health*, In Kwame Mc Kenzir & Trudy Harpham (eds.), Social Capital and Mental Health, London: Jessica Kingsley Publisher, 2006.

　　④ 桂勇、黄荣贵：《社区社会资本测量：一项基于经验数据的研究》，载《社会学研究》2008 年第 3 期。

信任、互惠和规范 4 个维度。这印证了帕特南的社会资本概念,也和本书对村域社区社会资本概念的界定一致。

考虑到以村域为单位进行资料收集只能收集到一些粗浅的指标,特别是难以收集到主观性很强的关系性社会资本的状况,因此在实际测量中本书依然以农民个体为资料的收集对象。在资料处理阶段,本书把农民个体各方面情况平均成为村域在相应问题上的测量结果,这样尽管可能会犯区群谬误,但也有一定的可行性,通过个人层面的指标来建构社区社会资本的指标有一定的优势。国内外对社区社会资本的测量也采用了类似的做法。①

社会网络维度的测量。如前所述,社会网络主要由正式和非正式两种网络构成。本书分别测量了村域社团参与、社会互动来反映村域的社会网络情况。在问卷调查中,通过询问被访者问题:"科技协会、宗教协会、娱乐组织、体育组织、合作社、妇女代表大会、借贷组织,这些组织中,您参加了几个?"测量了农民参与社团的数量。问题的答案分为五级:"0个"、"1个"、"2个"、"3个"、"4个及以上",分别赋值 0 至 4 分。通过询问被访者问题:"最近两周,您拜访邻居的次数?""最近两周,邻居拜访您的次数?"测量了农民的社会互动情况。2 个问题的答案都分为五级:"1次"、"2次"、"3次"、"4次"、"5次及以上"。分别赋值 1 至 5 分。

信任维度的测量。在测量农民个体社会资本情况时,本书测量了农民对村域中不同对象的信任程度来反映农民的信任状况。这实际上只测量了农民的特殊信任,忽略了农民的普遍信任,而后者对农民参保决策的影响可能更显著。考虑到这一点,本次调查不仅测量了农民的特殊信任,还测量了农民的普遍信任和规范信任。特殊信任反映了农民对血缘和地缘关系的信任状况。通过询问被访者对如下 3 个表述的认同程度来测量农民的特殊信任状况:"出远门,钥匙可以托邻居保管"、"总的来说,邻居是可靠的"、"村里大多数人是可以信任的"。普遍信任反映了农民对社会大多数陌生人的信任状况。通过询问被访者对如下 3 个表述的认同程度测量

---

① 桂勇、黄荣贵:《社区社会资本测量:一项基于经验数据的研究》,载《社会学研究》2008 年第 3 期;Onyx, Jenny & Paul Bullen, "Measuring Social Capital in Five Communities", *The Journal of Applied Behavioral Science*, 2000, 36 (1), pp. 23 - 42。

了农民的普遍信任状况："一般来说，不管是陌生人还是熟人都是可以信任的"、"假如我丢失有我家庭详细地址的钱包，一定会还给我的"、"一般来说，正规市场里不会有假冒伪劣的东西"。规范信任反映了农民对正式制度的信任状况。通过询问被访者对如下 3 个表述的认同程度测量了农民的规范信任状况："在遇到较大纠纷时，我会寻求法律援助"、"一般来说，到政府机关办事不需要关系"、"政府相关部门及公务员是可以信任的"。所有测量农民信任状况的 9 个问题的答案都分为5 级："很不同意"、"不太同意"、"一般"、"比较同意"、"非常同意"。分别赋值 1 至 5 分。

互惠维度的测量。在测量农民个体社会资本时，本书测量了农民之间在"借物"、"借钱"和"帮工"项目上的互助情况。这些项目只反映了农民的均衡互惠情况，忽略了农民的非均衡互惠。均衡互惠是农民之间的人情往来，付出要求回报，强调交换的性质，而非均衡互惠是一种不求回报的助人意愿或者行为。考虑到非均衡互惠是一种生产性很强的社会资本，本次调查采用如下 2 个问题测量了农民的非均衡互惠状况："您是否同意我经常做好事不求回报？""您是否同意如果有地区受灾我会捐款？"采用如下 2 个问题测量了农民的均衡互惠状况："您是否同意我可以顺利地从邻居那里借到东西？""您是否同意我可以顺利地请邻居帮工？"以上测量互惠的 4 个问题的答案都分为 5 级："很不同意"、"不太同意"、"一般"、"比较同意"、"非常同意"，分别赋值 1 至 5 分。

规范维度的测量。本次调查采用如下 4 个问题测量了农民对村域规范的认同状况："本村社会风气好吗？""如果可以的话，您会搬出村子吗？""您时常为村子感到自豪吗？""你们村，人与人之间的关系和睦吗？"测量本村风气好坏程度的答案分为 5 级："很差"、"较差"、"一般"、"较好"、"很好"，分别赋值 1 至 5 分。测量是否会搬出村子的答案也分为 5级："很可能"、"有可能"、"一般"、"不太可能"、"不可能"，分别赋值1 至 5 分。测量会不会为本村感到自豪问题的答案分为 4 级："从不"、"很少"、"有时"、"经常"，分别赋值 1 至 4 分。测量人与人关系和睦程度问题的答案分为 5 级："很不融洽"、"不太融洽"、"一般"、"比较融洽"、"非常融洽"，分别赋值 1 至 5 分。表 3—2 列出了村域社区社会资本的维度及其测量指标。

表 3—2                    村域社区社会资本维度及其测量指标

| 维度 | 子维度 | 问题 | 答案与赋值 |
|---|---|---|---|
| 结构社会资本 | 正式网络 | 科技协会、宗教协会、娱乐组织、体育组织、合作社、妇女代表大会、借贷组织,这些组织中,您参加了几个 | "0个"、"1个"、"2个"、"3个"、"4个及以上",分别赋值0至4分 |
| | 社会互动 | 最近两周,您拜访邻居的次数 | "1次"、"2次"、"3次"、"4次"、"5次及以上",分别赋值1至5分 |
| | | 最近两周,邻居拜访您的次数 | |
| 关系性社会资本 | 信任 | 一般来说,不管是陌生人还是熟人都是可以信任的 | "很不同意"、"不太同意"、"一般"、"比较同意"、"非常同意",分别赋值1至5分 |
| | | 假如我丢失有我家庭详细地址的钱包,一定会还给我的 | |
| | | 一般来说,正规市场里不会有假冒伪劣的东西 | |
| | | 政府相关部门及公务员是可以信任的 | |
| | | 在遇到较大纠纷时,我会寻求法律援助 | |
| | | 一般来说,到政府机关办事不需要关系 | |
| | | 出远门,钥匙可以托邻居保管 | |
| | | 总的来说,邻居是可靠的 | |
| | | 村里大多数人是可以信任的 | |
| | 互惠 | 您是否同意我可以顺利地从邻居那里借到东西 | "很不同意"、"不太同意"、"一般"、"比较同意"、"非常同意",分别赋值1至5分 |
| | | 您是否同意我可以顺利请邻居帮工 | |
| | | 您是否同意我经常做好事不求回报 | |
| | | 您是否同意如果有地区受灾我会捐款 | |
| | 规范 | 本村社会风气好吗 | 答案分为5级或者4级,分别赋值1至5分或者1至4分 |
| | | 如果可以的话,您会搬出村子吗 | |
| | | 您时常为村子感到自豪吗 | |
| | | 你们村,人与人之间的关系和睦吗 | |

# 第二节 "差序格局":农村社会资本的形态

## 一 "差序格局":农民个体社会资本的形态

农民社团参与的状况。托克维尔在《论美国的民主》一书中,把美国的民主归结为美国人参与社团的热情,"迄今为止还没有发现哪种政治形式（社团参与）对由社会分化而成的所有阶级的繁荣和发展具有同样的促进作用"。[①] 帕特南对社会资本概念的理解继承了托克维尔的传统。在帕特南看来，社团参与是非常重要的社会资本的形式，其负担着价值培育的功能。他在《独打保龄球：美国下降的社会资本》一文中用参加各种社团的人数作为社会资本的一个重要测量指标。帕特南认为，邻里组织、合唱队、合作社、体育俱乐部、大众性政党等公民参与网络都是横向互动，是社会资本的基本组成部分。在帕特南的社会资本理论中，横向网络和纵向网络是有很大区别的。横向网络是把地位平等的个体结合在一起，能够培育信任和互惠，推动公民之间的合作，是集体行动得以解决的关键机制。纵向网络把庇护者和附庸者这些地位不平等的个体结合在一起，这些网络不仅难以培育出信任和互惠等价值观念。相反，在这样的网络中信息是垂直流动的，难以实施惩罚机制，互惠和信任规范无法创立和维持。这种垂直网络有的只是投机行为，对于庇护者意味着剥削，对于附庸者意味着逃避义务。帕特南认为封建社会之所以专制和经济低效就是因为垂直网络是社会联系的主体，而资本主义社会之所以民主和经济高效，就是因为横向网络是联系的主体。[②]

根据国务院 1998 年颁布的《社会团体登记管理条例》的规定，社团是指为实现会员共同意愿，由公民或者单位自愿组成，按照社团章程开展活动的非营利性社会组织。各国学者在使用社团这一概念时所指涉的外延有一定的差别：在美国，社团一般称为"独立部门"或"第三部门"，英国称为"志愿部门"，法国则称为"社会经济"。在我国，学者们普遍用"社团"这一称谓。已有研究表明，我国计划经济体制改革之前，社会成员之间更多的是一种垂直网络，横向网络较少。[③] 据统计，1978 年以前，我国社会团体的类型和数量十分有限，全国性社会团体不足 100 个，地方性社会团体只有 6000 多个。[④] 改革开放以后，传统的社团日趋活跃，新兴社团迅速发展。到 2004 年底，全国已登记社会团体近 15.3 万个。1978年至今，我国社团发展经历了 4 个高潮：第一个高潮是 1978—1980 年，

---

① 托克维尔：《论美国的民主》，商务印书馆 1997 年版，第 239 页。

② 帕特南：《使民主运转起来：现代意大利的公民传统》，王列等译，江西人民出版社2001 年版，第 203 页。

③ 胡荣：《社会资本与地方治理》，社会科学文献出版社 2009 年版，第 177 页。

④ 康晓光：《转型时期的中国社团》，载《中国青年科技》1999 年第 10 期。

第二个高潮是 1985—1986 年，第三个高潮是 1988—1989 年，第四个高潮
是 1992 年。与城市地区相比，我国农村地区社团的数量十分有限，参与
社团的农民的比例也很小。在调查中，本书测量了农民对共青团、妇代
会、民兵组织、科技组织、合作社、借贷组织、体育运动组织、娱乐组
织、宗教信仰组织共 9 类组织的参与情况。这些社团可以分为三种类型：
官办型、半官半民型和民办型，共青团、妇代会和民兵组织属于官办型
（自上而下）社团，科技组织和合作社属于半官半民型社团，借贷组织、
体育运动组织、娱乐组织和宗教信仰组织属于民办型（自下而上）社团。
调查询问了被访农民是否参与这些组织，是为 1，否为 0。表 3—3 显示了
农民的社团参与状况。

表 3—3　　　　　　　　　　　　农民社团参与状况

| 参与 | 共青团 | 妇代会 | 民兵组织 | 娱乐组织 | 科技组织 | 合作社 | 借贷组织 | 体育运动组织 | 宗教信仰组织 |
|---|---|---|---|---|---|---|---|---|---|
| 是（%） | 496 (31.1) | 117 (7.3) | 188 (11.8) | 282 (17.7) | 219 (13.7) | 423 (26.5) | 362 (22.7) | 288 (18.1) | 139 (8.7) |
| 否（%） | 1099 (68.9) | 1478 (92.7) | 1407 (88.2) | 1313 (82.3) | 1376 (86.3) | 1172 (73.5) | 1233 (77.3) | 1307 (81.9) | 1456 (91.3) |
| 合计（%） | 1595 (100) | 1595 (100) | 1595 (100) | 1595 (100) | 1595 (100) | 1595 (100) | 1595 (100) | 1595 (100) | 1595 (100) |

从表 3—3 来看，参与人数较多的社团是共青团、合作社、借贷组织和体
育运动组织，分别占被访农民的 31.1%、26.5%、22.7% 和 18.1%。参与人数
较少的社团是妇代会和宗教信仰组织，分别占被访问农民的 7.3% 和 8.7%。
娱乐组织、科技组织和民兵组织参与比例居中间水平。根据调查数据，达
31.8% 的农民没有参与任何社团，对于参与社团的农民而言，只参与一个社团
的农民所占比例最大（占被访问农民的 24.5%），同时参与 4 个及以上社团的
农民仅占被访问农民的 11.7%。与美国公民 57% 和英国 47% 的社团参与比例
相比较[1]，我国农村地区农民参与社团的比例远远低于西欧国家水平。
　　为了更清晰地了解农民参与社团的类型，本书将社团参与的 9 个指标
进行了探索性因子分析。采用最大方差法进行旋转，根据特征值大于 1 的
原则，一共提取了 3 个因子。3 个因子共解释 9 个指标 47.1% 的方差。分

---

[1]　胡荣：《社会资本与地方治理》，社会科学文献出版社 2009 年版，第 177 页。

析因子负荷发现，是否参与民兵组织在 3 个因子上的负荷系数相当，分别为 0.260、0.393 和 0.232，这说明该指标存在交叉负荷的情况，所测量的潜在概念不清晰，因此删去该指标。对 8 个测量社团参与的指标重新进行因子分析，根据特征值大于 1 的原则，一共抽取了 3 个因子，3 个因子一共解释了 51.078% 的变异。因子分析结果见表 3—4。

表 3—4　　　　　　　　　　　农民参与社团的因子分析结果

| 测量指标 | 因子 | | | |
| --- | --- | --- | --- | --- |
| | 文体社团 | 经济合作社团 | 精神慰藉社团 | 共量 |
| 共青团 | 0.652 | 0.076 | - 0.198 | 0.470 |
| 妇代会 | 0.118 | 0.021 | 0.661 | 0.452 |
| 娱乐组织 | 0.687 | 0.048 | 0.240 | 0.532 |
| 合作社 | - 0.041 | 0.738 | 0.055 | 0.549 |
| 科技组织 | 0.294 | 0.557 | 0.086 | 0.404 |
| 借贷组织 | 0.016 | 0.730 | - 0.001 | 0.534 |
| 体育运动组织 | 0.737 | 0.047 | 0.134 | 0.563 |
| 宗教信仰组织 | - 0.011 | 0.083 | 0.758 | 0.582 |
| 特征值 | 1.857 | 1.202 | 1.027 | 4.086 |
| 平均方差（%） | 19.280 | 17.578 | 14.220 | 51.078 |

　　根据因子负载，将所抽取的因子分别命名为：文体社团因子、经济合作社团因子和精神慰藉社团因子。文体社团因子包含了共青团、娱乐组织和体育运动组织三种社团，反映了农民对体育和娱乐组织的参与状况。尽管共青团是一个官办组织，不属于文体类社团组织，但从共青团的现实运作来看，它似乎担负着更多娱乐和体育活动的组织责任，因此共青团组织也被归入到文体组织类型中来。经济合作社团包含了合作社、科技组织和借贷组织三种社团，反映了农民对经济和科技合作组织的参与状况，这类组织更多地反映了农民经济生活的组织方式。精神慰藉社团包含了宗教信仰组织和妇女代表大会两种社团，反映了农民对精神生活组织类型的参与状况。尽管妇女代表大会是一个官办类组织，似乎与宗教信仰无关，但从它在农村社会中的现实运作来看，妇代会起着安慰妇女，提供给妇女精神支持的功能，这淡化了它

的政治意义。妇代会成为农村妇女获得精神慰藉的途径之一，类似于宗教信仰的功能。为了更清楚地认识农民对这三类社团的参与状况，我们分别计算文体社团、经济合作社团和精神慰藉社团每类社团参与的平均比例。结果显示，农民参与文体类社团的平均比例为22.1%，参与经济合作类社团的平均比例为20.8%，参与精神慰藉类社团的平均比例为7.95%。

社会资本的主导解释模型认为社团参与是社会资本的重要来源，这一结论是否符合我国农村社会状况，有待进一步的经验研究去验证。胡荣认为虽然农村居民在参与社团的数量方面不如城市居民多，但许多民间组织的建立是自发的，不像城市里的民间组织与政府部门有千丝万缕的联系。社团的独立性和自主性有利于成员之间建立起一种横向平等的联系，从而有利于社会资本的建构。[①] 然而这一论断还只是一个理论层面的假设，我国农民社团参与状况在农村社会资本中的来源性作用需要从经验层面进行验证。这一点将在下文深入讨论。

在帕特南的社会资本理论中，公民参与网络是一种源发性社会资本。公民参与网络增加了博弈的重复性和博弈之间的联系性，增加了交易中行骗的成本，有效遏制了投机行为，培育了互惠规范，未来的合作在此基础之上进行。从已有社会资本测量的文献来看，个体社会资本的测量往往用社会网络的一些指标。公民参与网络体现在那些将朋友、家庭、社区、工作以及公私生活联系起来的人格性网络。对于农村社会资本的研究来说，这种非正式社会网络的重要性不亚于社团参与这种正式网络，因为它是农民生活的常态，农民将更多的时间和精力花费在这种形式的交往中，而不是正式的社团参与。在农村经济社会体制改革之前，农民互动的范围主要局限在村域和亲戚之间。随着务工潮的到来，农民互动的对象早超出了村域的地域限制。不过本书旨在分析农民参保决策行为，这一行为过程主要发生在农民所生活的村域中。因此，本书只研究农民在行政村这一村域社区之内的社会互动状况。

表3—5统计了农民和不同对象之间互动程度的平均值。统计结果显示，农民和亲戚的互动程度最高，均值为3.73分，介于"有时来往"和"经常来往"之间，靠近"经常来往"。其次是农民和本家族成员的互动，平均值为3.67。在自然村这个范围内，农民之间互动程度的平均分都在3

---

①　胡荣：《中国农村居民的社团参与》，载《中共福建省委党校学报》2004年第2期。

分以上。但在更大的行政村范围内，农民之间互动程度的平均分都在 3 分以下，介于"较少来往"和"有时来往"之间。其中，农民和村干部之间互动程度的平均分最低。可以看出，农民的互动程度与其对象类型有关系，互动程度亲疏有别。农民最经常来往的是亲戚和本家族成员，其次是同自然村村民，最后是同行政村村民和村干部。这表明，我国农村社会中，农民的社会交往是以己为中心逐渐向外推移出的一个个同心圆，半径的长短代表自己和他人关系的亲疏远近。同心圆的核心是以家庭为主的血缘关系，然后是血缘关系投射所形成的地缘关系。

表 3—5　　　　　　　　　　　农民的社会互动情况

| 交往对象 | 人数 | 最大值 | 最小值 | 平均值 | 标准差 |
|---|---|---|---|---|---|
| 亲戚 | 1518 | 4 | 1 | 3.73 | 0.582 |
| 本家族成员 | 1512 | 4 | 1 | 3.67 | 0.588 |
| 同小组村民 | 1516 | 4 | 1 | 3.23 | 0.816 |
| 同自然村村民 | 1511 | 4 | 1 | 3.27 | 0.805 |
| 同行政村村民 | 1509 | 4 | 1 | 2.60 | 0.951 |
| 村干部 | 1513 | 4 | 1 | 2.58 | 1.024 |

为了进一步了解农民社会互动的内在结构，需要对社会互动的 6 个指标进行因子分析。在进行因子分析之前，需要进行 KMO 测度和 Bartlett 球形检验。结果显示，KMO 值为 0.777，Bartlett 球形检验也达到了 0.01 的显著水平，表明适合因子分析。经过最大方差法旋转，共抽取 2 个因子。表 3—6 表明了因子分析结果。2 个公因子上的因子负载均大于 0.7，交叉因子负载均小于 0.25，测量指标具有较好的效度。2 个公因子共抽取 63% 的方差，较好地解释了全部指标的变异。根据因子负载，分别将这 2 个因子命名为"地缘互动因子"和"亲缘互动因子"。"地缘互动因子"包括农民与同小组农民、同自然村农民、同行政村农民以及村干部的互动，反映了农民与一般关系的互动情况；"亲缘互动因子"包括农民与亲戚、本家族成员的互动，反映了农民和亲属关系的互动情况。因子分析结果表明，农民的社会互动呈现结构性特征。为了更清楚地了解农民在这两种类型模式上的互动程度，本书分别计算了农民在不同类型模式上互动程度的

平均得分。结果显示，亲缘互动的平均得分为 3.7 分，接近于"经常来往"，地缘互动的平均得分为 2.92 分，接近于"有时来往"。综合来看，村域中农民关系建构的核心是亲戚、家族关系，围绕此核心建立起与村域中其他人的社会联系，将这种亲戚、家族关系进一步泛化、扩展和延伸到与村域其他人的交往关系之中，最终就形成了费孝通所说的"差序格局"。[1] 村域中，农民关系的核心是通过亲缘互动建立起来的强联系，其次才是通过地缘互动建立起来的弱联系。这种对关系模式的划分类型也符合格兰诺维特的观点，他根据互动强度的不同将联系划分为强联系和弱联系两种形态。[2]

表 3—6　　　　　　　　　　农民社会互动因子分析结果

| 指标 | 亲缘互动因子 | 地缘互动因子 | 共量 |
| --- | --- | --- | --- |
| 与亲戚互动程度 | 0.047 | 0.839 | 0.706 |
| 与本家族互动程度 | 0.233 | 0.743 | 0.606 |
| 与同组村民互动程度 | 0.766 | 0.190 | 0.622 |
| 与同村村民互动程度 | 0.773 | 0.187 | 0.632 |
| 与同行政村村民互动程度 | 0.822 | 0.105 | 0.687 |
| 与村干部互动程度 | 0.734 | 0.062 | 0.543 |
| 特征值 | 2.742 | 1.055 | 3.797 |
| 平均方差（%） | 45.700 | 17.576 | 63.276 |

尽管在行政村范围内农民互动的对象是多元化的，不仅包括亲戚、本家族成员，还包括自然村乃至同行政村农民。但是，农民的互动呈现出明显的"差序格局"，农民最重视的是和亲戚、家族成员的交往，而和其他农民的交往处于次要地位，这种状况可能不利于社会资本的产生。因为，农民和亲属（亲戚、家族成员）之间的交往是一种垂直的纵向网络，在这种垂直的纵向网络中，相互之间的辈分等级和亲疏远近都很明确。这种

---

[1] 费孝通：《乡土中国》，北京出版社 2005 年版，第 34 页。

[2] Granovetter, M., "The Strength of Weak Ties", *American Journal of Sociology*, 1973, (6), pp. 1360 – 1380.

关系网络把地位不平等的个体结合在一起，虽然可以产生彼此的信任、互惠和规范，但这种规范是基于特殊主义的规范，局限在小群体范围之内，很难扩展到更普遍的范围。因此，从理论上来说，很难确定这种基于特殊主义的网络是否会对更大范围的交往产生有利的影响。

　　到目前为止，社会科学界关于信任的含义表述不一，关于信任的结构也有很多不同的看法。梳理有关文献发现，对信任结构的认识经历了从"二分构建"到"连续体"的变化。"二分构建"的范式是将信任置于一个两极相对的位置，区分出两种不同的"理想类型"。卢曼是"二分构建"的代表学者，在他看来，信任指的是对某人期望的信心，它是社会生活的基本事实。由于社会复杂与人类理性有限，人类无法获取完整的信息，因而可以通过信任来弥补信息不完整的缺陷，减少社会交往中的复杂性，实现安全感。因此，信任是简化社会复杂性的机制。卢曼将信任分为人际信任与制度信任。人际信任建立在熟人之间感情联系的基础上，制度信任则是用法律规范惩戒式的机制来降低社会交往的复杂性。① 伯纳德·巴伯根据信任产生过程中期望的类型提出了三分法：（1）对自然、道德、社会秩序能持续运作的期望；（2）对那些与自己保持人际关系和制度性角色交往的人能按照角色要求行动的期望；（3）对与自己交往的人能完全担负其被委以的责任及义务，即必要时为他人利益而牺牲自己利益的期望。② 伯纳德·巴伯的三分法分别对应于规范信任、一般信任和特殊信任。米斯兹塔尔认为信任可以沿着从人格化到抽象这样一个连续体排列。沿着这个连续体，不同的学者研究了不同的信任类型："深度"信任、"浅度"信任和"抽象"信任③。迪尔凯姆有关机械团结的论述涉及了基于人格化的信任，即"深度"信任，这种信任通常是由同一宗族、等级、种群或具有本地共同体渊源的人们在长期交往中产生的。这种群体往往具有社会同质性的、封闭性的、小型的、内聚性的、排他性的和面对面的特征。这种紧密的和内聚性的社会互动网络能够产生出有效的制裁来惩罚投

　　① 卢曼：《信任：一个社会复杂性的简化机制》，瞿铁鹏等译，上海人民出版社 2005 年版，第 1—10 页。

　　② 伯纳德·巴伯：《信任》，牟斌等译，福建人民出版社 1989 年版，第 1—188 页。

　　③ Williams, Bernard, *Formal structures and social reality*, in Diego Gambetta, ed. Trust: Makingand Breaking Cooperative Relations Oxford: Blackwell, 1988, p. 8.

机行为,因而可以培育出深度信任。[1] 迪尔凯姆所谓的机械团结就是一种深度信任,它基于"闭合"和特殊主义。深度信任比较多地存在于传统社会,而现代社会是以不定型的、疏松的社会网络为基础的,这种社会互动不能产生深度信任,只能产生浅度信任。浅度信任产生于托克维尔和帕特南所说的志愿性社团,是社会资本的核心要素,是基于弱关系和普遍主义的产物。抽象信任建立在一种想象的、移情的或反思性的共同体之上,是一种基于想象的共同体中高度一般化的信任。它来自教育和大众媒体对社会价值观的倡导,它使得人们更有效地处理现代社会的复杂性和不确定性。

如前所述,在农村社会经济体制改革之后,特别是务工潮的到来,农民的信任对象如交往对象一样超出了村域社区的限制。而村域范围内的信任只是一种基于血缘和地缘关系上的特殊信任,农民对整个社会的信任状况即普遍信任也会影响到农民的决策行为。鉴于农民参保决策过程局限在村域范围内,本书只研究了农民对行政村社区内不同对象的信任状况。根据农民在村域中交往对象的多样性,采用多指标测量了农民的信任状况。表3—7列出了农民对不同对象的信任状况。总的来看,不管是从"很信任"或者"比较信任"的方向还是从"有点信任"或者"不信任"的方向来看,农民对不同对象的信任状况都呈现出亲疏有别的差序格局。

表3—7　　　　　　　　　　农民对不同对象的信任状况

| 信任度 | 亲戚 | 本家族成员 | 同姓村民 | 同组村民 | 同自然村村民 | 同行政村村民 | 村干部 |
|---|---|---|---|---|---|---|---|
| 非常信任 | 792 (50.9) | 800 (51.5) | 217 (14.0) | 189 (12.2) | 147 (9.5) | 194 (12.6) | 270 (17.4) |
| 比较信任 | 670 (43.1) | 594 (38.3) | 792 (51.1) | 748 (48.4) | 603 (39.1) | 559 (36.2) | 578 (37.3) |
| 有点信任 | 81 (5.2) | 141 (9.1) | 486 (31.4) | 521 (33.7) | 634 (41.1) | 607 (39.3) | 408 (26.4) |
| 不信任 | 12 (0.8) | 17 (1.1) | 54 (3.5) | 88 (5.7) | 157 (10.2) | 184 (11.9) | 292 (18.9) |
| 合计 | 1555 (100) | 1552 (100) | 1549 (100) | 1546 (100) | 1541 (100) | 1544 (100) | 1548 (100) |

为了更清晰地看到农民信任状况的格局,表3—8统计了7个指标的

---

[1]　迪尔凯姆:《社会分工论》,渠东译,生活·读书·新知三联书店2000年版,第33—72页。

均值和标准差。结果显示，农民对亲戚的信任程度最高，均值为 3.44 分，介于"比较信任"和"非常信任"之间。其次是农民对本家族成员的信任，平均值为 3.40 分，略微低于农民对亲戚的信任程度。除去农民对亲戚和本家族成员的信任程度外，农民对其他对象信任程度的均值都低于 3 分，在 2.48—2.76 分之间，介于"有点信任"和"比较信任"之间。农民对同自然村村民信任程度最低。可以看出，农民的信任程度与置信对象有关系，信任程度亲疏有别：农民最信任的是亲戚，其次是本家族成员，然后是同姓村民、同小组村民、村干部、同自然村和同行政村村民。这表明，在我国农村社会中，农民的信任也是以己为中心逐渐向外推移出的一个个同心圆，半径的长短代表自己和他人关系的亲疏远近。

比较发现，农民对不同置信对象的信任程度略微区别于农民的互动程度。农民的互动程度呈现出"亲属—自然村村民—行政村村民"由近及远的差序格局，而农民的信任程度则呈现出"亲属—自然村村民—行政村村民"的差序格局。农民信任状况的差序格局和互动状况的差序格局并不完全一致，这可能反映了农民的行为和心理之间的一种差异："我在心理上可能不信任你，但我没有必要不和你交往。"总的来看，农民的互动状况和信任状况格局是基本一致的。可以说，关系是信任的基础。我国农村社会是一个"关系本位"的熟人社会，农民的交往不仅仅局限于先赋的血缘家族关系，交往能够通过地缘关系扩展到没有血缘联系的其他人群。在这种血缘—地缘关系的基础上建立起的信任不仅会指向农民自己的家庭、亲属和家族成员，也会指向有地缘关系的其他农民。

表 3—8　　　　　　　　　　农民的信任状况

| 信任对象 | 人数 | 最大值 | 最小值 | 平均值 | 标准差 |
| --- | --- | --- | --- | --- | --- |
| 亲戚 | 1555 | 4 | 1 | 3.44 | 0.630 |
| 本家族成员 | 1552 | 4 | 1 | 3.40 | 0.699 |
| 同姓村民 | 1549 | 4 | 1 | 2.76 | 0.731 |
| 同小组村民 | 1546 | 4 | 1 | 2.67 | 0.761 |
| 同自然村村民 | 1541 | 4 | 1 | 2.48 | 0.803 |
| 同行政村村民 | 1544 | 4 | 1 | 2.49 | 0.860 |
| 村干部 | 1548 | 4 | 1 | 2.53 | 0.988 |

为了简化信任指标，并进一步了解农民信任的内在结构，需要对 7 个指标进行因子分析。在进行因子分析之前，需要进行 KMO 测度和 Bartlett 球形检验。结果显示，KMO 值为 0.862，Bartlett 球形检验也达到了 0.01 的显著水平，表明适合因子分析。经过最大方差法旋转，共抽取 2 个因子。根据因子负载，分别将这 2 个因子命名为"地缘信任因子"和"亲缘信任因子"。"地缘信任因子"包括农民对同姓村民、同小组村民、同自然村村民、同行政村村民以及村干部的信任程度，反映了农民对一般关系的信任情况；"亲缘信任因子"包括农民对亲戚、本家族成员的信任，反映了农民对亲属关系的信任情况。因子分析结果表明，农民的信任呈现结构性特征。表 3—9 报告了信任因子分析结果。2 个公因子共抽取近70% 的方差，较好地反映了全部指标的变异。

表 3—9　　　　　　　　　　　信任因子分析结果

| 指标 | 地缘信任因子 | 亲缘信任因子 | 共量 |
| --- | --- | --- | --- |
| 对亲戚信任程度 | 0.167 | 0.821 | 0.701 |
| 对本家族信任程度 | 0.180 | 0.809 | 0.686 |
| 对同姓村民信任程度 | 0.675 | 0.476 | 0.682 |
| 对同组村民信任程度 | 0.776 | 0.360 | 0.732 |
| 对同村村民信任程度 | 0.838 | 0.227 | 0.754 |
| 对同行政村村民信任程度 | 0.862 | 0.106 | 0.754 |
| 对村干部信任程度 | 0.725 | 0.093 | 0.534 |
| 特征值 | 3.822 | 1.021 | 4.843 |
| 平均方差（%） | 54.604 | 14.587 | 69.191 |

农民对各类置信对象信任程度的差异符合费孝通先生的"差序格局"论。费老在 60 多年前根据我国乡村社会的关系状况，提出了"差序格局"的论断。半个多世纪后，我国农村社会关系形态依然如此，我国农村居民依然维持着亲疏有序的关系格局：农民对亲属的信任要高于对其他

人的信任。实际上，"差序格局"不仅存在于我国农村社会，也存在于我国的城市社会和其他国家。王绍光和刘欣基于对中国城市居民信任状况的研究，也验证了城市居民信任状况的"差序格局"状态。他们在测量中将城市居民的置信对象分为亲人、朋友、熟人和陌生人四大类。依据对上海、天津、武汉和深圳四个城市的调查得出结论，亲人间的信任度最高，朋友间的信任度次之，熟人间的信任度又次之，社会信任度最低。① 班菲尔德对意大利南部的研究发现，那里的人信任度极低，几乎对谁都不相信，但他们对家人是很信任的。② 英格哈特1996年对美国费城的调查表明，那里的信任也呈"差序格局"：对家人的信任度达97.8%，对同事的信任度为89.3%，对邻居的信任度为73.9%，对陌生人的信任度为57%。③ 意大利南部和美国代表了低信任社会和高信任社会的两极。既然"差序格局"存在于这样两个社会，有理由相信，"差序格局"也存在于其他任何社会，不论是农村还是城市社会。

学术界对互惠的种类通常有两分法和三分法。美国人类学家萨林斯提出了三种互惠类型：概化互惠、平衡互惠和负化互惠。概化互惠是不计算付出成本、不明确回报时间的交换。一般来说，概化互惠发生在近亲或关系密切的家庭和家族中，父母抚育子女不立即要求或根本就没有想过回报。平衡互惠是要求价值相当、回报时间明确的交换，资源的交换需明确提出返还的时间和遵循等价值的交换。一般来说，平衡互惠发生在社会距离中等范围的群体如远亲中，成员通过人情来往获得"人情债"，建立对别人"回报"的期望，这种"欠"与"还"是近似等价的交换。负化互惠指为获得利益而要占别人便宜的交换，它发生在社会距离更大的陌生人、竞争者之间，获取利益是唯一的动机，为获得利益不择手段。④ 维尔曼等学者也认为互惠有三种类型：第一种是限定性互惠，指两个行动者 A 和 B 之间相互提供同类帮助；第二种是一般化互惠，指行动者 A 向 B 提供某类帮助，而 B 向 A 提供另类帮助；第三种网络平衡，即 B 从 A 处得

① 王绍光、刘欣：《信任的基础：一种理性的解释》，载《社会学研究》2002年第3期。

② Banfield, Edward C., *The Moral Basis of a Backward Society*, Glencoe：Free Press, 1958, pp. 1 – 188.

③ Inglehart, Ronald, *Trust, Well-being and Democracy*, In Warren, Mark E., Democracyand Trust, New York：Cambridge University Press, 1999, p. 91.

④ Sahlins, Marshall D., *Stone Age Economics*, New York：Aldine De Gruyter, 1972, pp. 193 – 194.

到支持，但是回报给 C。[①] 汉米尔顿认为有两种类型的互惠，第一类互惠存在于相互认识的两个行动者之间，这两个行动者在较短的时间内相互给予帮助。第二类互惠存在于三个或者多个行动者之间，C 从 A 处得到支持，却回报给 B。[②] 前者相当于维尔曼所说的限定性互惠，后者相当于维尔曼所说的网络平衡。直到现在，"对一般化互惠的经验研究还很少"[③]。维尔曼等弥补了这一缺陷，在研究东约克人的社会支持网时，他们把互惠操作化为限定性互惠、一般化互惠和网络平衡三种类型，在此基础上进行了测量。[④] 刘军基于"对一般化互惠"，即"不同类别网络中的互惠"的理解构建了三种关系，即"借款关系"、"帮工关系"、"小宗借物关系"来对一般性互惠进行测量。[⑤]

　　本书主要依据帕特南对互惠的分类，将互惠划分为均衡互惠和普遍化互惠，对互惠测量时建构了"借款"、"帮工"和"借物"等指标。表 3—10 统计了农民互惠的百分率分布情况。表 3—11 统计了农民互惠的均值分布情况。综合来看，农民在"邻里之间应该互相帮忙干活"问题上均分最高，得分为 3.69 分，倾向赞成的农民占 94.1%，说明帮工关系是农民互惠的一种重要形式。农民在"邻里之间帮忙不求回报"问题上的均分次之，得分为 3.34 分，倾向赞成的农民占 83.3%，这体现了农民对普遍化互惠的认同。帕特南认为这种互惠形式对于约束投机行为，促成集体行动更具意义。农民在小宗借物这种互惠形式上的得分为 3.31 分，次于帮工，但高于借款。农民在借款这种互惠形式上的得分最低，为 2.77 分，介于"有点赞成"和"比较赞成"之间，占 11.4% 的农民不赞成邻里应该互相借钱。

---

　　① Wellman B., Carrington, P. J. & A. Hall, *Networks as Personal Communitiesin Wellman*, B. & Berkowitz, S. D. (eds), Social Structures: A Network Approach Cambridge, England: Cambridge University Press, 1988, pp. 169 – 170.

　　② Hamilton, Jill Bridgette, *Theorizing Social Support for African Americans with Cancer*, PhDDissertation of the University of North Carolina at Chapel Hill, 2001.

　　③ Takahashi N., "The Emergence of Generalized Exchange", *American Journal of Sociology*, 2000, 105, p. 1105.

　　④ Wellman B., Carrington, P. J. & A. Hall, *Networks as Personal Communities*, in Wellman B. & Berkowitz, S. D. (eds), Social Structures: A Network Approach Cambridge, England: Cambridge University Press, 1988, pp. 169 – 170.

　　⑤ 刘军：《一般化互惠：测量，动力及方法论意涵》，载《社会学研究》2007 年第 1 期。

表 3—10　　　　　　　　　　农民互惠的百分率分布　　　　　　　　单位:%

| | 邻里之间应该互相经济支持 | 邻里之间应该互相帮忙干活 | 邻里之间应该互相借用东西 | 邻里之间帮忙不求回报 |
|---|---|---|---|---|
| 非常赞成 | 26.9 | 76.4 | 47.6 | 55.9 |
| 比较赞成 | 31.5 | 17.7 | 39.0 | 27.4 |
| 有点赞成 | 25.6 | 4.7 | 10.2 | 11.0 |
| 不赞成 | 11.4 | 1.1 | 3.2 | 5.6 |
| 合计 | (100)<br>1538 | (100)<br>1544 | (100)<br>1543 | (100)<br>1543 |

表 3—11　　　　　　　　　　农民互惠的均值分布

| 指标 | 人数 | 最大值 | 最小值 | 平均值 | 标准差 |
|---|---|---|---|---|---|
| 邻里之间应该互相经济支持 | 1538 | 4 | 1 | 2.77 | 0.989 |
| 邻里之间应该互相帮忙干活 | 1544 | 4 | 1 | 3.69 | 0.611 |
| 邻里之间应该互相借用东西 | 1543 | 4 | 1 | 3.31 | 0.782 |
| 邻里之间帮忙不求回报 | 1543 | 4 | 1 | 3.34 | 0.885 |

　　规范这一维度在许多社会资本的定义中都有出现,尽管大多学者对社会资本概念的界定有所不同,但基本都认同规范是社会资本的重要方面。规范通常是不成文的,但为社会成员所理解和接受。规范是在一定的文化基础上逐步形成和发展的,它提供了一种非正式的社会控制,从而减少了对正式制度制裁的依赖。规范程度高的村域,其秩序安全性高,农民的认同感强。表 3—12 统计了农民对村域规范的认同感。首先看农民的"村域认同感"。农民在"姑娘愿意嫁到本村"的项目上得分为 3.83 分,介于"一般"和"比较愿意"之间;农民在"本村生活安全感"方面的均值得分为 3.09 分,介于"较有安全感"和"很有安全感"之间;在"本村的风气"方面,农民平均得分为 3.69 分,介于"一般"和"较好"之间;相比之下,农民在"为本村感到光荣"项目上得分最低,仅为 2.86分。其次看农民的"村域安全感"。农民在反映安全秩序项目上的得分为2.75 分,介于"有时发生"和"很少发生",对"村民家里经常被盗"和"邻里之间经常吵架"的回答接近于"否"。

表 3—12　　　　　　　　　　农民的村域规范感

| 指标 | 人数 | 最大值 | 最小值 | 平均值 | 标准差 |
| --- | --- | --- | --- | --- | --- |
| 姑娘愿意嫁到本村 | 1555 | 5 | 1 | 3.83 | 0.830 |
| 本村生活安全感 | 1554 | 4 | 1 | 3.09 | 0.793 |
| 为本村感到光荣 | 1554 | 4 | 1 | 2.86 | 0.895 |
| 本村的风气 | 1559 | 5 | 1 | 3.69 | 0.942 |
| 果园或农作物被盗 | 1555 | 4 | 1 | 2.75 | 0.799 |
| 村民家里经常被盗 | 1558 | 2 | 1 | 1.70 | 0.460 |
| 邻里之间经常吵架 | 1555 | 2 | 1 | 1.85 | 0.354 |

　　对测量合作规范的 7 个指标进行因子分析。因子分析结果显示,KMO 值为 0.737,适合进行因子分析。经过最大方差法旋转,得到 2 个因子,一共抽取 51.331% 的方差。表 3—13 显示了因子分析结果。根据因子负载分别将 2 个因子命名为"认同因子"和"安全秩序因子"。认同因子包括了"你认为在本村生活有安全感吗"、"你经常会因为你是本村的村民而感到光荣吗"、"与周围的村相比,本村的社会风气如何" 3 个指标,反映了农民对村域的认同和归属感。安全秩序因子包括了"你村是否经常发生地里庄稼被盗的事情"、"你村是否经常发生家里东西被盗的事件"、"你村是否经常发生邻里争吵事件" 3 个指标,反映了农民对村域安全程度的看法。

表 3—13　　　　　　农民的村域规范感因子分析结果

| 指标 | 认同因子 | 安全秩序因子 | 共量 |
| --- | --- | --- | --- |
| 姑娘愿意嫁到本村 | 0.552 | −0.242 | 0.364 |
| 本村生活安全感 | 0.644 | 0.306 | 0.508 |
| 为本村感到光荣 | 0.766 | 0.132 | 0.605 |
| 本村的风气 | 0.733 | 0.318 | 0.638 |
| 果园或农作物被盗 | 0.212 | 0.639 | 0.453 |
| 村民家里经常被盗 | 0.060 | 0.778 | 0.608 |
| 邻里之间经常吵架 | 0.042 | 0.644 | 0.417 |
| 特征值 | 2.411 | 1.182 | 3.593 |
| 平均方差（%） | 34.450 | 16.881 | 51.331 |

## 二　普遍信任的缺失：村域社区社会资本状况

本书在每个村域随机抽取了 30 个左右农民，询问他们参加了几个诸如科技协会、宗教协会、娱乐组织、体育组织、合作社、妇女代表大会、借贷组织之类的社团。然后计算该村域中农民参与社团的平均值作为村域社区层面社团参与的得分。表 3—14 统计了 47 个村域在社团参与数量上的情况。村域社团参与数量最少的是下汤乡松垛沟，为 1.37 个，数量最多的是库区乡的张湾村，为 2.26 个。

表 3—14　　　　　　　　　　47 个村域社团参与数量

| 乡镇 | 村名 | 农民参与社团数平均值 | 乡镇 | 村名 | 农民参与社团数平均值 |
|---|---|---|---|---|---|
| 赵村乡 | 温汤庙村 | 1.63 | 下汤乡 | 林楼 | 1.70 |
| | 唐沟 | 1.68 | | 西张村 | 1.94 |
| | 李子峪 | 1.66 | | 西许庄 | 1.97 |
| | 朱楼沟村 | 1.80 | | 王庄村 | 1.77 |
| | 白草坪 | 2.00 | | 叶庄村 | 1.60 |
| | 东坪 | 1.85 | | 松垛沟 | 1.37 |
| | 中汤 | 2.00 | | 和尚岭 | 1.61 |
| | 小尔城 | 1.97 | | 十亩地 | 1.59 |
| | 关岈 | 1.97 | | 社楼村 | 1.62 |
| | 阎庄村 | 1.60 | | 竹园沟 | 2.17 |
| | 南阴村 | 1.80 | | 龙潭村 | 1.80 |
| | 大丰沟 | 1.97 | | 袁庄村 | 2.03 |
| | 雷偏村 | 1.67 | | 红石寺 | 2.07 |
| | 赵村 | 1.88 | | 松树庄 | 1.63 |
| | 宽步口 | 1.72 | | 乱石盘 | 2.18 |
| | 火神庙 | 1.82 | | 王画庄 | 2.00 |
| | 上汤 | 1.77 | | 红义岭 | 1.76 |
| | 寨子沟 | 2.19 | | — | — |
| | 河南村 | 1.83 | | — | — |
| | 下寺村 | 1.86 | | — | — |

续表

| 乡镇 | 村名 | 农民参与社团数平均值 | 乡镇 | 村名 | 农民参与社团数平均值 |
|---|---|---|---|---|---|
| 库区乡 | 婆娑村 | 1.73 | 库区乡 | 西沟村 | 1.70 |
| | 搬走岭 | 1.59 | | 许庄村 | 1.73 |
| | 全村 | 1.62 | | 韩湾村 | 1.93 |
| | 火石岈 | 1.87 | | 王村 | 1.97 |
| | 白沟村 | 2.18 | | 张湾村 | 2.26 |

社会互动情况。如前所述,本书采用"过去两周里,邻里互相拜访的次数"2个问题测量了农民的社会互动水平。将个体层面的指标汇总到村域社区层面的方法是计算均值,每个村域的农民在这2个指标上的均值得分即为该村域在相应指标上的得分。表3—15统计了村域社会互动的得分情况。结果显示,47个村域在这2个指标上的得分均值都在3.5分以上,介于"3次"和"4次"之间。

表3—15　　　　　　　　　村域社会互动状况

| 指标 | 个案 | 最大值 | 最小值 | 均值 | 标准差 |
|---|---|---|---|---|---|
| 过去两周您拜访邻居的次数 | 47 | 4.30 | 2.74 | 3.56 | 0.37 |
| 过去两周邻居拜访您的次数 | 47 | 4.23 | 3.07 | 3.64 | 0.32 |

本书采用多指标分别测量了农民的特殊信任、普遍信任和规范信任状况。如前所述,本书采用9个问题测量了农民的信任状况,测量信任状况的9个问题的答案都分为5级:"很不同意"、"不太同意"、"一般"、"比较同意"、"非常同意"。同意的程度实际上反映了农民在这些项目上的信任程度。为符合表达习惯,在表述中用"非常不信任"、"不太信任"、"一般"、"比较信任"、"非常信任"来指代农民同意的程度。在计算均值的基础上,将农民个体层面上的指标汇总到村域社区层面上。47个村域社区在9个指标上的得分如表3—16所示。均值得分最高的是对法律规范的信任,得分最低的是对陌生人的信任。反映村域社区特殊信任的3个指标的得分相对较高,介于"一般"和"比较信任"之间。反映普

遍信任 3 个指标的得分相对较低，介于"不太信任"和"一般"之间。反映规范信任 3 个指标的得分居中间水平。

表 3—16　　　　　　　　　　　　村域信任状况

| 指标 | 个案 | 最大值 | 最小值 | 均值 | 标准差 |
|---|---|---|---|---|---|
| 出远门钥匙可以托邻居保管 | 47 | 4.13 | 2.14 | 3.24 | 0.36 |
| 总的来说邻居是可靠的 | 47 | 4.30 | 3.14 | 3.62 | 0.23 |
| 村里大多数人是可靠的 | 47 | 3.98 | 2.66 | 3.46 | 0.29 |
| 不管陌生人和熟悉的人都是可信任的 | 47 | 2.97 | 1.74 | 2.30 | 0.27 |
| 丢失有家庭详细地址的钱包会还给我 | 47 | 3.23 | 1.93 | 2.58 | 0.29 |
| 正规市场里不会有假冒伪劣的东西 | 47 | 3.06 | 1.93 | 2.54 | 0.23 |
| 政府相关部门及公务员是可信的 | 47 | 3.57 | 2.34 | 3.02 | 0.24 |
| 在遇到较大纠纷时会寻求法律援助 | 47 | 4.31 | 3.14 | 3.76 | 0.28 |
| 到政府机关办事不需要关系 | 47 | 3.38 | 1.94 | 2.61 | 0.31 |

为了解不同信任类型的得分情况，分别计算 47 个村域在三种信任类型上的得分。表 3—17 统计了村域社区在三种不同信任类型上的得分。结果显示，不同信任类型有明显差异，得分最高的是特殊信任，均值为 3.44 分，介于"一般"和"比较信任"之间；得分次之的是规范信任，均值为 3.13 分；得分最低的是普遍信任，均值为 2.47 分，介于"不太信任"和"一般"之间。关于中国信任状况的研究比较多地认为中国社会是一个特殊信任水平高，普遍信任水平低的社会。韦伯对中国的信任状况进行了描述，"中国人彼此之间存在着普遍的不信任……中国人的信任不是建立在信仰共同体的基础之上，而是建立在血缘共同体之上，即建立在家族亲戚或准亲戚关系之上，是一种难以普遍化的特殊信任"[1]。福山认

---

[1]　韦伯：《儒教与道教》，王容芬译，商务印书馆 1995 年版，第 296 页。

为中国的社会组织建立在以血缘关系维系的家族基础之上，对家族之外的其他人缺乏信任，是低信任度且缺乏普遍信任的社会。[1] 也有学者得出了不同的结论，如 1990 年由英格哈特主持的"世界价值研究计划"发现，在被调查的 41 个国家中，中国人认为大多数人值得信任的比例高达 60%，排列第四，仅次于瑞典、挪威、芬兰，高于包括美国在内的大多数西方发达国家。[2] 1993 年日本学者进行了类似的调查，发现中国普遍信任水平高于所有非民主国家和新兴民主国家。[3] 1996 年英格哈特涵盖 47 个国家和地区的"世界价值调查"发现，超过 50% 的中国人认为大多数人值得信任。[4] 对于中国人信任的研究暗示信任作为一种从社会交往活动中习得的对周围人行为的预期，摆脱不了特定文化传统和社会结构的制约，表现出因时因地的多变性和复杂性。本研究结果支持了韦伯和福山的结论：我国农村地区特殊信任水平较高，而普遍信任相对缺失。

表 3—17　　　　　　　　　　　　村域信任状况

| 指标 | 个案 | 最大值 | 最小值 | 均值 | 标准差 |
| --- | --- | --- | --- | --- | --- |
| 特殊信任 | 47 | 4.11 | 2.65 | 3.44 | 0.26 |
| 普遍信任 | 47 | 2.92 | 2.02 | 2.47 | 0.22 |
| 规范信任 | 47 | 3.58 | 2.52 | 3.13 | 0.22 |

　　本书采用 4 个问题分别测量了农民的均衡互惠和普遍互惠状况。采用同样的方法，将农民个体层面的互惠状况汇总到村域层面。47 个村域在互惠情况上的得分如表 3—18 所示。从表 3—18 统计结果来看，村域在"如果有地区受灾，我会捐款"项目上得分最高，均值为 4.21 分，介于"比较同意"和"非常同意"之间；其次是"我可以顺利请到邻居帮工"，得分为 3.96 分；然后是"我经常做好事，不求回报"，得分为 3.73

---

　　① 福山：《信任：社会道德和繁荣的创造》，李宛蓉译，远方出版社 1998 年版，第 114 页。

　　② Inglehart, Ronald, *Modernization and Postmodernization: Cultural, Economic and Political Change in 43 Societies*, Princeton: Princeton University Press, 1997, p. 173.

　　③ Manabe, Kazufumi, *People's Attitudes Toward Technology and Environment in China*, Kwansei, Gakuin University Annual Studies, 1995.

　　④ Inglehart, Ronald, *Trust, Well-being and Democracy*, In Warren, Mark E., Democracy and Trust, New York: Cambridge University Press, 1999, p. 91.

分；在"我可以顺利地从我的邻居那里借到钱"项目上得分最低，均值
为3.42分。

表3—18　　　　　　　　　　　村域互惠状况

| 指标 | 个案 | 最大值 | 最小值 | 均值 | 标准差 |
|---|---|---|---|---|---|
| 我可以顺利请到邻居帮工 | 47 | 4.42 | 3.20 | 3.96 | 0.29 |
| 我可以顺利地从我的邻居那里借到钱 | 47 | 3.90 | 2.71 | 3.42 | 0.27 |
| 我经常做好事，不求回报 | 47 | 4.13 | 3.14 | 3.73 | 0.22 |
| 如果有地区受灾，我会捐款 | 47 | 4.69 | 3.76 | 4.21 | 0.21 |

本书采用如下4个问题测量了农民对村域规范的认同程度。表3—19
统计了47个村域在4个指标上的得分情况。从统计结果来看，村域在各
项规范上的得分差异不大。

表3—19　　　　　　　　　　　村域规范状况

| 指标 | 个案 | 最大值 | 最小值 | 均值 | 标准差 |
|---|---|---|---|---|---|
| 如果可以的话，您会搬出村子吗 | 47 | 3.63 | 2.29 | 2.97 | 0.31 |
| 我时常为我们村感到光荣 | 47 | 3.20 | 1.80 | 2.37 | 0.29 |
| 本村风气好吗 | 47 | 3.75 | 1.95 | 2.68 | 0.47 |
| 你们村人与人关系和睦吗 | 47 | 3.97 | 1.81 | 2.55 | 0.67 |

## 第三节　"多维度"：农村社会资本的因子分析

### 一　农民个体社会资本的因子分析

为简化农民个体社会资本测量指标，了解农民个体社会资本的结构，
本书对除社团参与指标外的24个项目进行因子分析。在因子分析之前，
需要进行KMO测度和Bartlett球形检验。结果显示，KMO值为0.856，一
般认为KMO值为0.9以上效果很好，0.7以上适合因子分析，0.5以下不
适合因子分析。Bartlett球形检验也达到了0.01的显著水平，表明适合因
子分析。本书采用主成分因子分析方法，根据特征值大于1的原则，经过

最大方差法旋转，共抽取 6 个因子，一共解释了 57.778% 的方差。根据因子负载，分别命名为：信任、互动、互惠、认同、亲属关系和安全秩序因子。

第一个抽取的"信任因子"包括对同姓村民、同小组村民、同自然村村民、同行政村村民以及村干部的信任，反映了农民对一般关系的信任情况。第二个因子"互动因子"包括与同小组村民、同自然村村民、同行政村村民以及村干部的交往，反映了农民对一般关系的交往情况。第三个因子"互惠因子"包括邻里之间应该互相帮忙干活、邻里之间应该互相借用东西、邻里之间应该互相借钱、邻里之间帮忙应该不求回报，反映了农民对邻里互惠观念的认同程度。第四个因子为"认同因子"，包括邻村姑娘是否愿意嫁到本村、是否经常为本村而感到光荣、在本村生活是否有安全秩序感以及本村的社会风气好不好，反映了农民对村域的归属感。第五个因子"亲属关系因子"包括对亲戚的信任、对本家族成员的信任、与亲戚的交往以及与本家族成员的交往，反映农民对特殊关系的交往和信任情况。第六个因子"安全秩序因子"包括本村果园或者庄稼是否经常被盗、家里是否经常被盗和邻居是否经常吵架，反映农民对村域秩序的认同程度。分析结果见表 3—20。每个具体指标在其测量的潜变量上的因子负荷系数均大于 0.5，信度分析显示除安全秩序因子外，其他因子的 Alpha 值都在 0.634— 0.867 之间。

表 3—20　　　　　　　　　　农民个体社会资本因子分析结果

| 测量指标 | 因子 | | | | | | |
| --- | --- | --- | --- | --- | --- | --- | --- |
| | 信任 | 互动 | 互惠 | 认同 | 亲属关系 | 安全秩序 | 共量 |
| 互动程度与亲戚 | -0.026 | 0.151 | 0.055 | 0.074 | 0.658 | 0.022 | 0.465 |
| 与本家族 | -0.025 | 0.342 | 0.015 | 0.086 | 0.628 | -0.055 | 0.523 |
| 与同组村民 | 0.132 | 0.767 | 0.094 | 0.023 | 0.172 | -0.017 | 0.645 |
| 与同村村民 | 0.130 | 0.765 | 0.104 | -0.036 | 0.202 | 0.040 | 0.657 |
| 与同行政村村民 | 0.284 | 0.742 | 0.107 | 0.104 | 0.060 | 0.019 | 0.658 |
| 与村干部 | 0.290 | 0.642 | 0.051 | 0.240 | -0.009 | 0.080 | 0.562 |

续表

| 测量指标 | 因子 | | | | | | |
|---|---|---|---|---|---|---|---|
| | 信任 | 互动 | 互惠 | 认同 | 亲属关系 | 安全秩序 | 共量 |
| **信任程度** | | | | | | | |
| 对亲戚 | 0.386 | −0.056 | 0.169 | 0.071 | 0.619 | 0.129 | 0.585 |
| 对本家族 | 0.377 | 0.027 | 0.148 | 0.148 | 0.632 | −0.014 | 0.586 |
| 对同姓村民 | 0.765 | 0.100 | 0.196 | 0.054 | 0.216 | 0.088 | 0.690 |
| 对同组村民 | 0.813 | 0.200 | 0.095 | 0.072 | 0.148 | 0.087 | 0.744 |
| 对同自然村村民 | 0.820 | 0.195 | 0.133 | 0.058 | 0.068 | 0.063 | 0.740 |
| 对同行政村村民 | 0.800 | 0.186 | 0.095 | 0.099 | −0.009 | 0.039 | 0.695 |
| 对村干部 | 0.593 | 0.230 | 0.020 | 0.309 | 0.018 | 0.141 | 0.521 |
| **互惠程度** | | | | | | | |
| 邻里应互相帮忙 | 0.069 | 0.051 | 0.612 | 0.024 | 0.256 | 0.056 | 0.451 |
| 邻里应互相借东西 | 0.069 | 0.128 | 0.822 | 0.080 | 0.047 | −0.047 | 0.707 |
| 邻里应互相借钱 | 0.203 | 0.123 | 0.735 | 0.127 | −0.116 | −0.012 | 0.626 |
| 帮忙不求回报 | 0.094 | 0.024 | 0.634 | 0.047 | 0.105 | 0.050 | 0.427 |
| **规范程度** | | | | | | | |
| 姑娘是否愿意嫁到本村 | 0.064 | −0.077 | 0.147 | 0.540 | 0.059 | −0.279 | 0.404 |
| 本村生活是否有安全秩序感 | 0.053 | 0.129 | 0.083 | 0.591 | 0.159 | 0.308 | 0.496 |
| 是否为本村感到光荣 | 0.176 | 0.125 | 0.032 | 0.719 | 0.067 | 0.113 | 0.582 |
| 本村的风气好不好 | 0.116 | 0.098 | 0.067 | 0.696 | 0.097 | 0.323 | 0.625 |
| 果园农作物是否常被盗 | 0.100 | −0.025 | 0.041 | 0.272 | −0.029 | 0.598 | 0.445 |
| 村民家里是否经常被盗 | 0.070 | 0.015 | −0.035 | 0.113 | −0.018 | 0.739 | 0.566 |
| 邻里之间是否经常吵架 | 0.085 | 0.051 | 0.047 | −0.029 | 0.074 | 0.668 | 0.464 |
| Alpha | 0.867 | 0.788 | 0.700 | 0.634 | 0.646 | 0.488 | — |
| 特征值 | 6.020 | 1.984 | 1.756 | 1.626 | 1.363 | 1.118 | 13.867 |
| 平均方差（%） | 25.082 | 8.266 | 7.319 | 6.776 | 5.678 | 4.657 | 57.778 |

　　因子分析结果基本验证了之前对农民个体社会资本维度的预期:互动因子对应于社会网络维度;信任因子对应于信任维度;互惠因子对应于互惠维度;认同和安全秩序因子共同反映了规范维度。有所差异的是,农民与亲戚和本家族成员之间的信任与交往独立于信任和互动因子,形成一个单独的因子。这也表明,无论是信任还是互动,农民的关系模式都存在费孝通所说的"差序格局"状态:农民关系建构的核心是亲戚、家族关系,围绕此核心建立起与村域中其他人的社会联系,将这种亲戚、家族关系进一步泛化、扩展和延伸到与村域其他人的交往关系之中,最终就形成了圈圈相套的格局。

## 二　村域社区社会资本的结构

　　村域社区社会资本是村域集体而不是农民个体的特征,在测量村域社区社会资本时,其分析单位应该是村域。但社区社会资本的测量存在一些无法克服的难题:一方面以社区为单位搜集数据面临大样本带来的对研究成本的要求,这是很多研究无法做到的;另一方面以社区为收集资料的单位时,只能找到一些粗浅的客观指标,对信任、互惠和规范等一些主观性指标的测量很难有效完成。因此,很多研究在对社区社会资本进行测量时,所用数据的分析单位是个人层次的。尽管以个人为资料收集单位来测量社区社会资本可能会导致层次谬误,但个人层面的指标有自身优势。它更加切合社会资本的理论含义,在测量中可行性较高。[①] 因此,本书在分析的时候采用村域社区作为分析单位,但村域社区社会资本的概念还是在农民个体层面进行测量,由个体层面的变量值平均成为村域社区社会资本的变量值。

　　为简化村域社区社会资本测量指标,了解村域社区社会资本的结构,本书对测量社会资本的 22 个指标进行探索性因子分析。在因子分析之前需要进行 KMO 测度和 Bartlett 球形检验。结果显示 KMO 值为0.788,且相关矩阵中均存在大量显著相关关系 ( α = 0.000)。Bartlett球形检验结果显示,卡方值为 724.62,通过了 0.01 的显著度检验,球

---

　　① Harpham, Trudy, *The Measurement of Community Social Capital Through Surveys*, In Idiro-Kawachi, SV Subramanian and Daniel Kin ( eds ), Social Capitaland Health, New York: Springer, 2007, pp. 51 – 62.

形检验结果表明适合进行因子分析。根据特征值大于 1 的原则，一共提取了 4 个公因子，解释了 68.684% 的方差。本书通过以下 3 条标准对村域社区社会资本的指标进行筛选：第一，指标在某一因子上的负荷应大于或等于 0.5；第二，指标在不同的因子之间的交叉负荷低于 0.3；第三，指标的内涵必须与测量同一因子的其他指标的内涵一致。测量指标只有满足上述标准中的一条或者以上才能被保留下来。分析因子负荷发现，"出远门钥匙可以托邻居保管"、"托邻居办点小事是可靠的"、"总的来说村里人是可以信任的"，这 3 个指标同时负荷于村域信任和村域互惠两个因子上。因子负荷系数在 0.3—0.32 之间就意味着 10% 的重合方差。① 而 3 个指标在两个因子上的负荷系数大小基本相当，都在 0.5 左右，说明存在交叉负荷的现象。因此，需要删掉这 3 个指标。此外，"如果可能的话，我会搬出村子"指标没有负载于其所测量的潜在概念上，需要删掉。

对修正后的 16 个指标重新进行因子分析，经过最大方差法旋转，一共提取了 4 个因子，解释了 70.979% 的方差。结合因子负荷矩阵，根据各指标的含义，分别将 4 个因子命名为村域信任因子、村域互惠因子、村域规范因子和村域互动因子。因子分析结果显示，除去"你会经常因为你是这个村的村民而感到光荣吗"指标外，其他所有指标的交叉负荷均低于 0.3，在所测量概念上的负荷系数均大于 0.6。全部指标解释了 70.979% 的方差，表明数据的效度很好。各因子指标的 Alpha 值在 0.757—0.880 之间，说明数据的信度很高。具体分析结果见表 3—21。

第一个抽取的"村域信任因子"包括"社会上大多数陌生人是可信的"、"假如丢失有我家地址的钱包一定会还给我"、"正规市场没有假冒伪劣商品"、"政府及公务员是可以相信的"、"遇到较大纠纷时会寻求法律途径解决"、"到政府办事不需要关系" 6 个指标。村域信任因子反映了村域人际信任和规范信任情况。因子分析结果发现，人际信任和政府信任并没有很大区别。保罗·怀特利认为有两种类型的信任：对个人信任以

① Brien, Megan S., Charles A. Burdsal & A. Craig Molgaard, "Further Development of An Australian-based Measure of Social Capital in a U. S. Sample", *Social Science & Medicine*, 2004, 59, pp. 1207 - 1217.

及对国家信任才可能构成社会资本，因为一般意义上的对他人信任和对国家信任并不是线性相关。① 正如帕特南所言："我很可能十分信任我的邻居，而不信任市政府，反之亦然。"② 但也有学者持不同论调，认为政治信任和社会信任是一种正相关关系。"布莱姆和然恩的研究就表明，人际信任有助于提高政治信任。"③ 肯尼思·纽顿说："对普通民众寄予高度信任（水平的信任）是一回事，对政客寄予同等水平的信任（垂直信任）可能又是另一回事。……对公民同仁的信任与政客的信任是不是紧密相关的，这是一个经验性的问题。"④ 肯尼思·纽顿对如何判断人际信任和政治信任的关系做了一个回答，他认为二者有没有真实的关系应该交给经验研究去验证，基于不同地区和样本的研究可能会有不同的结论。本书的研究结论表明，人际信任和政治信任高度相关，没有很明显的结构性区别。第二个因子"村域互惠因子"包括"我经常做好事不求回报"、"如果为帮助受灾的人我会捐款"、"我们村的人有共同的想法，帮助有困难的人"、"我们村想法是一致的，愿大家生活越来越好"4个项目。因子分析发现就概念的内涵而言，农民的均衡互惠和非均衡互惠并没有很大区别。"做好事不求回报"和"向受灾的人捐款"测量了非均衡互惠或者普遍化的互惠。这种互惠基于一种普遍的利他主义，在特定时间里是无报酬的，不必要求针锋相对地算计，或者严格的轮流坐庄原则。从邻居那里借钱和请邻居帮工反映了均衡互惠状况，这种互惠基于特殊主义，强调付出要求回报。第三个因子"村域规范因子"包括"你会经常因为你是这个村的村民而感到光荣吗"、"与周围的村相比，本村的社会风气好不好"、"你村邻里之间的关系融洽吗"3个指标。村域规范作为一种非正式控制，体现了社会资本作为规范的积极效能，可以看作是社区内成员遵循合作规范的体现。需要指出的是，"你会经常因为你是这个村的村民而感到光荣吗"在村域信任因子上也有很大的因子负载系数，存在着交叉负荷的情

---

① Whiteley, Paul F., *The Origins of Social Capital*, in Van Deth, Jan W., Maraffi, Macro, Newton, Kenneth & Whiteley, Paul (eds), Social Capitaland European Democracy, NY: Routledge, 1999, pp. 45 - 73.

② Putnam, Robert D., "Tuning in, tuning out: The strange disappearance of social capital in America", *Plitical Science & Politics*, 1995, 28 (4), p. 665.

③ 马得勇：《社会资本：对若干理论争议的批判分析》，载《政治学研究》2008年第5期。

④ 肯尼思·纽顿：《社会资本与现代欧洲民族》，参见李惠斌、杨雪冬主编《社会资本与社会发展》，社会科学文献出版社2000年版，第403页。

况。但考虑到此指标的理论内涵主要反映了村域规范，因此依然将其归为村域规范因子。第四个因子"村域互动因子"包括"村域社团参与的数量"、"过去两周邻居来家拜访的次数"和"过去两周去邻居家拜访的次数"。"村域社团参与的数量"测量了村域正式网络，而"邻居之间的社会互动"反映了村域非正式网络。因子分析发现，就村域社区社会资本而言，正式网络与非正式网络的界限并不是很明显，这些指标都共同反映了村域互动水平。

表3—21　　　　　　　村域社区社会资本因子分析结果

| 测量指标 | 因子 | | | | |
|---|---|---|---|---|---|
| | 村域信任 | 村域互惠 | 村域规范 | 村域互动 | 共量 |
| **信任程度** | | | | | |
| 大多数陌生人可以信任 | 0.710 | 0.124 | − 0.346 | 0.289 | 0.722 |
| 丢钱包会还给我 | 0.649 | 0.246 | 0.072 | 0.127 | 0.503 |
| 市场没有假货 | 0.712 | 0.153 | − 0.177 | 0.183 | 0.596 |
| 政府可信 | 0.646 | 0.213 | − 0.244 | 0.087 | 0.529 |
| 法律可依赖 | 0.767 | 0.090 | 0.201 | 0.070 | 0.642 |
| 办事不需要关系 | 0.727 | 0.303 | − 0.013 | − 0.111 | 0.632 |
| **互动程度** | | | | | |
| 社团参与数量 | 0.195 | − 0.206 | 0.012 | 0.689 | 0.556 |
| 邻居拜访次数 | 0.023 | 0.330 | 0.172 | 0.853 | 0.866 |
| 拜访邻居次数 | 0.165 | 0.325 | 0.270 | 0.806 | 0.855 |
| **互惠程度** | | | | | |
| 做好事不求回报 | 0.279 | 0.774 | 0.171 | 0.082 | 0.713 |
| 受灾会捐款 | 0.314 | 0.827 | 0.001 | − 0.016 | 0.782 |
| 可以顺利从邻居那儿借物 | 0.179 | 0.821 | − 0.390 | 0.193 | 0.895 |
| 可以顺利请邻居帮工 | 0.221 | 0.785 | − 0.291 | 0.160 | 0.775 |
| **规范程度** | | | | | |
| 为这个村感到光荣吗 | 0.429 | 0.179 | 0.551 | 0.262 | 0.588 |
| 本村社会风气好吗 | − 0.171 | − 0.126 | 0.849 | 0.132 | 0.783 |
| 关系融洽吗 | − 0.120 | − 0.178 | 0.923 | 0.143 | 0.918 |
| Alpha | 0.835 | 0.880 | 0.757 | 0.782 | — |
| 特征值 | 5.574 | 2.889 | 1.618 | 1.276 | 11.357 |
| 平均方差（%） | 34.838 | 18.055 | 10.113 | 7.972 | 70.979 |

## 第四节　农村社会资本维度的相依关系

### 一　农村社会资本维度关系的理论分析

结构性社会资本与关系性社会资本互为因果。基于社会互动形成的社会联系或者社会网络构成结构性社会资本,而成员在社会互动中学习或者灌输的信任、互惠和规范等价值构成关系性社会资本。学界对结构性社会资本与关系性社会资本谁先谁后的问题争论不止。主导模型认为价值来源于结构,志愿性组织、正式和非正式群体中的社会互动培育了信任、互惠和规范。帕特南解释了信任、互惠和合作规范是如何在横向的社会网络中产生的,他引入嵌入理论的话语,"一个社会里出现的秩序与混乱、合作与投机,是由先前存在的社会网络所决定的"。他诠释了横向的社会网络的三种外部性:信任、互惠和规范的产生。信任是如何产生的呢?"公民参与网络增加了欺骗的潜在成本,投机者可能既无法从未来的交易中获益,也不能从他目前参与的其他交易中得到他所期望的收益。"互惠又是如何产生的呢?"公民参与网络培育了强大的互惠规范,互动的同伴们倾向于给可以接受的行为制定强大的规范,互惠规范因关系网络得到了加强。"合作规范又是如何产生的呢?"合作依赖于人们对潜在伙伴的以往行为和当前利益的真实了解,而不确定性则强化了集体行动的困境。公民网络促进了交往,促进了个人品行的信息流通,参与者之间的交往越多,他们之间的合作也就更容易。"[①] 在帕特南看来,公民参与网络这种结构性社会资本孕育出了信任、互惠和合作规范这些关系性社会资本。

然而,如果没有之前已经存在的起码的人际信任,人们不会通过参加社团或者正式、非正式组织的方式来实现特定的目标。如此看来,有关结构先于价值的观点值得商榷。实际上已经有学者对此提出了质疑。保罗·怀特利提出了"引导程序"概念来说明这一问题,"如果要创造社会资本,必须已经存在着一个最小限度的资本,因为义务的网络只有在个体之

---

① 帕特南:《使民主运转起来:现代意大利的公民传统》,王列等译,江西人民出版社2001年版,第203—204页。

间已经存在着最低限度的信任的背景下才能建立和维持"，① 这就像计算机学家所说的"引导"（bootstrap）的问题。保罗·怀特利以囚徒困境博弈和确信博弈为例说明了"引导程序"对均衡类型的决定性作用，在此两种集体行动困境中，如果没有存在某种最低限度的社会资本，很有可能达到的是非合作均衡，即互相背叛，甚至在行动者并没有准备"搭便车"的情况下也是如此。行动者宁愿做理性的傻子，也不愿做有效率的合作者。肯尼思·纽顿也做了类似的论述："社会网络，不管是正式的还是非正式的，都必须建筑在互惠和信任准则之上。在这个意义上说，规范性的和主观性的定义在逻辑上应该是优先的。如果在社会关系中没有去同情、去信任、去报答的主观能力，那么力量强大的、广泛的网络就无从创造，正式的、非正式的社团就无法产生。"② 帕特南一方面十分明确地解释了信任、互惠和规范是横向社会网络的产物，另一方面他也暗示了信任、互惠和规范能够强化社会网络。帕特南说："有效的普遍互惠的规范，可能会与密集的社会交换网络相连。在一个社会里，如果人们确信他们的信任会得到回报，而不会被人利用，交换就更有可能随之而来。"③ 科尔曼在阐释社会资本概念时也有类似的论断。科尔曼一方面解释了社会互动是如何创造"义务和期望"的："如果 A 为 B 做了事并且相信 B 在将来会回报他，这就在 A 身上建立起了期望而在 B 这一方建立起了义务。这种义务可以被想象为一张 A 所持有的要求 B 兑现的信用卡。"另一方面，他又强调如果义务和期望能够转化为社会资本，一个可以信赖的社会环境是必不可少的。科尔曼看到互惠尤其是非均衡的互惠包含着风险，只有具有一定人际信任水平的行动者才会进行持续的互动和交往，从而在持续的交往中形成"义务和期望"的观念。④ 在此，科尔曼建立了一个循环，"义务和期望"是由社会互动创立的，而社会互动又是以起码的信任为前提的。不仅如此，信息渠道和社会规范这两种社会资本的重要形式之所以能够在

---

① 保罗·怀特利：《社会资本的起源》，载李惠斌、杨雪冬主编《社会资本与社会发展》，社会科学文献出版社 2000 年版，第 51 页。

② 肯尼思·纽顿：《社会资本与现代欧洲民族》，参见李惠斌、杨雪冬主编《社会资本与社会发展》，社会科学文献出版社 2000 年版，第 385 页。

③ 帕特南：《使民主运转起来：现代意大利的公民传统》，王列等译，江西人民出版社 2001 年版，第 202 页。

④ 詹姆斯·科尔曼：《社会理论的基础》，邓方译，社会科学文献出版社 1999 年版，第 102 页。

持续的互动中产生，也是以一定的信任水平的存在为前提的。

不仅结构和价值互为因果，价值之间的关系亦是如此。作为关系性社会资本，信任、互惠和规范这些"心灵的习惯"之间也互相强化，难分先后。社会信任能够从互惠规范和公民参与网络中产生，在一个共同体中，信任水平越高，合作的可能性就越大，而合作本身又会带来信任。按照帕特南的理解，互惠尤其是普遍的互惠是一种高度生产性的社会资本，遵循这一规范可以培育社会信任，因为没有人愿意去信任忘记他人恩惠的人。同时，遵循互惠规范，才能更有效地约束投机行为，行动者才能在合作中集体行动。换句话说，互惠造就了合作规范。如果据此认为互惠是自变量，而信任和规范是因变量的话，也是不确切的。因为，互惠本身包含着风险，做出互惠行为需要克服一定的风险，这需要信任。而之前的论述也表明，合作才能培育信任。由此看来，信任、互惠和合作规范互为因果，不分先后。

由此看来，不仅结构与价值之间互为因果，信任、互惠和规范之间的关系也是如此。我们不应该在概念分析中过分执着于结构与价值之间或者价值之间的先后问题，而应该在实证分析中验证这一问题。诚如肯尼思·纽顿所说的："社会资本概念的不同方面以一种有趣的方式结合起来，从而赋予它巨大的解释力。同时，它也存在着不足，即它将不同的事物糅合起来，甚至是混淆起来，而这些事物之间的关系本应是经验性调查的对象。与其将所有这三者（网络、互惠和规范）看作同一事物之一个片段和部分，进而囊括在一个定义之下，不如将它们分割开来，把它们之间的关系当做所要调查的一个问题。"[1] 这意味着要对社会资本各维度之间的关系进行一个经验层面的分析。更为重要的是，验证社会资本各维度之间的相关关系是理解在社会资本理论框架下分析农民参保决策影响因素必要性的重要环节。诚如理论分析指出的，如果互动、信任、互惠和规范之间是一种显著的正相关关系，那么排除社会资本个别维度和农民参保决策之间存在虚假因果关系的唯一方法是在实证分析中控制其他变量。

## 二　农民个体社会资本维度关系的实证分析

本书分别将农民个体社会资本的各个维度的指标得分相加得到各个维

---

[1]　肯尼思·纽顿：《社会资本与现代欧洲民族》，参见李惠斌、杨雪冬主编《社会资本与社会发展》，社会科学文献出版社 2000 年版，第 380 页。

度的得分，然后计算各个维度之间的皮尔逊相关系数，以验证社会资本维度之间的相关关系。表 3—22 显示了各个维度之间的相关分析结果。结果显示，结构和价值是一种相互强化的关系。互动和亲属关系分别反映了我国农村社会中农民交往网络的两种形式：地缘和血缘关系，是结构性社会资本；信任、互惠和规范是关系性社会资本。互动、亲属关系和信任、互惠、认同、安全秩序等价值均有较强的正相关关系。首先从互动维度来看，互动和信任、互惠、认同和安全秩序的皮尔逊相关系数分别为0.495、0.256、0.276 和 0.115，且都通过了 0.05 水平的显著性检验。其次，从亲属关系维度来看，亲属关系和信任、互惠、认同、安全秩序的皮尔逊相关系数分别为 0.408、0.290、0.298、0.112，且都达到了 0.01 水平的显著程度。

表 3—22　　　　　　农民个体社会资本各维度之间的相关分析

| | 社团参与 | 互动 | 信任 | 互惠 | 亲属关系 | 认同 | 安全秩序 |
|---|---|---|---|---|---|---|---|
| 社团参与数 | 1 | 0.095 *** | 0.041 | 0.026 | 0.038 | 0.094 *** | 0.012 |
| 互动 | 0.095 *** | 1 | 0.495 *** | 0.256 *** | 0.358 ** | 0.276 *** | 0.115 *** |
| 信任 | 0.041 | 0.495 *** | 1 | 0.334 *** | 0.408 *** | 0.357 *** | 0.221 *** |
| 互惠 | 0.026 | 0.256 *** | 0.334 *** | 1 | 0.290 *** | 0.252 *** | 0.068 *** |
| 亲属关系 | 0.038 | 0.358 *** | 0.408 *** | 0.290 *** | 1 | 0.298 *** | 0.112 *** |
| 认同 | 0.094 *** | 0.276 *** | 0.357 *** | 0.252 *** | 0.298 *** | 1 | 0.334 *** |
| 安全秩序 | 0.012 | 0.115 *** | 0.221 *** | 0.068 *** | 0.112 *** | 0.334 *** | 1 |

注：社团参与为除去民兵组织之外的 8 个指标相加而得；" ＊＊"代表 0.05 的显著水平" ＊＊＊"代表 0.01 的显著水平。

与理论预期不同的是，相关分析并没有发现农民社团参与与其他形式的社会资本具有很强的正相关关系。从皮尔逊相关系数来看，社团参与数量与其他社会资本的 6 个维度都微弱相关，相关系数都没有到 0.1。而且，除社团参与数量与互动和认同维度显著相关外，与其他变量的相关系数都没有通过显著性检验。经验分析结果并不支持社团参与这种结构性社会资本和关系性社会资本有很强的相关关系。由此看来，社团参与作为社会资本的一个重要方面，符合西方社会的现实状况和运行逻辑。托克维尔在论述美国民主的成功时，强调了自由结社的重要性："世界没有哪个国家拥有比美国使用得更加成功，应用对象更广的结社原则。除了依据法律以乡镇、城市和国家名义成立的永久社团外，还有大量依靠无官无职的个人的能动性来形成和维持的其他社团。"① 然而，本书很难找到证据来说明社团参与对我国社会尤其是农村社会运行的重要性，我国农民也没有通过自由结社的方式来解决集体行动困境的文化传统。这似乎暗示了社会资本概念本土化的重要性，当我们用社会资本这个舶来品来分析中国农村社会时，它必须符合经验层面的观察。在我国农村社会，社团参与并不是一种重要的网络结构，这个结论也为下文用农村社会资本的维度进行分析提供了筛选标准。实际上，西方学者也对社团参与是否能够体现社会资本进行了质疑。如奥尔森认为："社团参与可能会有助于普遍信任的生成，但并非任何时候都是如此。很难想象那些诸如工会等为自身利益而斗争的市民团体越活跃，这个社会的信任与合作就越容易形成，这个社会的社会经济效率就越高，政府治理水平就越高。"② 至少在经验研究上还没有强有力的证据来支持这种观点。怀特利认为那些经常被用来衡量社会资本的"客观的指标"，如社团数量或参加社团的人数未必能够体现社会资本。③而且，也没有理由认为只有通过参加社团才可以获取和提高社会信任。因此，一直被许多学者作为测定指标的社团参与能否代表社会资本是有疑问的，尽管它有可能解释个别的案例。④ 相比较而言，社团参与这种正式群体的交往方式对社会资本的生产性功能并没有比非正式群体这种交往方式更有效，农民的非正式社会互动更有助于培育信任、互惠和规范。这个发现说明社会资本理论本土化是很有必要的。基于我国农村地区基础上的社会资本理论并不契合源自西方社会的社会资本理论模型。这意味着，在研究我国农村社会资本理论或者运用农村社会资本理论对农村问题进行分析时，对社团参与过分强调是不合适的。

不仅社会互动和信任、互惠、规范之间是一种强相关关系，信任、互

---

① 托克维尔：《论美国的民主》，商务印书馆 1997 年版，第 191 页。

② Mancur Olson, *The Rise and Decline of Nations: Economic Growth, Stagflation and Social Rigidities*, New Haven: Yale University Press, 1982, pp. 1 – 276.

③ 保罗·怀特利：《社会资本的起源》，载李惠斌、杨雪冬主编《社会资本与社会发展》，社会科学文献出版社 2000 年版，第 69 页。

④ Pippa Norris, *Democratic Phoenix*, New York: Cambridge University Press, 2002, pp. 156 – 157.

惠和规范之间也是一种相互强化的关系。信任、互惠、亲属关系、认同、安全秩序之间都存在显著的正相关关系。从信任维度来看，信任和互惠、亲属关系、认同、安全秩序之间的皮尔逊相关系数分别为 0.334、0.408、0.357、0.221，都达到了 0.01 的显著性水平。从互惠维度来看，互惠和信任、亲属关系、认同、安全秩序之间的相关系数分别为 0.334、0.290、0.252、0.068，且都通过了 0.01 水平的显著性检验。从亲属关系来看，亲属关系和信任、互惠、认同、安全秩序的相关系数分别为 0.408、0.290、0.298、0.112，也都通过了显著性检验。从认同维度来看，认同和信任、互惠、亲属关系、安全秩序的相关系数分别为 0.357、0.252、0.298、0.334，通过了显著性检验。从安全秩序维度来看，安全秩序和信任、互惠、亲属关系、认同的相关系数分别为 0.221、0.068、0.112、0.334，也都通过了显著性检验。

### 三 村域社区社会资本维度关系的实证分析

基于社会资本结构与价值以及价值之间的关系的分析当然适用于对社区社会资本的研究。社会资本维度之间关系的核心基本可以归结为两点：第一，结构与价值之间是一种相互强化的关系；第二，价值之间也是一种正相关关系。对农民个体社会资本的分析检验了这两个观点。村域社区社会资本各维度之间的关系是否如此，需要从经验层面做进一步的分析。依据村域社区社会资本的因子分析结果，将反映村域社区社会资本的 4 个维度（村域信任、互惠、规范、互动）的各个指标分别相加，然后计算各个维度之间的皮尔逊相关系数。具体相关分析结果见表 3—23。

结构与价值是一种互相强化的关系。村域互动反映了村域社区社会资本的结构性因素，村域信任、互惠和规范反映了村域社区社会资本的关系性因素。村域互动与信任、互惠、规范之间是一种正相关关系，皮尔逊系数分别为 0.299、0.338、0.325，且都通过了 0.05 水平的显著性检验。从相关分析结果来看，结构性社会资本与关系性社会资本之间依然是一种相互强化的关系。

价值之间并非是一种单向的强化关系。村域信任和互惠之间是正相关关系，皮尔逊系数为 0.530，且通过了 0.01 水平的显著性检验。村域规范与信任、互惠之间是负相关关系，皮尔逊系数分别为 - 0.124、- 0.238，但没有通过显著性检验。这似乎意味着村域社区社会资本是一个多维度异质性概念，各维度之间的关系是一种复杂多变的关系。桂勇、黄荣贵基于城市社区社会资本的研究也发现了相似的结果，在反映社区社会资本维度相关系数的矩阵中，他们一共计算了 21 个相关系数，其中有 6 个相关系数在 0.1 的显著水平上统计显著，并非所有的相关系数都在统计上显著。此外，非地方性社会互动除了与社区归属感正相关外，与其他维度都是负相关。他们给出的解释是，非地方性社会互动反映了链合性社会资本，其他维度则反映了整合性社会资本，链合性社会资本和整合性社会资本两者之间存在着替代性关系。① 本书的结果说明不仅链合性社会资本与整合性社会资本之间存在一定的替代性关系，整合性社会资本之间也可能会存在排斥性关系。正如奈克的论断：社会资本是一个异质性的概念，其不同的维度会产生完全不一致的作用。对社会资本的维度不加区分、笼统对待的做法是不合适的。②

表 3—23　　　　　　村域社区社会资本各维度之间的相关分析结果

| | 村域信任 | 村域互惠 | 村域规范 | 村域互动 |
| --- | --- | --- | --- | --- |
| 村域信任 | 1 | 0.530 *** | − 0.124 | 0.299 ** |
| 村域互惠 | 0.530 *** | 1 | − 0.238 | 0.338 ** |
| 村域规范 | − 0.116 | − 0.238 | 1 | 0.325 ** |
| 村域互动 | 0.299 ** | 0.338 ** | 0.325 ** | 1 |

注："＊＊"代表 0.05 的显著水平；"＊＊＊"代表 0.01 的显著水平。

　　保罗·怀特利、帕特南和肯尼思·纽顿等学者都注意到了社会资本各维度之间的先后关系问题。尽管每位学者的阐述不尽相同，但他们的分析基本表明，结构性社会资本和关系性社会资本是一种循环关系，这种循环关系类似于谁先谁后的"鸡与蛋"的问题。尽管争论"鸡与蛋"的问题显得徒劳无益，但这种争论有助于对社会资本的认识和研究深入下去。通过对农民个体社会资本与村域社区社会资本维度的相关分析发现，结构与

　　① 桂勇、黄荣贵：《社区社会资本测量：一项基于经验数据的研究》，载《社会学研究》2008 年第 3 期。

　　② Knack, Stephen, "Social Capital and the Quality of Government: Evidence from the States", *American Journal of Political Science*, 2002, 46（4）, pp. 772 – 785.

价值之间是一种相互强化的关系，而价值之间则是一种复杂多变的关系。社会资本各维度之间的依存关系说明从社会资本的某一个维度对农民参保决策进行分析是不恰当的，这样无法排斥二者之间虚假因果关系的可能，这也说明了在社会资本理论框架下对农民参保决策分析的必要性。总的来说，社会资本是一个异质性概念，在运用社会资本理论工具分析问题时需要注意的是，社会资本不同的维度可能会有不同的作用。

# 第四章 农村社会资本与参保决策
# 实证分析：微观层面

## 第一节 农民参保决策的测量及测量结果

### 一 农民参保决策的测量

（一）新农保制度激励的特征

由于计划生育政策的实施，农村家庭规模趋小，加之大量农村青壮年劳动力迁移到城市等原因，我国农村面临着严峻的老龄化问题，农村亟须构建新的老年供养体系。为缓解农村养老问题，我国从1992年开始推行农村社会养老保险，然而由于制度设计本身存在问题和运行过程中产生矛盾等原因，该制度于1999年停止实施。国务院决定，从2009年10月起在我国农村开展新型农村社会养老保险试点工作。新农保从制度设计上克服了老农保"自我储蓄"的制度弊端，对农民参保有很大的激励作用。

从融资方式来看，新农保实行多元的融资渠道。第一个渠道是个人缴费。国发〔2009〕32号文件规定，"参加新农保的农村居民缴费标准设为每年100元到500元5个档次，参保人自主选择档次缴费，多缴多得"。参保要缴费，体现了社会保险权利与义务相对应的原则，弹性缴费档次的设计考虑到了农民缴费能力的差异，多缴多得的原则激励了农民选择高缴费档次。制度设计在注重公平的同时，也兼顾到了效率。第二个渠道是村集体补助。"有条件的村集体应当对参保人缴费给予补助，补助标准由村民会议民主确定。"对于大部分村集体来说，补助可能是一句空话，对于少数富裕的村集体而言，补助在一定程度上会激励农民参保。第三个渠道是地方政府补助。"地方政府应当对参保人补贴标准不低于每人每年30元。"这样的规定，体现了地方政府对新农保的财政责任，使农民看到新农保政策有实惠,刺激了参保的积极性。

从受益方式来看,新农保实行基础养老金和个人账户养老金相结合的养老待遇,中央财政支付最低标准基础养老金。文件规定:"中央确定的基础养老金标准为每人每月 55 元,地方政府可以根据实际情况提高基础养老金标准,对于长期缴费的农村居民,可适当加发。"在养老金的支付环节中,中央财政全额补贴中西部地区,负担东部地区的 50%。农民达到 60 岁,只要符合条件的子女参与了制度,就可以免费领取基础养老金。基础养老金具有非缴费的特征,体现了政府对农民社会权利的保障。同时,基础养老金跟个人的缴费时间也有一定的联系,对于长期缴费的农村居民,基础养老金可以适当拔高,这对农民的长期缴费意愿,具有一定的激励作用。

(二)农民参保决策的测量指标

以往学界多把参保决策界定为是否参保,这种界定方法只是强调了农民参保权的确立,而忽略了农民知情权的获得和心理参与程度。本书中参保决策包括五个阶段,考虑到新农保制度本身推行时间短,参保体验尚不明显,也难以对下次保险需求识别产生影响的现实原因,将需求识别和参保后评估阶段略去,把农民参保决策过程浓缩为三个核心阶段即信息搜寻、参与指数和参保行为。本书以此作为参保决策的分析框架并进行理论和实证分析。为了解农民的新农保参保决策状况,笔者于 2010 年 5 月至 8 月期间,深入试点区县农村,调查了陕西的神木县、耀州区以及山东青岛市即墨区的 1595 个农户。在参保决策的测量中,农民个体信息搜寻渠道指农民是否通过政府宣传等正式渠道或社会互动等非正式渠道来搜寻信息,信息了解程度指农民对新农保制度补贴、缴费档次、缴费年限等制度信息的了解程度。农民个体的参与指数包括农民对制度的信任和满意程度。农民个体的参保行为指农民是否缴费参保。信息搜寻包含两个维度,一个是农民获取信息的渠道,另一个是农民对信息的了解程度。参与指数指的是农民对保险做出的信任度和满意度心理估价,是农民做出参保行为之前对保险的主观判断,也是其做出参保行为的重要依据。参保行为是指农民是否参保,是农民参保决策结果的确定。

信息搜寻是确保农民知情权的获得,就是让农民了解新农保制度,是农民参保缴费的前提。信息搜寻包括农民获得新农保信息的渠道和对制度的了解程度。农民对新农保制度的缴费档次、政府补助、利息标准、账户构成、账户管理、基金保值增值等信息的了解情况，会影响到其是否缴费和是否持续缴费。信息获取渠道包括政府宣传和人际网络传播。通过"您是否通过政府咨询台获取新农保信息"、"您是否参与村民大会获取新农保信息"、"您是否参与村组织的座谈会获取新农保信息"、"您是否向村里其他人咨询信息"、"您是否告诉村里其他人新农保的有关信息"5个问题测量了农民获得信息的渠道。前3个问题测量了农民参与政府宣传的情况，后2个问题测量了农民参与网络传播活动的情况。

参保行为就是参保权的确立，就是让农民参与缴费。个人权利和义务的对等是社会保险的重要特征，农民享受新农保制度的保障是以缴费为前提的。考虑到农民缴费能力的差异，制度设计了5个不同的缴费等级供农民自由选择，以求尽可能覆盖更多的农民。通过询问农民"您今年是否缴费参保"进行测量。

参与指数就是农民对新农保制度的满意度和信任度评价。本书从农民对新农保制度的信任度和满意度两个方面测量了农民对新农保制度的心理参与程度。本书对新农保制度的信任情况进行了多指标测量。测量问题分别为："您是否相信新农保制度会稳定运行？""您是否相信中央政府会持续融资？""您是否相信地方政府会对新农保持续融资？""您是否相信地方管理部门会确保养老金安全秩序？""您是否信任养老金会按时按量发放？""您是否相信待遇以后还会提高？"6个问题的答案分为"非常相信"、"比较相信"、"不太相信"、"很不相信"，分别赋值4分至1分。针对农民对新农保制度的满意度，本书设计了4个问题来分别测量农民对中央政府融资力度、地方政府融资力度、新农保制度的管理服务和待遇水平的满意程度，即："您是否满意中央政府补助金额？""您是否满意地方政府补助金额？""您是否满意新农保制度的服务管理？""您是否满意新农保制度的待遇水平？"4个问题的答案分为"不满意"、"一般"、"满意"，分别赋值1分、2分、3分。

继续参保的鼓励就是让农民坚持长期缴费。在制度设计中，45岁以下农民需要缴足15年才能享受养老待遇，并用适当提高基础养老金的办法，来刺激农民长期缴费。农民是否坚持长期缴费，关系到以后养老待遇水平的高低和领取养老金权益的获得。表4—1列出了农民参保决策的测量指标。

表4—1　　　　　　　　　　　农民新农保参保决策测量指标

| 维度 | 一级指标 | 二级指标 | 答案与赋值 |
|---|---|---|---|
| 信息搜寻 | 网络等非正式渠道 | 您是否向村里其他人咨询过新农保的有关信息? | "是"与"否",分别赋值1分与0分 |
| | | 您是否告诉村里其他人新农保的有关信息? | |
| | 政府宣传等正式渠道 | 您是否通过政府咨询台获取新农保信息? | |
| | | 您是否参与农民大会来获取新农保信息? | |
| | | 您是否参与村组织的座谈会获取新农保信息? | |
| | 制度了解程度 | 您是否清楚政府补助数额? | "不清楚"、"不太清楚"、"比较清楚"、"非常清楚",分别赋值1分至4分 |
| | | 您是否清楚受益标准如何计算? | |
| | | 您是否清楚需要缴多少年? | |
| | | 您是否清楚领取水平取决于哪些因素? | |
| | | 您是否清楚领取养老金的条件? | |
| 参保行为 | 是否缴费参保 | 您今年是否缴费参保? | "是"与"否",分别赋值1分与0分 |
| 参与指数 | 信任度 | 您是否信任这个政策会一直推行下去? | "很不相信"、"不太相信"、"比较相信"、"非常相信",分别赋值1分至4分 |
| | | 您是否相信中央政府会一直补贴? | |
| | | 您是否相信地方政府会一直补贴? | |
| | | 您是否相信管理部门不会挪用所缴费用? | |
| | | 您是否相信管理部门会确保所缴费用不会贬值? | |
| | | 您是否相信60岁后能按时领到养老金? | |
| | | 您是否相信以后待遇还会提高? | |
| | 满意度 | 您是否满意中央政府的补贴数额? | "不满意"、"一般"、"满意",分别赋值1分至3分 |
| | | 您是否满意地方政府的补贴数额? | |
| | | 您是否满意相关部门的服务管理? | |
| | | 您是否满意新农保待遇水平? | |

（三）农民参保决策的测量结果

表4—2的统计结果显示,57.9%的农民通过人际网络向别人咨询过信息,40.5%的农民告诉过他人信息;46.8%的农民通过政府咨询台咨询过信息,31.8%的农民通过村民会议获得信息。由此看来,政府宣传等正

式渠道和人际网络传播等非正式渠道都是农民获取信息的来源。村域中，农民通过正式和非正式两种渠道获取新农保信息。

表4—2　　　　　　　　　　农民获取新农保信息的渠道

| 变量 | 测量指标 | 总人数 | 人数 | 比例（%） |
|------|----------|--------|------|-----------|
| 参与政府宣传 | 通过政府咨询台获取信息 | 1570 | 735 | 46.8 |
| | 参与农民大会获取信息 | 1590 | 506 | 31.8 |
| | 参与座谈会获取信息 | 1580 | 127 | 8.0 |
| 参与网络宣传 | 向村里其他人咨询信息 | 1583 | 917 | 57.9 |
| | 告诉村里其他人信息 | 1582 | 641 | 40.5 |

　　表4—3统计了被调查农民对新农保制度7个项目的了解情况，除去"缴费年限"和"领取条件"2个项目外，其余5个项目的众值（出现次数最多的变量的值）都是"不太清楚"；除去"缴费年限"项目外，其余6个项目中能"非常清楚"地知道的农民都不到总数的20%，能"非常清楚"地说出"缴费档次"的农民只占总数的12.3%。尽管农民通过正式和非正式两个渠道获取新农保信息，但大部分农民对新农保制度不甚了解。知情权的获得就是让农民了解新农保制度，是农民参与缴费的前提。农民对新农保制度的缴费档次、政府补助、利息标准、账户构成、账户管理、基金保值增值等信息的了解情况，会影响到其是否缴费和持续缴费。

表4—3　　　　　　　　　农民对新农保制度的了解情况

| 项目 | 非常清楚 | 比较清楚 | 不太清楚 | 不清楚 | 总数 |
|------|----------|----------|----------|--------|------|
| 缴费档次 | 180（12.3） | 432（29.4） | 687（46.8） | 168（11.5） | 1467 |
| 政府补助数额 | 267（18.5） | 413（28.7） | 598（41.5） | 162（11.3） | 1440 |
| 基金利息标准 | 193（13.5） | 337（23.6） | 654（45.8） | 243（17.0） | 1427 |
| 个人账户构成 | 189（13.2） | 367（25.6） | 661（46.2） | 214（15.0） | 1431 |
| 受益标准如何计算 | 207（14.1） | 392（26.7） | 643（43.7） | 228（15.5） | 1470 |
| 缴费年限 | 503（33.5） | 519（34.6） | 357（23.8） | 123（8.2） | 1502 |
| 领取条件 | 271（18.2） | 576（38.7） | 511（34.3） | 130（8.7） | 1488 |

　　注：表格中括号内的数字表示该项人数占总数的百分率。

从表4—4可以看出,就信任度而言,农民对制度的信任涉及对中央政府和地方政府的信心。中央政府作为制度的颁布者和财政的支持者,农民对其信任的平均分在3分以上,介于"比较信任"和"非常信任"之间。地方政府作为制度的管理者和融资者,农民对其信任的平均分在2分到3分之间,介于"不太信任"和"比较信任"之间。很明显,相对地方政府而言,农民对中央政府的信心更足。就满意度而言,农民对各项指标的满意程度均在2分之上,介于"一般"和"满意"之间,其中,农民对中央政府的融资水平最为满意,而对地方政府的融资水平最不满意。总的来说,农民对中央政府的信任度和满意度较高,而对地方政府的信任度和满意度较低。

表4—4 农民对新农保的心理评估

| 变量 | 测量指标 | 总人数 | 最小值 | 最大值 | 平均值 | 标准差 |
|------|---------|--------|--------|--------|--------|--------|
| 信任度 | 制度会稳定运行 | 1019 | 1 | 4 | 3.12 | 0.697 |
| | 中央政府会持续融资 | 992 | 1 | 4 | 3.18 | 0.723 |
| | 地方政府会持续融资 | 987 | 1 | 4 | 2.90 | 0.833 |
| | 会确保基金安全秩序 | 958 | 1 | 4 | 2.60 | 0.866 |
| | 会按时按量发放 | 992 | 1 | 4 | 2.89 | 0.817 |
| | 待遇会提高 | 919 | 1 | 3 | 2.83 | 0.852 |
| 满意度 | 中央政府补助金额 | 1130 | 1 | 3 | 2.65 | 0.662 |
| | 地方政府补助金额 | 1125 | 1 | 3 | 2.32 | 0.843 |
| | 制度的服务管理 | 1120 | 1 | 3 | 2.42 | 0.767 |
| | 基金的待遇水平 | 1119 | 1 | 3 | 2.41 | 0.798 |

但在制度具体实施过程中发现,很多试点县的参保率并不高。2010年春节前后,华中师范大学中国农村问题研究中心对全国20个省68个试点县(市)68个村庄的1942个农户进行新农保政策试点情况的调研,调查报告显示,参保率为57.59%,笔者在陕西、山东4区县随机抽样调查的1595个农户中,参保的农民只有75%,25%的农民没有参保。

表4—5报告了农民缴费和未缴费的自我归因。统计数据显示,参保的主要原因是新农保政策有实惠(61.6%),为了能让家里老人领到养老

金（51.9%），想靠新农保政策养老（37.3%），其次是看大家都参与了（22.8%）和费用不高，无所谓（18.0%），最后是政府强制缴费（11.8%）。这表明，新农保制度有实惠是农民参保的主要原因，但实际操作过程中，出现了强制农民缴费的现象，这违背了新农保自愿参与的原则。未参加的主要原因是不知道怎么参与（39.2%）、不知道这个政策（34.7%），其次是错过了时间（33.6%），交不起费用（21.0%），最后是不相信能兑现（14.6%），靠家庭养老就可以（14.4%）。这表明，信息不对称影响了农民参保，不认可新农保制度也是制约农民参保的瓶颈。

表4—5　　　　　　　　　　农民参保和未参保的自我归因

| 参加的原因 | | | 未参加的原因 | | |
|---|---|---|---|---|---|
| 项目 | 人数 | 百分比 | 项目 | 人数 | 百分比 |
| 政策有实惠 | 732 | 61.6 | 不知道新农保政策 | 136 | 34.7 |
| 政府强制缴费 | 140 | 11.8 | 错过了时间 | 131 | 33.6 |
| 为了家里老人能领钱 | 615 | 51.9 | 不相信能兑现 | 57 | 14.6 |
| 靠新农保养老 | 442 | 37.3 | 靠家庭养老就行 | 56 | 14.4 |
| 费用不高，无所谓 | 214 | 18.0 | 交不起费用 | 82 | 21.0 |
| 看大家都参与了 | 271 | 22.8 | 不知道怎么参与 | 153 | 39.2 |

在政策实施中，农民长期缴费意愿不尽如人意。表4—6统计了农民长期缴费的意愿。统计显示，只有41.0%的农民表示愿意长期缴费，28.3%的农民处于动摇当中，而且一小部分农民明确表示不愿意长期缴费。

表4—6　　　　　　　　　　农民长期缴费意愿

| 长期缴费意愿 | 人数 | 百分率 |
|---|---|---|
| 是 | 661 | 41.0 |
| 否 | 68 | 4.2 |
| 看情况 | 456 | 28.3 |

新农保制度是为了缓解我国农村地区日益严重的老龄化危机而推行的社会养老保险制度,中央和地方财政的大力支持,使农民看到了新农保制度的实惠,理应能激发农民参与的热情,但从试点的推行情况来看,农民的参与不尽如人意。

（四）农民参保决策的障碍分析

新农保从制度设计上体现了对农民参保的激励作用,然而在政策实施过程中,农民的参与水平不高。如何从理论上解释这个矛盾? 美国心理学家弗鲁姆认为个体总是渴求满足一定的需要并设法达到一定的目标,这个目标在尚未实现时,表现为一种期望,社会行动者只有在预期行为有助于达到这种目标的情况下,才会被充分激励起来。激发力量的大小,取决于目标价值（效价）和期望概率（期望值）的乘积。效价是目标对个体需求的满足程度,期望值是个体根据经验判断对所采取的行为将达到的目标或结果的可能性的估算。

农民参与新农保是为了解决自身的养老问题,参与必然会受到新农保制度效价的影响。新农保制度的效价就是在农民缴费的前提下制度能满足参保农民的养老需求的程度,就是制度能够给参保农民带来实惠的大小。从理论上分析,新农保制度的效价取决于各级政府的财政补贴、个人账户投资收益额和个人缴费的差额。中央和地方政府补助越多,个人账户投资收益越高,制度的效价就越大,对农民参与的激励程度就越高。从前面的分析可以下结论,新农保制度实惠多,效价高,对农民的参与具有激励的特征。因此,农民参与困境的症结不是制度效价的问题,而是农民对制度的期望值不足。

农民参保的积极性受到期望值的影响,即获得制度效价的可能性,这涉及新农保制度的稳定性。新农保制度的立法规范、财政补贴的可持续性、资金的安全管理、资金的保值增值等问题会影响农民对新农保制度的期望值,从而影响到农民的参保行为。从试点运行状况来看,新农保制度的如下问题可能会降低农民对该制度的期望值。

缺乏法律规范,制度不稳定。目前新农保制度处于试点运行的阶段,具有灵活和多变的特点,这在方便地方政府操作实施的同时,影响了制度的一致性、权威性,并且制度没有综合性的社会保障法规,更没有针对性的单项法规作为指导,必然会导致农民对该制度缺乏信任感、安全感。

部分地方政府财政的持续融资能力低。有学者以 2008 年末的农村人口数和财政收入为参考，测算后得出结论，中央政府完全有能力保证新农保基础养老金的可持续性支出；与中央政府筹资能力对比，部分地方政府筹资有难度。总体来看，地方财政负担并不是很重，但问题在于，由于存在东、中、西部地区经济发展水平与财政能力不平衡，中西部地区和东部部分农业大省的财政负担比较重，这会影响到部分地方政府财政的可持续性支出。

新农保基金存在安全性问题。目前新农保基金实行县级管理，新农保基金纳入社会保障基金财政专户，实行收支两条线管理，单独记账、核算。为确保基金筹集、运行和发放的安全，制度规定了四级监督机制：社会保障部门、财政部门、监察部门、审计部门按各自职责实施监督；农民的缴费和待遇领取资格进行公示，接受群众监督。尽管制度建立了四级监督机制，但新农保制度以县为单位统一管理和运营，监督很容易流于形式，挤占、挪用甚至贪污基金的情况难以避免。

基金的保值增值缺乏途径。由于新农保制度的激励性质比较好，有相当一部分农民加入进来，形成了相当大的缴费收入，大量且逐年增加的缴费收入给基金的保值增值带来新的挑战和问题。而新农保制度并没有具体的针对基金保值增值的措施，从试点情况来看，大部分地方把农民缴费存入银行，这样虽然保证了基金的安全性，却无法实现基金保值增值，甚至会面临严重贬值。

新农保制度的激励力量不仅受到效价和期望值的影响，而且还受到社会比较的影响。个体会将自己同另一个成员进行比较，如果农民认为参照成员获得了比自己更多的报酬，就会对制度产生一种不公平感，这种不公平感将直接影响农民参与的积极性。在新农保制度的融资渠道中，有条件的村集体提供适当的补助，具体补助多少由村民委员会民主表决，在具体的操作过程中，难免会出现像新农合那样，部分人补贴水平高，部分人补贴水平低，部分人甚至没有补贴；也可能会出现个人未缴费参保，但最后也获得领保资格的不公平情况，在具体政策操作中的不公平现象必然降低农民对新农保的信任，进而影响参与状况。

在农民经济与社会研究的学术传统中，存在所谓"生存伦理"和"理性小农"的理论传统之争，此即著名的"斯科特—波普金论题"。两者就如何看待农民行为模式的问题，提出了不同的范式。前者强调基于生存，农民倾向规避风险，甘愿选择回报较低但较稳定的策略，换言之，农民具有"损失厌恶"情结,对损失的担心远大于对同等收益的向往,因此农民对制度的期望值对农民的参与有更为重要的影响;而后者则强调行为主体为了获得最大化的收益,做出具有风险的投资,这表现为农民是一个经济理性人的角色,制度是否能给农民带来实惠和收益,是影响农民参保行为的重要因素。新农保制度的设计充分体现了制度的实惠,制度设计符合"理性小农"的行为逻辑。但是,农民的行为并不是受"理性小农"命题的单一支配,而是受"理性小农"和"生存伦理"的共同支配,农民不仅考虑制度的效价,更考虑制度收益的可能性,在"理性小农"和"生存伦理"的共同支配下,部分农民在新农保制度面前,望而却步。

### 二　农民参保决策相关分析

参保决策各维度之间具有"内在一致性"。参保决策理论模型表明,参保决策是一种动态过程,包括保险需求识别、信息搜寻、保险评估、参保行为和参保后评价五个阶段。这五个阶段按照时间上的先后顺序组成了一个封闭式的决策循环,这五个维度也是一种互相强化的关系。具体来说,参保后评价可以作为一种内部或者外部刺激引起其他人或者自身保险需求的识别;参保人在识别需求后,会通过各种渠道获取保险相关信息;在充分甄别保险信息的基础上对保险及相关服务做出信任度和满意度评估;然后再决定是否缴费购买这种保险;最后是参保后评价,在体验保险服务和收益后形成参保经验,并作用于保险需求。参保决策五个环节环环相扣,组成一个完整的循环。如果本书对参保决策理论模型的分析成立的话,那么在经验分析中参保决策的五个维度应该是一种显著的正相关关系。结合新农保政策推行的现实情况,本书对信息搜寻、参与指数和参保行为三个维度进行了相关分析。

鉴于测量农民对新农保制度的了解程度、满意度和信任度的问题均为多个指标,且每个变量的指标之间具有高度的正相关关系,本书分别从了解程度、满意度和信任度变量中选取 2 个指标代表该变量进行相关分析。我们从农民对制度了解程度变量中选取"是否了解缴费档次"和"缴费年限"2 个指标,从农民对制度的信任度变量中选取了"是否信任政策会稳定推行"和"基金不会被挪用"2 个指标,从农民对制度的满意度变量中选取了"是否满意地方政府补助金额"和"相关部门服务管理"2 个指标。农民信息获取渠道包括参与政府宣传和网络咨询两种形式,前 3

个问题测量了农民是否参与政府宣传,为了便于分析,将参与过任意一项的农民界定为参与过政府宣传,得分为1,否则为0。后2个问题测量了农民是否参与网络传播,将参与过任意一项的农民界定为参与过网络传播,得分为1,否则为0。这就获得了是否参与政府宣传和网络互动2个指标。这样得到反映信息搜寻的4个指标和反映保险评估的4个指标,加上是否缴费参保1个指标共9个指标,本书通过计算相关系数来观察参保决策各维度之间是否存在一定的正相关关系。具体分析结果见表4—7。

表4—7　　　　　　　　参保决策各指标之间的相关系数

| | 是否参保 | 政策稳定 | 基金安全 | 缴费档次 | 缴费年限 | 地方补助 | 服务管理 | 政府宣传 | 网络互动 |
|---|---|---|---|---|---|---|---|---|---|
| 是否参保 | 1 | 0.134 *** | 0.115 *** | 0.166 *** | 0.255 *** | 0.079 *** | 0.092 *** | 0.131 *** | 0.192 *** |
| | 1595 | 1353 | 1294 | 1577 | 1583 | 1502 | 1496 | 1532 | 1593 |
| 政策稳定 | 0.134 *** | 1 | 0.444 *** | 0.213 *** | 0.195 *** | 0.217 *** | 0.231 *** | 0.128 *** | 0.118 *** |
| | 1353 | 1364 | 1230 | 1351 | 1355 | 1355 | 1350 | 1317 | 1361 |
| 基金安全 | 0.115 *** | 0.444 *** | 1 | 0.262 *** | 0.277 *** | 0.134 *** | 0.135 *** | 0.103 *** | 0.04 *** |
| | 1294 | 1230 | 1305 | 1299 | 1293 | 1293 | 1297 | 1261 | 1302 |
| 缴费档次 | 0.166 *** | 0.213 *** | 0.134 *** | 1 | 0.375 *** | 0.079 *** | 0.150 *** | 0.164 *** | 0.230 *** |
| | 1577 | 1351 | 1293 | 1589 | 1584 | 1499 | 1493 | 1530 | 1588 |
| 缴费年限 | 0.255 *** | 0.195 *** | 0.135 *** | 0.375 *** | 1 | 0.126 *** | 0.183 *** | 0.190 *** | 0.241 *** |
| | 1583 | 1355 | 1297 | 1584 | 1594 | 1503 | 1497 | 1535 | 1593 |
| 地方补助 | 0.079 *** | 0.217 *** | 0.262 *** | 0.079 *** | 0.126 *** | 1 | 0.304 *** | 0.08 *** | 0.025 |
| | 1502 | 1355 | 1299 | 1499 | 1503 | 1507 | 1506 | 1456 | 1510 |
| 服务管理 | 0.092 *** | 0.231 *** | 0.277 *** | 0.150 *** | 0.183 *** | 0.304 *** | 1 | 0.106 *** | 0.087 *** |
| | 1496 | 1350 | 1293 | 1493 | 1497 | 1506 | 1507 | 1451 | 1505 |
| 政府宣传 | 0.131 *** | 0.128 *** | 0.103 *** | 0.08 *** | 0.106 *** | 0.164 *** | 0.190 *** | 1 | 0.105 *** |
| | 1532 | 1317 | 1261 | 1456 | 1451 | 1530 | 1535 | 1543 | 1543 |
| 网络互动 | 0.192 *** | 0.118 *** | 0.04 *** | 0.025 | 0.087 *** | 0.230 *** | 0.241 *** | 0.105 *** | 1 |
| | 1593 | 1361 | 1302 | 0.337 | 1504 | 1588 | 1593 | 1543 | 1606 |

注:"***"代表0.01的显著水平。

相关分析一共得到36个相关系数,结果显示,除去"是否相信基金不会被挪用"与"是否通过人际网络获取信息"和"是否通过人际网络获取信息"与"是否满意地方政府补助"2个相关系数外,其余34个相关系数都通过了0.01水平的显著性检验,且相关系数都为正。在34个相关系数中,除去极个别系数值低于0.1之外,绝大部分系数值都介于0.102—0.444之间。相关分析结果验证了之前的理论预期,参保决策各维度之间存在明显的正相关关系。经验分析结果支持了对参保决策理论模型的预期，参保决策各维度之间具有"内在一致性"。

## 第二节　农民个体社会资本对信息搜寻的作用

### 一　社会资本对信息搜寻的作用

（一）理论与文献分析

对农民而言，自愿参与新农保是一种投资机会，农民和新农保之间存在交易：我当前参保是为了 60 岁之后获得更多的回报。这种交易能否发生首先取决于农民是否获得新农保信息以及对政策实惠的了解程度，可以说，新农保制度实施效果依赖于农民对新农保信息的了解程度。村域中，农民获取新农保信息有两个渠道：一个是社会网络这种非正式渠道，它具有非制度性特征；另一个是政府宣传这种正式渠道，它具有制度性特征。社会资本推动农民通过这两个渠道传播信息。依据帕特南的定义，本书中社会资本指村域中农民之间的互动，以及在互动过程中产生的关系特征，包括信任、互惠、认同和规范。从村域层次来看，新农保制度实施效果取决于村域中新农保信息共享效果。社会资本通过促进农民参与网络传播和参与政府宣传这两种机制实现信息共享。

社会资本促进农民参与网络传播信息。首先，社会网络或社会互动等结构性社会资本可以促进农民传播新农保信息。作为一种网络结构，社会资本充当了重要的信息流通载体，降低了农民搜寻信息的成本。格兰诺维特较早地证实了社会互动在信息提供中的作用，并提出了著名的弱关系假设，认为弱关系比强关系可以提供更有价值的信息。[1] 近期关于股市参与的研究表明，社会互动有助于对股票知识的观察性学习，降低了居民搜寻信息的成本。[2] 知识管理领域也发现了社会网络对知识、信息共享的作用。周密等从社会网络视角探讨了社会关系对知识转移的影响。研究认

---

[1]　Granovetter, M., "The Strength of Weak Ties", *American Journal of Sociology*, 1973, 78 (6), pp. 1360 – 1380.

[2]　Hong, Harrison, Jeffrey D. Kubik&Jeremy C. Stein, "Social Interaction and Stock-Market Participation", *Journal of Finance*, 2004, 59 (1), pp. 137 – 163；李涛：《社会互动、信任与股市参与》，载《经济研究》2006 年第 1 期；李涛：《社会互动与投资选择》，载《经济研究》2006 年第 8 期。

为,弱关系有利于获取新的有价值的知识,强关系只能获取重叠性知识。① 其次,除了结构性社会资本外,信任等关系性社会资本也可以促进信息共享。信任会使农民更愿意给对方有用的信息,倾听对方,接受对方的影响,信息的转移无须核查,无须担心分享的不恰当。兰斯基研究了不信任对于知识转移的消极作用,验证了知识交换双方的不信任是知识转移的主要障碍之一,从反面证实了信任对于知识转移的重要性。② 高祥宇等认为信任使得人们更愿意转移知识,更愿意给予对方有用的知识,更愿意接受和吸收他人提供的知识。③ 李志宏等从社会资本的结构维、关系维、认知维对知识转移进行了解释。分析认为,结构维通过关系强度、网络密度和中心性提供个体转移知识的机会;关系维通过信任、互惠、规则、认同等提供转移知识的意愿和动机;认知维通过共同愿景和共同语言缩短知识距离,提升转移知识的能力。④ 柯江林等构建了社会资本的六个构面。研究发现,社会资本解释了知识分享行为方差的91%。⑤

　　社会资本还能促进农民参与政府宣传活动。社会资本高的农民更积极参与政府宣传活动,如村民大会和座谈会等村域的公共事务,而这些是政府宣传新农保的重要制度性渠道。社会资本的内涵与公共事务参与具有天然的契合性。信任能够培育农民对新农保政策等公共政策的认同感,社会网络和社团培育农民参与公共事务的品质,而互惠规范则更好地协调农民实现公共事务的目标。帕特南基于意大利的实证研究发现了社会资本对民主运转的有效促进作用,在社会资本含量高的地区,公民更积极参与公共事务。社会资本能够实现政府和社会之间的良好共生的关系模式,社会资

---

① 周密、赵文红、姚小涛:《社会关系视角下知识转移理论研究述评及展望》,载《科研管理》2007 年第 3 期。

② Szulansk,i. G.,"Exploring internal stickiness: Impediments to the transfer of best practice within the firm",*Strategic Management Journal*,1996,17,pp. 27 – 43.

③ 高祥宇、卫民堂、李伟:《信任促使两人层次的知识转移的机制的研究》,载《科学学研究》2005 年第 3 期。

④ 李志宏、李军、徐宁等:《社会资本对个体间非正式知识转移的影响机制研究》,载《图书情报工作》2009 年第 5 期。

⑤ 柯江林、孙健敏、石金涛等:《企业 R&D 团队之社会资本与团队效能关系之间的实证研究——以知识分享与知识整合为中介变量》,载《管理世界》2007 年第 3 期。

本可以增进公民对政治的、社会的参与，从而提高政府治理绩效。[1] 奥尼克斯等学者甚至把公共事务的参与作为社会资本的测量指标。[2] 我国农村农民选举参与的研究也表明，社会资本高的农民更倾向参与选举等社会公共事务。胡荣分析了社会资本和其他因素对农民参与村级选举的影响。回归分析表明，在社会资本的各因素中，只有社团因子和社区认同因子对农民的政治参与起着积极作用，而社会信任因子对农民的政治参与并无显著影响。[3] 孙昕等基于一个全国的大样本定量研究了农民选举参与的主、客观影响因素，结果表明，农民对基层政府的政治信任对其村级选举参与行为有显著性影响，但没有发现社会信任和社团参与对农民选举参与的影响。[4]

　　社会资本通过促进农民参与传播网络和政府宣传实现信息在村域中的共享。理论上看，就信息共享效果的影响而言，社会网络比政府宣传的影响效应更大。这是因为：首先，政府宣传缺乏可持续性。鉴于宣传成本，地方政府的宣传具有临时性和应付性，大部分农民还是通过社会网络机制获取信息；其次，长期以来农民对地方政府不信任，使得农民更倾向于从社会网络中获取信息，更信任网络中的信息；最后，政府宣传策略具有文本特征，多从组织角度考察农民对信息的需求，所提供的信息相对来讲缺乏针对性，被利用率低，这使得农民更愿意从社会网络中获取信息，因为这种渠道传播的信息具有易懂的特征。[5]

　　（二）变量测量

　　本节的目的是弄清楚农民个体社会资本对信息搜寻的影响，农民个体社会资本是自变量，信息搜寻渠道是中介变量，信息了解程度是因变量。

---

　　① 帕特南：《使民主运转起来：现代意大利的公民传统》，王列等译，江西人民出版社2001年版，第190—217页。

　　② Onyx, Jenny & Paul, Bullen, "Measuring Social Capital in Five Communities", *the Journal of Applied Behavioral Science*, 2000, 36.

　　③ 胡荣：《社会资本与中国农村居民的地域性自主参与——影响农民在村级选举中参与的各因素分析》，载《社会学研究》2006年第2期。

　　④ 孙昕、徐志刚、陶然等：《政治信任、社会资本和农民选举参与——基于全国代表性样本调查的实证分析》，载《社会学研究》2007年第4期。

　　⑤ 魏星河、郭云华：《政治冷漠：农民对村委会选举的一种行为》，载《求实》2003年第10期；马九杰、赵永华、徐雪高：《农户传媒使用与信息获取渠道选择倾向研究》，载《国际新闻界》2008年第2期；王守智、王素华：《政治传播视角下受众参与缺位的二维解析》，载《理论研究》2008年第5期。

　　因变量。信息了解程度是本书的最终因变量，测量的是农民对新农保制度构件的了解情况，特别是基金的来源构成、收缴与发放，这些关系到新农保给农民带来的实惠。通过"您是否清楚政府补助数额"、"您是否清楚受益标准如何计算"、"您是否清楚需要缴多少年"、"您是否清楚领取水平取决于哪些因素"、"您是否清楚领取养老金的条件"5 个问题测量了农民对新农保信息的了解程度。5 个问题均采用 4 点李克特量表法测量，答案分为"很清楚"、"有点清楚"、"不太清楚"、"完全不知道"，分别赋值 4 分到 1 分。信度检验显示，Alpha = 0.8244，表明 5 个问题相关度很高，用第一主因子方法构造信息了解程度变量。

　　中介变量。在政府宣传介入下，农民信息搜寻渠道包括参与政府宣传和网络咨询两种形式。通过"您是否通过政府组织的咨询台获取信息"、"您是否参与村民大会获取信息"、"你是否参与政府组织的座谈会"、"您是否向村里其他人咨询信息"、"您是否告诉村里其他人信息"5 个问题测量了农民的信息搜寻渠道，答案分为"是"与"否"。前 3 个问题测量了农民是否参与政府宣传，为了便于分析，将参与过任意一项的农民界定为参与过政府宣传，得分为 1，否则为 0。后 2 个问题测量了农民是否参与网络传播，将参与过任意一项的农民界定为参与过网络传播，得分为 1，否则为 0。具体指标及其测量结果见表 4—7。

　　控制变量。为了获得农民个体社会资本的净效应，需要构造相应的控制变量。本书的控制变量分为三个层次，分别涵盖了农民个体、家庭和地区特征。根据传统的解释，选择农民的性别、年龄、身体状况、婚姻、受教育年限、是否党员、是否干部、家庭子女数、上年家庭纯收入、所在村与县城的距离、地区类别为控制变量。性别、身体状况、是否党员、是否干部、婚姻和地区都是定类变量，采用虚拟方法建造变量。家庭纯收入是定序变量，取值为 1 到 10，分别对应 5000 元以下、5001—10000 元、10001—15000 元、15001—20000 元、20001—25000元、25001—30000 元、30001—35000 元、35001— 40000 元、40001—50000 元和 50001 元以上，把家庭纯收入近似作为定距变量处理。年龄、受教育年限、家庭子女数、所在村与县城的距离和农民个体社会资本的 6 个因子都是定距变量。所有控制变量、自变量、中介变量和因变量的基本统计情况见表 4—8。

表4—8　　　　　　　　　　　变量的基本描述统计

| | 样本数 | 最小值 | 最大值 | 均值 | 标准差 |
|---|---|---|---|---|---|
| 因变量 | | | | | |
| 信息了解程度 | 1546 | -2.70 | 2.21 | 0 | 1 |
| 中介变量 | | | | | |
| 是否参与政府宣传（是=1） | 1543 | 0 | 1 | 0.61 | 0.49 |
| 是否参与网络传播（是=1） | 1595 | 0 | 1 | 0.67 | 0.47 |
| 自变量 | | | | | |
| 信任因子 | 1386 | -2.99 | 3.13 | 0 | 1 |
| 互动因子 | 1386 | -3.12 | 2.45 | 0 | 1 |
| 互惠因子 | 1386 | -3.68 | 2.23 | 0 | 1 |
| 认同因子 | 1386 | -4.44 | 3.14 | 0 | 1 |
| 亲属关系因子 | 1386 | -5.99 | 1.98 | 0 | 1 |
| 安全秩序因子 | 1386 | -3.50 | 1.96 | 0 | 1 |
| 控制变量 | | | | | |
| 性别（男=1） | 1573 | 0 | 1 | 0.66 | 0.47 |
| 年龄 | 1594 | 16 | 59 | 41.60 | 7.34 |
| 身体好（好=1） | 1595 | 0 | 1 | 0.52 | 0.50 |
| 身体一般（一般=1） | 1595 | 0 | 1 | 0.43 | 0.49 |
| 婚姻（已婚=1） | 1595 | 0 | 1 | 0.94 | 0.25 |
| 是否党员（党员=1） | 1586 | 0 | 1 | 0.09 | 0.28 |
| 是否干部（干部=1） | 1589 | 0 | 1 | 0.05 | 0.23 |
| 教育年限 | 1595 | 0 | 21 | 7.63 | 3.34 |
| 家庭收入 | 1590 | 1 | 10 | 3.31 | 2.79 |
| 家庭子女数 | 1595 | 0 | 8 | 2.10 | 0.98 |
| 距离县城公里数 | 1557 | 1 | 198 | 35.85 | 26.79 |
| 耀州区（耀州区=1） | 672 | 0 | 1 | 0.42 | 0.49 |
| 即墨区（即墨区=1） | 177 | 0 | 1 | 0.11 | 0.50 |

注：信息传播效果和农民个体社会资本变量都是因子得分，因此标准差为1，均值为0。

（三）实证分析结果

首先分析农民个体社会资本对中介变量即是否参与网络传播和政府宣传的净效应和作用机制，然后把农民个体社会资本和中介变量都作为自变量分析其对信息了解程度的影响。

农民个体社会资本与网络传播、政府宣传。考虑到年龄、家庭收入对农民的信息搜寻渠道可能存在非线性关系，需要构造年龄和家庭收入平方项。本书用表4—8中的13个控制变量加上年龄和家庭收入平方项共15个变量为控制变量，分别检验农民个体社会资本的6个因子对农民参与网络传播和政府宣传的影响效应。是否参与网络传播、政府宣传为两分变量，是为1，否为0，采用两分变量的Logistic回归模型进行分析。为考量农民个体社会资本的解释力度，构造了4个模型。表4—9中，模型A1和模型B1分别检验了15个控制变量对农民参与网络传播和政府宣传的影响效应，模型A2和模型B2在模型A1和模型B1的基础上加入了农民个体社会资本的6个因子。具体分析结果见表4—9。

回归分析结果发现农民的个体互动、信任水平越高，其通过网络传播信息的可能性越高。就对农民是否参与网络传播而言，个体社会资本具有一定的解释力，加入农民个体社会资本的6个因子后，模型A2的解释力度提高，Nagelkerke $R^2$ 系数比模型A1提高了4.5%。信任、互动和亲属关系因子推动农民通过网络传播获得新农保信息。互动和亲属关系因子都达到了0.01的显著水平，信任因子通过了0.1水平的显著性检验，且都对农民是否参与网络传播起到促进作用。从发生比来看，信任、互动和亲属关系水平每增加1个单位，农民参与网络传播的可能性分别提高12.4%、17.9%和28.3%。农民个体社会资本中互惠和认同因子没有通过显著性检验，安全秩序因子对农民参与网络传播起到负向作用，安全秩序水平每提高1个单位，农民参与网络传播的可能性下降15%。模型A2中通过显著性检验的控制变量有农民的受教育年限、家庭子女数和家庭收入及其平方项。受教育水平、家庭子女数对农民参与网络传播有正向作用。农民的受教育水平越高、家庭子女数越多，其参与网络传播的可能性越高。加入家庭收入平方项后，家庭收入对农民参与网络传播的正向作用更显著。

回归分析结果发现农民个体互动、信任水平越高，其通过政府宣传获得信息的可能性越高。就对农民是否参与政府宣传而言，农民个体社会资本具有一定的解释力，加入农民个体社会资本的6个因子后，模型B2解释力明显增强，Nagelkerke R$^2$系数比模型 B1 提高了 7.2%。信任、互动、亲属关系和认同推动农民通过政府宣传传播新农保信息。信任、互动、亲属关系和认同因子都有助于农民参与政府宣传来获取信息，4 个因子都通过了 0.01 水平的显著性检验。互动、信任、亲属关系、认同水平越高，农民参与政府宣传来获取信息的可能性就越高。发生比显示，信任、互动、亲属关系和认同水平每增加 1 个单位，农民参与政府宣传的可能性分别提高 25.5%、45.6%、24.3% 和 38.1%。互惠和安全秩序因子没有通过显著性检验。模型 B2 中，通过显著性检验的控制变量有性别、婚姻、是否党员、是否干部、家庭收入和即墨地区。男性农民比女性农民参与政府宣传的可能性要高出 33.7%；已婚农民比未婚农民参与的可能性增加了近 1.5 倍；党员参与的可能性比非党员高出 1.2 倍；干部参与的可能性高出非干部 3.7 倍；家庭收入每增加 1 个单位，参与可能性提高 18%；就地区差异而言，即墨区比神木县的农民参与的可能性低。

表 4—9　　是否参与网络传播、政府宣传的 Logistic 回归分析

| 变量 | 是否参与网络传播 | | | | 是否参与政府宣传 | | | |
| --- | --- | --- | --- | --- | --- | --- | --- | --- |
| | 模型 A1 | | 模型 A2 | | 模型 B1 | | 模型 B2 | |
| | B | Exp（B） | B | Exp（B） | B | Exp（B） | B | Exp（B） |
| 社会资本 | | | | | | | | |
| 信任因子 | | | 0.117 * | 1.124 | | | 0.227 *** | 1.255 |
| 互动因子 | | | 0.164 *** | 1.179 | | | 0.376 *** | 1.456 |
| 互惠因子 | | | 0.053 | 1.055 | | | 0.089 | 1.093 |
| 认同因子 | | | −0.104 | 0.901 | | | 0.323 *** | 1.381 |
| 亲属关系 | | | 0.249 *** | 1.283 | | | 0.217 *** | 1.243 |
| 安全秩序 | | | −0.163 ** | 0.850 | | | 0.073 | 1.076 |
| 控制变量 | | | | | | | | |
| 性别 | −0.109 | 0.897 | −0.079 | 0.924 | 0.274 ** | 1.315 | 0.290 ** | 1.337 |
| 年龄 | 0.052 | 10.054 | 0.053 | 10.055 | −0.078 | 0.925 | −0.079 | 0.924 |
| 年龄平方 | −0.001 | 0.999 | −0.001 | 0.999 | 0.001 | 1.001 | 0.001 | 1.001 |
| 身体好 | 0.249 | 1.282 | 0.241 | 1.272 | 0.337 | 1.400 | 0.095 | 1.100 |
| 身体一般 | 0.088 | 1.092 | 0.155 | 1.168 | 0.061 | 1.063 | −0.103 | 0.903 |

续表

| 变量 | 是否参与网络传播 | | | | 是否参与政府宣传 | | | |
| --- | --- | --- | --- | --- | --- | --- | --- | --- |
| | 模型 A1 | | 模型 A2 | | 模型 B1 | | 模型 B2 | |
| | B | Exp（B） | B | Exp（B） | B | Exp（B） | B | Exp（B） |
| 婚姻 | 0.535 | 1.708 | 0.522 | 1.685 | 0.991*** | 2.694 | 0.905** | 2.472 |
| 是否党员 | 0.064 | 1.067 | −0.054 | 0.948 | 1.025*** | 2.788 | 0.804*** | 2.234 |
| 是否干部 | −0.053 | 0.948 | 0.123 | 1.131 | 1.476*** | 4.374 | 1.554*** | 4.731 |
| 受教育年限 | 0.037* | 1.038 | 0.046** | 1.047 | −0.001 | 0.999 | −0.009 | 0.991 |
| 家庭子女数 | 0.128 | 1.136 | 0.170* | 1.186 | 0.001 | 1.001 | −0.038 | 0.962 |
| 家庭纯收入 | 0.193** | 1.212 | 0.209** | 1.232 | 0.296*** | 1.345 | 0.166* | 1.180 |
| 家庭收入平方 | −0.020** | 0.980 | −0.021** | 0.979 | −0.025*** | 0.975 | −0.016* | 0.984 |
| 村与县城距离 | −0.001 | 0.999 | −0.002 | 0.998 | 0.001 | 1.001 | 0.001 | 1.001 |
| 耀州区地区 | 0.173 | 1.189 | 0.241 | 1.272 | 0−.027 | 0.973 | −0.061 | 0.941 |
| 即墨地区 | −0.150 | 0.861 | −0.163 | 0.849 | −0.743*** | 0.475 | −0.764*** | 0.466 |
| 常数项 | −1.529 | 0.217 | −1.517 | 0.219 | −0.119 | 0.888 | 0.651 | 1.918 |
| N | 1447 | | 1253 | | 1400 | | 1222 | |
| Chi−square | 30.973 | | 68.790 | | 122.839 | | 180.945 | |
| −2 Lolikhood | 1793.526 | | 1494.577 | | 1759.134 | | 1463.245 | |
| Nagelkeke $R^2$ | 0.03 | | 0.075 | | 0.114 | | 0.186 | |

注："*"，"**"，"***"分别代表显著性水平为 10%、5%、1%。下同。

　　农民个体社会资本、网络传播、政府宣传和信息了解程度。信息了解程度是连续性定距变量，本书采用线性回归模型进行分析。表4—10中，模型 C1 反映了 15 个控制变量对信息了解程度的影响。模型 C2 加入了农民个体社会资本的 6 个因子。模型 C3 在模型 C2 的基础上，加入了是否参与政府宣传和网络传播两个中介变量。回归分析结果验证了假设 A1 和假设 B1。假设 A1 预期农民的信任水平越高，其信息搜寻成本越低；假设 B1 预期农民的互动水平越高，其信息搜寻成本越低。实证结果验证了这一点：除互惠因子外，农民个体社会资本的信任、互动、认同、亲属联系和安全秩序水平越高，其对新农保信息的了解程度越高。加入农民个体社会资本的 6 个变量后，模型 C2 的解释力提高，调整后的决定系数显示，模型 C2 比模型 C1 的解释力度提高了 5.4%。农民个体社会资本的 6 个因子中，互动、信任、认同和亲属关系 4 个因子都达到了 0.01 的显著水平，安全秩序因子达到了 0.1 的显著水平。从回归系数为正来看，互动、信任、认同、亲属关系和安全秩序水平越高，信息了解程度越好。从标准回归系数来看，互动对信息了解程度的影响最强，其次为信任、认同和亲属关系因子，最后是安全秩序因子。除互惠因子外，农民个体社会资本的 5 个因子都对信息传播有正向效应。模型 C3 加入两个中介变量后，模型整体解释能力明显增强，调整后的决定系数比模型 C2 提高了 6.5%，说明农民是否参与网络传播和政府宣传对信息了解程度有一定的解释力。农民个体社会资本各因子中，除亲属关系外其他因子依然保持了对信息了解程度的正向效应。从模型 C3 的标准回归系数来看，网络传播和政府宣传都有助于信息了解程度，比较而言，网络传播（0.203）比政府宣传（0.153）对信息了解程度的促进作用更强，这验证了之前的理论分析，即网络传播比政府宣传更有助于信息了解程度的提高。

表 4—10　　　　　　　　　　　信息了解程度的回归分析

| 变量 | 信息了解程度 | | | | | | | | |
| --- | --- | --- | --- | --- | --- | --- | --- | --- | --- |
| | 模型 C1 | | | 模型 C2 | | | 模型 C3 | | |
| | b | B | S. E. | b | B | S. E. | b | B | S. E. |
| 个体社会资本 | | | | | | | | | |
| 信任因子 | | | | 0.110 *** | 0.110 | 0.028 | 0.093 *** | 0.092 | 0.027 |
| 互动因子 | | | | 0.163 *** | 0.164 | 0.027 | 0.113 *** | 0.113 | 0.027 |
| 互惠因子 | | | | −0.028 | −0.028 | 0.027 | −0.044 | −0.043 | 0.027 |
| 认同因子 | | | | 0.097 *** | 0.096 | 0.028 | 0.097 *** | 0.097 | 0.027 |
| 亲属关系 | | | | 0.077 *** | 0.078 | 0.027 | 0.042 | 0.042 | 0.027 |
| 安全秩序 | | | | 0.046 * | 0.046 | 0.028 | 0.060 ** | 0.059 | 0.027 |
| 中介变量 | | | | | | | | | |
| 参与政府宣传 | | | | | | | 0.313 *** | 0.153 | 0.057 |
| 参与网络传播 | | | | | | | 0.436 *** | 0.203 | 0.058 |
| 控制变量 | a | | | a | | | a | | |
| 常数项 | −0.742 | | 0.487 | −0.431 | | 0.509 | −0.666 | | 0.493 |

续表

| 变量 | 信息了解程度 | | |
|---|---|---|---|
| | 模型 C1 | 模型 C2 | 模型 C3 |
| N | 1396 | 1217 | 1188 |
| F | 7.864 *** | 9.128 *** | 12.995 *** |
| Adjusted $R^2$ | 0.069 | 0.123 | 0.188 |

注:"a"代表 15 个控制变量;"**"0.05 的显著水平;"***"0.01 的显著水平。

路径分析与研究发现。路径分析的目的是为了进一步了解农民个体社会资本变量怎样影响新农保信息了解程度。在具体分析之前,首先构造农民个体社会资本指数。[1] 路径分析涉及 4 个变量,其中农民个体社会资本指数是外生变量,网络传播参与程度和政府宣传参与程度是内生变量,信息了解程度是最终结果变量。模型中各变量之间的关系如图 4—1 所示。模型中农民个体社会资本指数、网络传播参与程度、政府宣传参与程度对信息了解程度的路径影响效应系数列于表 4—11 中。

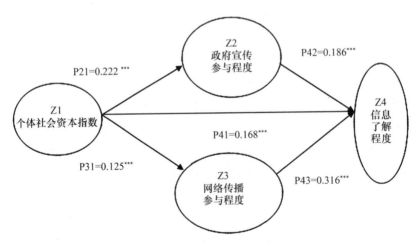

图 4—1　信息了解程度路径分析

---

[1] 社会资本指数 = 社会资本各因子 × 各因子贡献的方差比例之和。

表 4—11　　　　　　　　　　路径分析系数表

| 变量 | 效应类型 | 系数 |
|---|---|---|
| 个体社会资本指数 | 直接效应 | 0.168 |
| | 间接效应 | 0.040 |
| | 间接效应 | 0.041 |
| | 总效应 | 0.249 |
| 网络传播参与程度 | 直接效应 | 0.316 |
| 政府宣传参与程度 | 直接效应 | 0.186 |

从路径分析发现，在没有控制变量的条件下，农民个体社会资本指数对网络传播参与程度和政府宣传参与程度都表现出显著的直接作用，路径系数分别为 0.125 和 0.222。农民网络传播参与程度和政府宣传参与程度对信息了解程度也有显著的直接作用，路径系数分别为 0.316 和 0.186。农民个体社会资本指数、网络传播参与程度和政府宣传参与程度都对信息了解程度有直接作用，三者比较之下，网络传播参与程度对信息了解程度的影响效果最大。网络传播这种非正式渠道更有效地满足了农民对新农保信息的需求，这个结果验证了之前的理论分析。农民个体社会资本对信息了解程度的直接效应相当明显。从路径系数来看，农民个体社会资本的影响主要表现为直接效应，而非通过网络传播参与程度或者政府宣传参与程度的间接效应。

本节应用 2010 年对 1595 个农民的调查数据，实证分析了新农保信息了解程度的社会资本解释。研究有五大发现：第一，在农民个体社会资本各因素中，信任、互动和亲属关系对农民参与网络传播有正效应；第二，信任、互动和认同对农民参与政府宣传有促进效应；第三，信任、互动、认同、亲属关系和安全秩序因子对信息了解程度有显著促进作用；第四，农民个体社会资本通过参与网络传播和政府宣传两个机制影响信息了解程度，比较之下，网络传播比政府宣传更有效；第五，农民个体社会资本对新农保信息了解程度的影响包括直接影响和间接影响两种类型，农民个体社会资本通过参与网络传播和参与政府宣传间接影响信息共享效果，比较之下，农民个体社会资本的直接效应更大。本书的研究结果验证了假设A1 和假设 B1，农民的互动和信任水平越高，其通过网络传播和政府宣传获取新农保信息的可能性就越高,对新农保信息的了解程度就越高,信息搜寻成本就越低。新农保信息传播不仅关系到地方政府和村委会的宣传力度,更关系到农村地区社会资本的含量。本书的研究揭示出:提升农村地区农民个体社会资本的含量是包括新农保在内的三农保险政策有效宣传的重要举措。

## 二 社会关系对信息搜寻的作用

### (一) 理论与文献分析

通常情况下,农民获取信息的途径有两种:一种是大众传播渠道,一种是人际传播渠道。大众传播即"由一些机构和技术构成,实施机构凭借报刊、广播、电视等这些技术化媒体向众多各不相同又广泛分布的受众传递符号化内容"[①]。人际传播即"当以个人到场的方式来谈论和倾听时,参与其中的是个人而不是角色或刻板性格,人际传播得以发生"[②]。在大众传播渠道可得的情况下,农民可以获得丰富、准确的信息,但这种方式运行成本较高,不具有可持续性,且这种传播方式具有文本性,难以被信息理解能力较低的农民接受。而在大众传播这种正式渠道不可得的情况下,人际传播这种非正式渠道才能满足农民获取信息的需求,且这种渠道对新事物态度的形成与改变,以及做出决策更具有影响力。[③]

学界关于社会关系所具有的信息传播效应没有太大分歧,但关于社会关系信息传播效应的分析形成了弱关系和强关系两个思路,弱关系和强关系对信息传播具有不同功效。格兰诺维特将社会关系分为弱关系和强关系,认为社会关系强度的测量应包括关系的时间量(包括频度和持续时间)、情感紧密性、熟识程度(相互信任)以及互惠服务。花在关系上的时间越多、情感越紧密、相互间的信任和服务越多,这种关系就越

① Janowitz M. , *The Study of Mass Communication*, In Sills, DE (ed), International Encyclopedia of the Social Sciences, New York: Macmillan & Free Press, 1968, p. 41.

② David, Bohm, *On Communication*, In John, Stewart, Bridges Not Walls: A Book about Interpersonal Communication (9th), New York: McGraw-Hill Companies, 2006.

③ Rogers, Everett, *Diffusion of Innovation*, 4th ed. , New York: The Free Press, 1995, pp. 1 – 439.

强，反之则越弱。① 弱关系对新的异质性信息的获取有独特作用，而强关系在复杂知识的传播中更有效率，二者在信息传播中不可或缺，并非替代关系。对理性的农民而言，自愿参与的新型农村社会养老保险（以下简称"新农保"）是一种养老投资机会，农民是否做出参保决策取决于农民对制度的了解程度。如果农民对新农保制度缺乏充分的了解，即使已经参保，也很难保证以后会继续参保，或者中途不退保。农民更倾向于从社会关系中获得信息，更喜欢通过社会关系中的口头传播来获得信息，因为这种方式有效地提供了信息之间的互动，农民在信息交流中提高了对信息的理解和利用。那么，农民的社会关系如何影响新农保信息传播呢？

依据格兰诺维特对社会关系概念的理解，本书按照互动和信任程度两个维度来区分关系的强弱，将关系区分为强互动、弱互动、强信任、弱信任四类，强互动和强信任反映了农民的强关系，弱互动和弱信任反映了农民的弱关系。强互动和弱互动都提供了农民获取、交流新农保信息的机会，都有助于农民获得信息。弱互动可以促进农民获得圈子外有价值的新信息。弱互动充当了连接另一个圈子的桥梁，或者说充当了结构洞，这种位置有利于异质性信息在不同圈子之间的传播，进而有助于农民获得未知的信息。强互动也降低了农民搜寻信息的成本。农民通过密切的互动，增加了圈子里成员之间信息交换的广度、深度和效率，增进了新农保信息的传播效果。互动提供了信息交流的机会，而信任也可以提供农民交流信息的意愿和动机，加深信息交流的深度，使得农民更愿意给彼此有价值的信息，从而促进农民参与人际传播。从主动参与人际传播的角度来看，强信任和弱信任都会使农民更愿意给圈子里和圈子外成员有用的信息，新农保信息的传播无须核查，无须担心分享的不恰当。从被动参与人际传播的角度来看，强信任和弱信任都将使农民更加愿意接受圈子里和圈子外成员对自己的影响，愿意倾听对方，接受对方的信息。

（二）变量测量

本书因变量有两个：一个是信息传播行为，一个是信息传播效果。

---

① Granovetter M.，"The Strength of Weak Ties"，*American Journal of Sociology*，1973，6，pp. 1360 – 1380.

林南把社会关系中的信息获得途径分为两个：一个是主动搜寻，如在一次工具性行动中，信息缺乏者会通过关系咨询信息占有者；另一个是被动接受，在无目的、无意识的行为中获得有关信息。[①] 尽管林南描述了信息获得途径，但没有谈及信息传播行为中的信息发布。科赫（Koh）等在虚拟社区信息传播行为研究中，把信息传播行为分为信息的获取与发布。[②] 据此，本书中信息传播行为指的是农民通过社会关系获取或发布新农保信息的行为，信息传播效果指的是农民对新农保信息的了解程度。

信息传播行为变量。本书通过"您是否向他人咨询新农保信息"、"您是否告诉他人新农保信息"2个问题测量了农民的新农保信息传播行为，答案分为"是"与"否"。表4—12统计了农民的信息传播行为。结果显示，57.9%的农民向别人咨询过信息，40.5%的农民告诉过他人信息。这表明人际关系是农民获得新农保信息的重要渠道。

表4—12　　　　　　　　　　　农民的信息传播行为

| 指标 | 人数 | 比例（%） |
| --- | --- | --- |
| 向他人咨询信息 | 917 | 57.9 |
| 告诉他人信息 | 641 | 40.5 |

信息传播效果变量。新农保信息传播效果反映了信息传播的质量，测量了农民对新农保制度构件的了解情况。新农保基金的来源、收缴与发放，这些关系到制度给农民带来实惠的大小。通过"您是否清楚政府补助数额"、"您是否清楚受益标准如何计算"、"您是否清楚需要缴多少年"、"您是否清楚领取数额取决于哪些因素"、"您是否清楚领取养老金的条件"5个问题测量了农民对新农保制度信息的了解程度，反映了新农保信息传播效果。5个问题均采用4点李克特量表法测量，答案分为"很清楚"、"有点清楚"、"不太清楚"、"完全不知道"，分别赋值4分到1

---

① Lin Nan, "Social networks and status attainment", *Annual Review of Sociology*, 1999, 25, pp. 467 – 487.

② Joon Koh, Young-Gul Kim, Brian Butler, Gee-Woo Bock, *Encouraging Participation in Virtual Communities*, Communications of the ACM, 2007, 50（2）, pp. 68 – 73.

分。信度检验显示，Alpha = 0.8244，用第一主因子方法构造信息传播效果变量。

社会关系是本书的主要解释变量。依据格兰诺维特对社会关系概念的理解[1]，本书从互动和信任两个维度测量农民的社会关系状况。随着务工潮的到来，农民的社会关系早已超出了村子的地域限制。不过本书旨在分析农民的新农保信息传播行为，这一行为过程主要发生在农民所生活的村子中，因此本书主要研究农民在行政村之内的社会关系状况。

互动反映了农民和村子中不同对象之间的交往状况，根据农民在村子中交往对象的多样性，采用多指标测量了农民的互动状况。我们通过用被访农民对亲戚、本家族成员、同小组农民、同自然村农民、同行政村农民以及村干部的来往程度来测量互动状况，6 个项目的答案都分为 4 级即"经常来往"、"有时来往"、"较少来往"和"很少来往"，分别记 4 分至 1 分。表4—13 统计了农民和不同对象互动程度的平均值。统计结果显示，农民和亲戚的互动程度最高，均值为 3.73 分，其次是农民和本家族成员的互动程度，均值为 3.67 分，农民和村干部互动程度最低。为了解农民互动的结构，对 6 个项目进行因子分析。根据特征值大于 1 的原则，采用最大方差法进行旋转，获得 2 个因子。表4—13 中因子分析的结果表明，农民的互动可以分为血缘互动和地缘互动两个类型，前者包括农民和亲戚及本家族成员的互动，后者包括农民和同组村民、同村村民、同行政村村民、村干部的互动。因子分析结果印证了格兰诺维特依据关系的时间量（包括频度和持续时间）将关系区分为强关系、弱关系两类[2]，从互动维度来看，血缘互动是农民的强关系，而地缘互动是弱关系。这也符合费孝通对我国农村社会关系特征的观察，我国农村社会中，农民的社会交往是以自己为中心逐渐向外推移出的一个个同心圆，半径的长短代表自己和他人关系的亲疏远近。[3] 同心圆的核心是围绕亲戚和家族成员建构的血缘关系，这种关系的扩展和泛化就是由其他村民组成的地缘关系，此谓"差序格局"。

---

[1]　Granovetter M. , "The Strength of Weak Ties", *American Journal of Sociology*, 1973, 6, pp. 1360 – 1380.

[2]　Ibid.

[3]　费孝通:《乡土中国》，上海人民出版社 2006 年版，第 20—25 页。

表4—13　　　　　　　　　互动的均值分布及因子分析结果

| 指标 | 均值 | 标准差 | 地缘互动 | 血缘互动 | 共量 |
|------|------|--------|----------|----------|------|
| 与亲戚互动 | 3.73 | 0.582 | 0.047 | 0.839 | 0.706 |
| 与本家族互动 | 3.67 | 0.588 | 0.233 | 0.743 | 0.606 |
| 与同组村民互动 | 3.23 | 0.816 | 0.766 | 0.190 | 0.622 |
| 与同村村民互动 | 3.27 | 0.805 | 0.773 | 0.187 | 0.632 |
| 与行政村村民互动 | 2.60 | 0.951 | 0.822 | 0.105 | 0.687 |
| 与村干部互动 | 2.58 | 1.024 | 0.734 | 0.062 | 0.543 |
| 特征值 | — | — | 2.742 | 1.055 | 3.797 |
| 平均方差（%） | — | — | 45.70 | 17.576 | 63.276 |

　　信任反映了农民对不同交往对象的信任状况。通过用被访农民对亲戚、本家族成员、同小组农民、同自然村农民、同行政村农民以及村干部的信任程度来测量农民的信任状况，测量信任问题的答案分为"非常信任"、"比较信任"、"有点信任"和"不信任"，分别记4分至1分。表4—14列出了农民对不同对象的信任状况。统计结果显示，农民对亲戚的信任程度最高，均值为3.44分，其次是对本家族成员的信任，最后是农民对其他对象的信任。对6个项目进行因子分析，根据特征值大于1的原则，采用最大方差法进行旋转，获得2个因子。表4—14中的因子分析结果表明，农民的信任可以分为血缘信任和地缘信任两个类型，前者包括农民对亲戚及本家族成员的信任，后者包括农民对同组村民、同村村民、同行政村村民、村干部的信任。因子分析结果印证了格兰诺维特依据熟识程度（相互信任）将关系区分为强关系、弱关系两类[1]，血缘信任是农民的强关系，而地缘信任则是弱关系。这也符合费孝通的"差序格局"，农民信任结构的核心是以亲戚和家族成员为核心的特殊信任[2]，在此基础上扩展到以其他村民为主的地缘信任。

---

　　[1]　Granovetter M.，"The Strength of Weak Ties"，*American Journal of Sociology*，1973，6，pp. 1360–1380.

　　[2]　费孝通:《乡土中国》，上海人民出版社2006年版，第20—25页。

表 4—14　　　　　　　　　信任的均值分布及因子分析结果

| 指标 | 均值 | 标准差 | 地缘信任 | 血缘信任 | 共量 |
|---|---|---|---|---|---|
| 对亲戚信任 | 3.44 | 0.630 | 0.175 | 0.832 | 0.724 |
| 对本家族信任 | 3.40 | 0.699 | 0.189 | 0.816 | 0.701 |
| 对同组村民信任 | 2.67 | 0.761 | 0.767 | 0.347 | 0.709 |
| 对同村村民信任 | 2.48 | 0.803 | 0.838 | 0.228 | 0.754 |
| 对行政村村民信任 | 2.49 | 0.860 | 0.874 | 0.118 | 0.777 |
| 对村干部信任 | 2.53 | 0.988 | 0.741 | 0.119 | 0.563 |
| 特征值 | — | — | 3.213 | 1.016 | 4.229 |
| 平均方差（%） | — | — | 44.487 | 25.990 | 70.477 |

为了获得社会关系对信息传播行为和效果的净效应，需要构造相应的控制变量。本书的控制变量分为三个层次，分别涵盖了农民个体、家庭和地区特征。根据传统的解释，选择农民的性别、年龄、身体状况、婚姻、受教育年数、是否党员、是否干部、家庭子女数、上年家庭纯收入、所在村与县城的距离、地区为控制变量。性别、身体状况、是否党员、是否干部、婚姻和地区都是定类变量，采用虚拟方法构造变量。家庭年纯收入是定序变量，取值为 1 到 10，分别对应 5000 元以下、5001—10000 元、10001—15000 元、15001—20000 元、20001—25000 元、25001—30000 元、30001—35000 元、35001—40000 元、40001—50000 元和 50001 元以上，把家庭年纯收入近似作为定距变量处理。年龄、受教育年数、家庭子女数、所在村与县城的距离和地缘互动、血缘互动、地缘信任、血缘信任都是定距变量。所有控制变量、自变量和因变量的基本统计情况见表4—15。

表 4—15　　　　　　　　　变量的基本情况

| | 样本数 | 最小值 | 最大值 | 均值 | 标准差 |
|---|---|---|---|---|---|
| 信息传播效果 | 1546 | −2.70 | 2.21 | 0 | 1 |
| 向他人咨询信息（是＝1，否＝0） | 1582 | 0 | 1 | 0.58 | 0.494 |
| 告诉他人信息（是＝1，否＝0） | 1583 | 0 | 1 | 0.41 | 0.491 |

续表

|  | 样本数 | 最小值 | 最大值 | 均值 | 标准差 |
|---|---|---|---|---|---|
| 自变量 |  |  |  |  |  |
| 血缘互动 | 1488 | -5.90 | 1.03 | 0 | 1 |
| 地缘互动 | 1488 | -2.97 | 2.29 | 0 | 1 |
| 血缘信任 | 1524 | -4.73 | 1.60 | 0 | 1 |
| 地缘信任 | 1524 | -2.63 | 2.40 | 0 | 1 |
| 控制变量 |  |  |  |  |  |
| 性别（男=1，女=0） | 1573 | 0 | 1 | 0.66 | 0.47 |
| 年龄 | 1594 | 16 | 59 | 41.60 | 7.34 |
| 身体好（好=1，其他=0） | 1595 | 0 | 1 | 0.52 | 0.50 |
| 身体一般（一般=1，其他=0） | 1595 | 0 | 1 | 0.43 | 0.49 |
| 婚姻（已婚=1，其他=0） | 1595 | 0 | 1 | 0.94 | 0.25 |
| 是否党员（党员=1，其他=0） | 1586 | 0 | 1 | 0.09 | 0.28 |
| 是否干部（干部=1，其他=0） | 1589 | 0 | 1 | 0.05 | 0.23 |
| 受教育年数 | 1595 | 0 | 21 | 7.63 | 3.34 |
| 家庭年纯收入 | 1590 | 1 | 10 | 3.31 | 2.79 |
| 家庭子女数 | 1595 | 0 | 8 | 2.10 | 0.98 |
| 村距离县城公里数 | 1557 | 1 | 98 | 35.85 | 26.79 |
| 耀州区（耀州区=1，其他=0） | 672 | 0 | 1 | 0.42 | 0.49 |
| 即墨区（即墨区=1，其他=0） | 177 | 0 | 1 | 0.11 | 0.50 |

注：信息传播效果、血缘互动、地缘互动、血缘信任和地缘信任都是因子得分，因此标准差为1，均值为0。

## （三）实证分析结果

首先，我们给出了基于总体样本的回归分析结果，分别运用社会关系的两组指标检验了社会关系对信息传播行为和信息传播效果的影响。

1. 运用血缘互动、地缘互动指标的回归分析

本书中的因变量"是否向他人咨询信息"、"是否告诉他人信息"都是两分变量（是=1，否=0），采用两分变量的 Logistic 回归模型进行分析；"信息传播效果"是连续性的定距层次变量，采用线性回归分析模型。考虑到年龄、家庭收入可能存在非线性关系，需要构造年龄和家庭收

入的平方项，这样获得 15 个变量作为控制变量，分别检验地缘互动、血缘互动对农民"是否向他人咨询信息"、"是否告诉他人信息"和"信息传播效果"的影响。表 4—16 分别构造了 3 个模型：模型 1 检验了地缘互动和血缘互动对农民"是否向他人咨询信息"的影响，模型 2 检验了地缘互动和血缘互动对农民"是否告诉他人信息"的影响，模型 3 检验了地缘互动和血缘互动对信息传播效果的影响。

以血缘互动、地缘互动为指标的实证分析结果表明，强关系和弱关系都能促进农民的信息传播行为，提高信息传播效果。模型 1 中，地缘互动和血缘互动都通过了 0.01 水平的显著性检验，发生比显示，农民的地缘互动水平每提高 1 个单位，向他人咨询信息的概率就提高 17.7%；农民的血缘互动每提高 1 个单位，向他人咨询信息的概率就提高 28.6%。模型 2 中，地缘互动达到了 0.01 的显著水平，农民的地缘互动水平每增加 1 个单位，向他人咨询信息的概率就提高 23.5%；血缘互动达到了 0.05 的显著水平，农民的血缘互动水平每增加 1 个单位，向他人咨询信息的概率就提高 15.1%。模型 3 中，血缘互动和地缘互动都通过了 0.01 水平的显著性检验，且回归系数为正，说明地缘互动和血缘互动都对信息传播效果具有促进作用。

在传统解释变量方面，受教育年数越高，农民越会向其他人咨询信息，也越会告诉他人信息。但就信息传播效果而言，农民受教育年数并没有显著性影响。受教育年数在模型 1、模型 2 中都通过了 0.05 水平的显著性检验，但在模型 3 中没有通过检验。模型 3 表明农民的政治身份对信息传播效果具有显著性影响，干部比非干部更了解新农保。这符合实际情况，干部本来就具有较强的信息获得能力，更重要的是基层干部担负着新农保信息的宣传和动员工作，其对新农保信息的了解程度比一般群众要高。这也符合模型 2 的发现，农民的干部身份对"是否告诉他人信息"具有影响作用，达到了 0.1 水平的显著，干部比群众更可能告诉他人信息，但是否干部并不影响其是否向他人咨询信息，这被模型 1 的结果支持。就婚姻来看，已婚农民比未婚农民的信息传播效果更好，但在"是否向他人咨询信息"和"是否告诉他人信息"变量上没有显著性差异。此外，模型 3 中，年龄和年龄的平方项都通过了 0.1 水平的显著性检验，表明年龄跟信息传播效果是一种非线性关系。

表 4—16 运用血缘互动、地缘互动指标的回归分析

| | 模型 1 (是否向他人咨询信息的 Logistic 回归) | | 模型 2 (是否告诉他人信息的 Logistic 回归) | | 模型 3 (信息传播效果的线性回归) | |
|---|---|---|---|---|---|---|
| | B | Exp (B) | B | Exp (B) | B | SE |
| 自变量 | | | | | | |
| 地缘互动 | 0.163 *** | 1.177 | 0.211 *** | 1.235 | 0.130 *** | 0.043 |
| 血缘互动 | 0.251 *** | 1.286 | 0.141 ** | 1.151 | 0.136 *** | 0.043 |
| 控制变量 | | | | | | |
| 个人特征 | | | | | | |
| 性别 a | − 0.044 | 0.957 | − 0.058 | 0.943 | 0.052 | 0.094 |
| 年龄 | 0.012 | 1.012 | 0.064 | 1.066 | − 0.530 * | 0.044 |
| 年龄平方 | 0 | 1.000 | 0 | 0.999 | 0.504 * | 0.001 |
| 身体好 b | − 0.021 | 0.979 | 0.314 | 1.369 | 0.184 | 0.227 |
| 身体一般 b | 0.135 | 1.144 | 0.190 | 1.209 | 0.099 | 0.221 |
| 婚姻 | 0.427 | 1.532 | 0.631 | 1.879 | 0.161 *** | 0.267 |
| 是否党员 c | − 0.053 | 0.948 | − 0.060 | 0.941 | − 0.007 | 0.161 |
| 是否干部 d | − 0.359 | 0.698 | 0.493 * | 1.637 | 0.147 *** | 0.194 |
| 受教育年数 | 0.064 *** | 1.066 | 0.039 ** | 1.040 | 0.007 | 0.013 |
| 家庭特征 | | | | | | |
| 家庭子女数 | 0.126 | 1.134 | 0.066 | 1.068 | − 0.028 | 0.053 |
| 家庭纯收入 | 0.144 | 1.155 | 0.081 | 1.084 | − 0.046 | 0.064 |
| 家庭纯收入平方 | − 0.016 * | 0.984 | − 0.008 | 0.992 | − 0.002 | 0.006 |
| 社区特征 | | | | | | |
| 村与县城距离 | 0 | 0.999 | − 0.004 | 0.996 | 0 | 0.002 |
| 耀县地区 e | 0.190 | 1.210 | − 0.208 | 0.812 | − 0.025 | 0.114 |
| 即墨地区 e | 0.221 | 1.247 | − 0.514 ** | 0.598 | 0.009 | 0.153 |
| 常数项 | − 0.949 | 0.387 | − 3.044 ** | 0.048 | — | — |
| 样本数 | 1327 | | 1327 | | 1327 | |
| 卡方值 (F 值) | 56.197 | | 63.708 | | 3.685 | |
| − 2 对数似然值 | 1741.579 | | 1729.660 | | — | |

注:a 的参照类别为 "女性";b 的参照类别为 "身体差";c 的参照类别为 "非党员";d 的参照类别为 "非干部";e 的参照类别为 "神木地区"。下同。

2. 运用血缘信任、地缘信任指标的回归分析

以地缘信任、血缘信任为社会关系的替代指标,分别检验社会关系对"是否向他人咨询信息"、"是否告诉他人信息"、"信息传播效果"的影响,回归分析结果见表4—17。表4—17列出了3个回归分析模型,模型1反映了地缘信任、血缘信任对农民"是否向他人咨询信息"影响的Logistic回归分析结果,模型2反映了地缘信任、血缘信任对农民"是否告诉他人信息"影响的Logistic回归分析结果,模型3反映了对信息传播效果的线性回归分析结果。

表4—17显示了和表4—16较为一致的分析结果。模型1、模型2中,地缘信任和血缘信任都通过了0.05水平的显著性检验,且回归系数为正,表明地缘信任和血缘信任对农民"是否向他人咨询信息"、"是否告诉他人信息"都具有正效应。模型1显示,农民地缘信任水平每提高1个单位,其向他人咨询信息的概率就提高13.3%,血缘信任水平每提高1个单位,其向他人咨询信息的概率就提高17.9%;模型2显示,农民地缘信任每增加1个水平,其告诉他人信息的概率就提高17.9%,血缘信任每增加1个水平,其告诉他人信息的概率就提高14.6%。值得注意的是,模型3中,只有地缘信任通过了0.1水平的显著性检验,地缘信任对信息传播效果具有一定的正效应,但血缘信任没有通过显著性检验,这是和表4—17分析结果不一致的地方。以地缘信任和血缘信任为弱关系和强关系替代指标的分析,尽管证实了对农民信息传播行为的影响,但强关系没有显示出对信息传播效果的解释效应。

传统解释变量和表4—17基本一致,受教育年数对农民"是否向他人咨询信息"、"是否告诉他人信息"具有正效应,但对信息传播效果没有显著性作用。干部身份对信息传播效果仍保持了显著的解释作用,对"是否告诉他人信息"的正效应通过了0.1水平的显著性检验,但对"是否告诉他人信息"没有显著作用。婚姻状况对信息传播效果具有显著性作用。家庭收入对"是否告诉他人信息"显示出非线性关系。

表4—17　　　　　　　　运用血缘信任、地缘信任指标的回归分析

| | 模型1（是否向他人咨询信息的 Logistic 回归） | | 模型2（是否告诉他人信息的 Logistic 回归） | | 模型3（信息传播效果的线性回归） | |
|---|---|---|---|---|---|---|
| | B | Exp（B） | B | Exp（B） | B | SE |
| 自变量 | | | | | | |
| 地缘信任 | 0.125 ** | 1.133 | 0.164 *** | 1.179 | 0.081 * | 0.045 |
| 血缘信任 | 0.165 *** | 1.179 | 0.136 ** | 1.146 | 0.008 | 0.044 |
| 控制变量 | | | | | | |
| 个人特征 | | | | | | |
| 性别 a | −0.012 | 0.988 | 0.055 | 1.056 | 0.062 | 0.096 |
| 年龄 | 0.026 | 1.026 | 0.093 | 1.098 | −0.461 | 0.046 |
| 年龄平方 | 0 | 1.000 | 0 | 0.999 | 0.437 | 0.001 |
| 身体好 b | 0.080 | 1.084 | 0.239 | 1.270 | 0.218 * | 0.230 |
| 身体一般 b | 0.152 | 1.164 | 0.111 | 1.118 | 0.118 | 0.224 |
| 婚姻 | 0.488 | 1.630 | 0.554 | 1.740 | 0.161 *** | 0.277 |
| 是否党员 c | −0.096 | 0.909 | −0.110 | 0.896 | −0.016 | 0.162 |
| 是否干部 d | −0.310 | 0.733 | 0.536 * | 1.709 | 0.152 *** | 0.197 |
| 受教育年数 | 0.051 *** | 1.052 | 0.037 * | 1.038 | 0.025 | 0.014 |
| 家庭特征 | | | | | | |
| 家庭子女数 | 0.097 | 1.102 | 0.053 | 1.054 | −0.028 | 0.054 |
| 家庭纯收入 | 0.183 ** | 1.201 | 0.064 | 1.066 | 0.021 | 0.065 |
| 家庭纯收入平方 | −0.020 ** | 0.980 | −0.009 | 0.991 | −0.064 | 0.006 |
| 社区特征 | | | | | | |
| 村与县城距离 | 0.001 | 1.001 | −0.004 | 0.996 | −0.003 | 0.002 |
| 耀县地区 e | 0.227 | 1.255 | −0.209 | 0.812 | −0.061 | 0.115 |
| 即墨地区 e | 0.177 | 1.194 | −0.630 *** | 0.533 | 0.007 | 0.157 |
| 常数项 | −1.365 | 0.255 | −3.507 *** | 0.030 | — | — |
| 样本数 | 1366 | | 1366 | | 1366 | |
| 卡方值（F值） | 40.408 | | 61.025 | | 2.762 | |
| −2 对数似然值 | 1811.945 | | 1780.522 | | — | |
| Nagelkerke R² （调整后 R²） | 0.039 | | 0.059 | | 0.051 | |

社会关系对经济决策行为的影响是通过信息效应实现的，以往研究多以信息传播效应为中介变量来审视社会关系对经济决策行为的影响。本书以信息传播效应为因变量，实证分析了社会关系的信息传播效应。研究有两大发现：第一，农民的社会关系可以分为弱关系和强关系两个类型，从互动层面可以将农民的社会关系分为血缘互动、地缘互动，从信任层面可以分为血缘信任和地缘信任，血缘互动和血缘信任是强关系，而地缘互动和地缘信任是弱关系。第二，社会关系的信息传播效应可以分为弱关系效应和强关系效应。不管是强关系还是弱关系都促进了农民的信息传播行为；就信息传播效果而言，地缘互动和地缘信任这种弱关系对信息传播效果都具有正向作用，尽管血缘互动通过了显著性检验，但血缘信任没有通过显著性检验，强关系对信息传播效果影响的稳定性不高。

## 第三节　农民个体社会资本对参与指数的正效应

本书提出了农民参保决策的心理参与维度，即参与指数。以往文献粗略地把参与主体的行为或者意愿划分为"是否参与"，这种做法忽略了对参与主体的心理特征的细致考察，也无法对参与主体进行细分，不利于研究的深入。"中国投资者动机和预期调查数据分析"课题组提出投资者的动机和预期也是投资者对于投资决策的一种参与，并在此基础上提出了一个解释框架，这一解释框架把投资者对某项投资的认可和感受定义为参与指数，不同的参与指数形成不同的投资者群体。[1] 路易吉·圭索等也提出用个体对股票投资重要性的认同程度来反映居民参与股市的程度，对传统投资简单二分的做法进行了修正。[2] 李涛在分析个体股市参与的研究中借鉴了参与指数概念，并认为参与指数更加细致地区分了投资人群，更加关注了投资者的心理特征。[3]

信任度、满意度反映了农民对新农保制度的主观判断和心理预期，反映了农民的参保热情，共同构成了农民的心理参与。为了构造农民对新农

---

　　[1]　中国投资者动机和预期调查数据分析课题组：《参与不确定性与投资秩序的生成和演化》，载《经济研究》2002年第2期。

　　[2]　Guiso Luigi, Paola Sapienza & Luigi Zingalea, "The Role of Social Capital in Financial Development", *American Economic Rewiew*, 2004, 94（3）, pp. 526 - 556.

　　[3]　李涛：《社会互动，信任与股市参与》，载《经济研究》2006年第1期。

保的参与指数变量，需要对包括农民的信任度和满意度在内的 10 个项目进行因子分析。在进行因子分析之前，需要进行 KMO 测度和 Bartlett 球形检验。结果显示，KMO 值为 0.866，Bartlett 球形检验也达到了 0.01 的显著水平，适合进行因子分析。经过最大方差法旋转，所得因子分析结果见表 4—18。因子分析结果显示，从 10 个项目中可以提取 2 个因子：第一个因子包括农民对制度的信任度 6 个指标，可以命名为信任因子；第二个因子包括农民对制度的满意度 4 个指标，可以命名为满意因子。2 个因子一共解释了 54.280% 的变异。因子之上的负荷系数均大于 0.6，也不存在交叉负荷的现象，说明指标所测量的潜在概念意义很清晰。

表 4—18                     农民参与指数因子分析

| 项目 | 信任因子 | 满意因子 | 共量 |
|---|---|---|---|
| 制度会稳定运行 | 0.759 | 0.140 | 0.595 |
| 中央政府会持续融资 | 0.742 | 0.170 | 0.580 |
| 地方政府会持续融资 | 0.739 | 0.231 | 0.600 |
| 会确保基金安全秩序 | 0.717 | 0.165 | 0.542 |
| 会按时按量发放 | 0.704 | 0.230 | 0.549 |
| 待遇会提高 | 0.668 | 0.137 | 0.465 |
| 中央政府补助金额 | 0.136 | 0.759 | 0.594 |
| 地方政府补助金额 | 0.182 | 0.716 | 0.545 |
| 制度的服务管理 | 0.189 | 0.650 | 0.458 |
| 基金的待遇水平 | 0.175 | 0.685 | 0.499 |
| 特征值 | 4.073 | 1.355 | 5.428 |
| 平均方差（%） | 40.734 | 13.546 | 54.280 |

本书将信任因子值和满意因子值分别乘以各自贡献的方差比例之后相加，得到参与指数变量。为了便于描述和解释，将参与指数转化为 1—100 的指数。① 统计分析发现，农民参与指数均值为 66 分，标准差为

---

① 转换公式：转换后的因子值 =（原因子值 + B）× A，A = 99/（因子最大值 - 因子最小值），B =（1/A）- 因子最小值。

18.87 分。尽管多数农民已经参保,但农民参与指数并不高,而且农民个体之间参与指数差异很大。为了更简明地观察农民的参与指数,将得分在 1—20 分之间的农民界定为低心理参与;20.01—40 分之间的农民界定为较低心理参与;40.01—60 分之间的农民界定为一般;60.01—80 分之间的农民界定为较高心理参与;80.01—100 分之间的农民界定为高心理参与。表 4—19 对农民的参与指数进行了统计分析。结果显示,农民参与指数的众值为较高,参与指数处于较高或者高的农民占有效样本的 63.3%,这个比例低于 75% 的参保率。

表 4—19　　　　　　　　　　农民参与指数描述统计

| 参与指数 | 参与指数 | 频率 | 有效百分比 |
| --- | --- | --- | --- |
| 1.00 | 1—20 | 13 | 1.3 |
| 2.00 | 20.01—40 | 75 | 7.2 |
| 3.00 | 40.01—60 | 292 | 28.2 |
| 4.00 | 60.01—80 | 419 | 40.4 |
| 5.00 | 80.01—100 | 237 | 22.9 |
| 合计 | — | 1037 | 100.0 |

　　本节旨在分析农民个体社会资本对其参与指数的作用机制和影响效应。为获得社会资本对参与指数的净效应,需要构造出相应的控制变量。本书选择了农民个体层面 5 个变量、家庭层面 2 个变量,加上地区层面 2 个变量共 9 个变量作为控制变量。为了判断农民年龄、家庭收入和参与指数之间可能呈现非线性关系,引入了农民年龄和家庭收入的平方项。涉及的具体变量及处理方法见表 4—20。

表 4—20　　　　　　　　　　变量处理与赋值

| 变量名称 | 变量尺度 | 变量的处理与赋值方式 |
| --- | --- | --- |
| 控制变量 | | |
| 性别 | 虚拟变量 | 女 =0,男 =1 |
| 年龄 | 定距变量 | 16—59 岁 |

| 变量名称 | 变量尺度 | 变量的处理与赋值方式 |
|---|---|---|
| 年龄平方 | 定距变量 | 256—3481 |
| 婚姻 | 虚拟变量 | 未婚＝0，已婚＝1 |
| 是否干部 | 虚拟变量 | 未担任村、组干部＝0，担任村、组干部＝1 |
| 受教育年限 | 定距变量 | 0—21 年 |
| 家庭子女数 | 定距变量 | 0—6 个 |
| 上年家庭纯收入 | 定距变量 | 5000 元以下＝1，5001—10000 元＝2，10001—15000 元＝3，15001—20000 元＝4，20001—25000 元＝5，25001—30000 元＝6，30001—35000 元＝7，35001—40000 元＝8，40001—50000 元＝9，50001 元以上＝10 |
| 上年家庭收入平方项 | 定距变量 | 1—100 |
| 居住地区 | 虚拟变量 | 耀州区＝1，神木或者即墨＝0；即墨＝1，耀州区或者神木＝0；神木＝1，即墨或者耀州区＝0 |
| 因变量 | | |
| 参与指数 | 定距变量 | 1—100 |
| 自变量 | | |
| 社会资本 | | |
| 信任因子 | 定距变量 | －2.99—3.13 |
| 互动因子 | 定距变量 | －3.12—2.24 |
| 互惠因子 | 定距变量 | －3.53—1.94 |
| 认同因子 | 定距变量 | －3.42—3.14 |
| 亲属关系 | 定距变量 | －5.11—1.98 |
| 安全秩序 | 定距变量 | －3.50—1.96 |

表4—21 显示了农民参与指数的回归分析结果。假设 A2 预期农民的信任水平越高，其参与指数越高；假设 B2 预期农民的互动水平越高，其参与指数越高；假设 C1 预期农民的互惠水平越高，其参与指数越高；假设 D1 预期农民的规范水平越高，其参与指数越高。假设 A2、假设 B2、假设 C1 和假设 D1 都得到了验证。农民个体信任、互动、互惠和规范水平越高，农民的参与指数越高。模型 1 反映了农民个体、家庭和地区特征共 11 个控制变量对农民参与指数的影响。模型 2 中加入社会资本的 6 个因子后，模型的解释能力显著提高，从 4.4% 提升到 21.4%，增加了

17%。这说明社会资本对农民的参与指数有相当强的解释力。从模型 2 来看，社会资本的 6 个因子全部通过了 0.01 水平的显著性检验，标准回归系数都为正值。说明信任、认同、互惠、安全秩序、互动和亲属关系水平越高，农民的参与指数越高。按对参与指数影响从大到小的顺序排列社会资本的 6 个因子依次为：信任、认同、互惠、安全秩序、互动和亲属关系。

从模型 2 来看，农民的年龄和家庭收入与农民的参与指数都是一种非线性关系。农民的年龄和年龄的平方项都通过了 0.05 水平的显著性检验。年龄对参与指数的影响方向为负，而年龄平方项的影响方向为正。因此，综合来看，农民的年龄和参与指数呈现非线性关系。农民的家庭年纯收入及其平方项都达到了 0.1 水平的显著度，家庭年纯收入的影响效应为正，而家庭年纯收入平方项的影响效应为负。因此，综合来看，家庭年纯收入和参与指数呈现非线性关系。此外，婚姻和受教育年数都对农民的参与指数有促进作用。已婚农民比未婚农民的参与指数高，农民受教育年数越高，其参与指数越高。即墨区的农民比神木县农民参与指数高。

表 4—21　　　　　　　　　　农民参与指数回归分析结果

| 变量 | 模型 1 | | | 模型 2 | | |
|---|---|---|---|---|---|---|
| | B | T | SE | B | T | SE |
| 自变量 | | | | | | |
| 信任因子 | | | | 0.235 *** | 7.831 | 0.587 |
| 互动因子 | | | | 0.115 *** | 3.782 | 0.587 |
| 互惠因子 | | | | 0.144 *** | 4.797 | 0.561 |
| 认同因子 | | | | 0.235 *** | 7.752 | 0.578 |
| 亲属关系 | | | | 0.088 *** | 2.934 | 0.580 |
| 安全秩序 | | | | 0.128 *** | 4.223 | 0.574 |
| 控制变量 | | | | | | |
| 性别 | 0.029 | 0.884 | 1.300 | 0.009 | 0.278 | 1.247 |
| 年龄 | -0.290 | -1.242 | 0.582 | -0.443 ** | -1.980 | 0.559 |
| 年龄平方 | 0.292 | 1.327 | 0.007 | 0.428 ** | 2.020 | 0.007 |
| 婚姻 | 0.108 *** | 2.380 | 3.395 | 0.146 *** | 3.390 | 3.241 |
| 是否干部 | -0.019 | -0.596 | 2.624 | -0.050 | -1.636 | 2.559 |

续表

| 变量 | 模型 1 | | | 模型 2 | | |
|------|--------|------|------|--------|------|------|
| | B | T | SE | B | T | SE |
| 受教育年数 | 0.060 * | 1.764 | 0.188 | 0.071 ** | 2.163 | 0.180 |
| 家庭年纯收入 | 0.422 *** | 3.079 | 0.905 | 0.240 * | 1.855 | 0.863 |
| 家庭年纯收入平方 | − 0.305 ** | − 2.258 | 0.084 | − 0.150 * | − 1.179 | 0.081 |
| 即墨 | 0.098 *** | 2.917 | 2.150 | 0.125 *** | 3.863 | 2.006 |
| 耀州 | − 0.047 | − 1.253 | 1.413 | 0.010 | 0.273 | 1.382 |
| 常数项 | — | 6.157 | 10.207 | — | 6.961 | 9.963 |
| Adjusted $R^2$ | | 0.044 | | | 0.214 | |
| F | | 5.554 *** | | | 16.313 *** | |
| N | | 980 | | | 898 | |

　　本节基于信任度和满意度构造了农民的心理参与指数,并从社会资本理论视角实证分析了农民参与指数的影响因素。因子分析结果表明,农民的参与指数分为信任因子和满意因子。农民参与指数的众值为"较高",参与指数倾向于"较高"或者"很高"的农民达到了63.3%。回归分析结果表明,在控制其他变量的情况下,信任、互动、互惠、认同、亲属关系和安全秩序社会资本的6个因子都对农民的参与指数具有正效应。按对心理参与指数影响从大到小的顺序排列社会资本的6个因子依次为:信任、认同、互惠、安全秩序、互动和亲属关系。研究结果验证了假设 A2、假设 B2、假设 C1 和假设 D1。研究结果表明农民个体社会资本对农民参与指数具有相当的促进作用,由此可见,提高农村社会资本含量是增进农民心理参保的重要举措。

## 第四节　农民个体社会资本对参保
## 行为的正效应

　　本节旨在分析农民个体社会资本对参保行为的影响效应和作用机制。首先在社会资本理论框架下对农民的参保行为进行实证分析,再分别从互动和信任理论视角对农民的参保行为做分析,以便深入地了解其对农民参保行为的作用机制。

## 一　农民个体社会资本与参保行为[①]

### (一) 引言

为有效解决农村的养老问题,从 2009 年下半年起,中国开始在部分县 (区) 试点推行新型农村社会养老保险制度。在自愿参与原则下,新农保的受益面和政策实施效果在很大程度上取决于农民的参与行为。从政府部门公布的数据和学界调研的结果来看,新农保参保率不尽如人意。以人力资源和社会保障部公布的数据为准,截至 2010 年 6 月底,全国 320 个试点县和 4 个直辖市的参保率仅为 63.82%[②]。华中师范大学中国农村问题研究中心对全国 68 个试点县 (市) 68 个村庄进行了调研。调查报告显示,截至 2010 年春节前,68 个村庄的参保率为 57.59%[③]新农保并没有激发农民普遍参与的热情,相当一部分农民没有参与,分析农民的参与行为显得非常必要。

目前,学界鲜有关于新农保参与行为的实证研究。已有文献集中在对老农村社会养老保险的研究上。研究发现,影响参与的主要因素是农民的个人和家庭特征等变量。首先,农民的性别、年龄、受教育程度和是否担任村、组干部等个人特征是重要变量。[④] 其次,家庭子女数量和家庭人均收入是重要因素。[⑤] 有学者从村域的角度进行了研究,结论认为,农民参与不仅是个体选择的结果,还是村域自然环境、社会经济和政治民主影响的结果。[⑥] 村域是影响农民参与农村社会养老保险的重要变量,已经得到

①　节选自吴玉锋《新型农村社会养老保险参与行为实证分析——以村域社会资本为视角》,载《中国农村经济》2011 年第 10 期。

②　数据来自《中国财经报》2010 年 7 月 24 日第 001 版。

③　数据来自《21 世纪经济报道》2010 年 4 月 23 日第 006 版。

④　史清华:《民生化时代中国农民社会保险参与意愿与行为变化分析——来自国家农村固定观测点 2003—2006 年的数据》,载《学习与实践》2009 年第 2 期;王海江:《影响农民参加社会养老保险的因素分析——以山东、安徽省六村农民为例》,载《中国人口科学》1998 年第 6 期;乐章:《现行制度安排下农民的社会养老保险参与意向》,载《中国人口科学》2004 年第 5 期。

⑤　李连重:《农村社会养老保险调查与研究》,载《北京邮电大学学报》1999 年第 4 期;吴罗发:《中部地区农民社会养老保险参与意愿分析——以江西省为例》,载《农业经济问题》2008 年第 4 期。

⑥　赵德余、梁鸿:《农民参与社会养老保险行为选择及其保障水平的因素分析——来自上海郊区村庄层面的经验》,载《中国人口科学》2009 年第 1 期。

学界的一致认同。① 村域的信息获得途径、经济发展水平和民俗民风影响了农民的参与行为。

　　但是，已有研究多从村域经济水平等方面分析农民的参与行为，而忽略了对村域非经济因素的探究。吴玉锋和吴中宇从村域社会资本和互动的理论视角对新农保参与行为进行了初步分析，在一定程度上弥补了已有文献的不足。② 但其研究存在继续深入的空间，他们没有就社会资本中互惠和规范维度对参与行为的影响进行文献归纳、理论和实证分析，文章把社会互动独立于社会资本概念，忽略了二者的有机联系。杜尔劳夫和法肯姆普斯分析认为，社会资本对群体成员的行为具有正外部性，外部性源自于网络中共享的信任、规则和价值观，这些规则和价值观又产生于社会互动③，因此社会互动是社会资本的一个维度。鉴于此，本书将社会互动纳入社会资本理论框架中对农民的参与行为进行实证分析，以期弥补现有研究的不足。

　　（二）理论与文献分析

　　已有文献表明，社会资本的互动、信任和规范有助于个体参与保险，而互惠对参与保险具有正负两种效应。首先，社会互动促进了个体参与保险。德斯梅特和伊斯兰姆发现了社会互动在提供保险信息中的作用。他们研究认为，社会互动降低了信息搜寻成本，促进了个体参与社区医疗保险。④ 索伦森研究了美国加州大学教师参与健康保险的影响因素。研究发现，教师的行为决策受到经常拜访的邻居的影响，邻居的决策是其决策的主要参考依据。⑤ 迪弗洛和赛斯研究了大学退休教师对养老保险的选择。

---

　　① 石绍宾、樊丽明、王媛：《影响农民参加新型农村社会养老保险的因素》，载《财贸经济》2009 年第 11 期；史清华：《民生化时代中国农民社会保险参与意愿与行为变化分析——来自国家农村固定观测点 2003—2006 年的数据》，载《学习与实践》2009 年第 2 期；王海江：《影响农民参加社会养老保险的因素分析——以山东、安徽省六村农民为例》，载《中国人口科学》1998 年第 6 期。

　　② 吴玉锋、吴中宇：《村域社会资本、互动与新农保参保行为研究》，载《人口与经济》2011 年第 2 期。

　　③ Durlauf Steven and Marcel Fafchamps, *Social Capital*, NBER Working Paper, No. W10485, 2004, pp. 1639 – 1699.

　　④ Desmet M., Chowdhury, A. Q. & Islam, M. K., "The potential for Social Mobilisation in Bangladesh: The Organisation and Functioning of two Health Insurance Schemes", *Social Science & Medicine*, 1999, 48 (7), pp. 925 – 938.

　　⑤ Sorensen, A. T., *Social learning in the Demand for Employer-Sponsored Health Insurance*, Unpublished Manuscript Available, at http://terpconnectumdedu/ – dvincent/learningpdf, 2001.

研究发现，社会互动通过传递信息对个体购买养老保险决策产生影响，参考群体的决策影响了他们的选择。[1] 贝斯特夫等用 1998 年美国健康与退休的调查数据，研究了社会互动对商业医疗保险购买的影响。实证结果表明，社会互动程度越高，美国老年人购买商业医疗保险的可能性反而越低。这可能是因为社会互动的负效应大于正效应的结果。[2] 国内学者也实证分析了社会互动对个体参与保险的影响。何兴强和李涛（2009）实证检验了城市居民的社会互动对其购买商业保险的影响。分析结果表明，社会互动对商业保险的购买没有显著作用，这可能是因为社会互动的正效应和负效应相互抵消的结果，所以以上结果不能表明社会互动对保险购买没有影响。吴玉锋实证分析了社会互动对农民参与新农保的影响。研究发现，社会互动水平越高，农民参与新农保的可能性越大。[3]

其次，社会信任有助于个体参与保险。张里程等利用哈佛大学中国农村合作医疗项目的数据，对社会资本与农民参与农村合作医疗的意愿之间的关系进行了定量分析。结果表明，信任水平越高，农民参与的可能性越高，而互惠没有通过显著性检验。[4] 李涛在验证社会互动对个体投资决策作用的同时，控制了普遍信任变量。分析表明，普遍信任对于保险等项目的参与有促进作用。[5] 文莉等在对 1757 位农民调研的基础上，研究了特殊信任对农民参与农村社会养老保险的影响。结果发现，政府信誉度不高的问题不利于农民参与养老保险。[6] 何兴强、李涛检验了社会互动和社会资本对居民购买商业保险的影响。在控制其他产生或维持信任的各种机制如政府、法院、媒体等变量后，较高的社会资本（信任）有助于居民购

① Duflo, Esther & Emmanuel, Saez, "Participation and Investment Decisions in a Retirement Plan: the Influence of Colleagues' Choices", *Journal of Public Economics*, 2002, 85 (1), pp. 121 – 148.

② Beiseitov, Eldar, Kubik, Jeffrey D. & Moran, John R., *Social Interaction and Health Insurance Choices of the Elderly: Evidence from the Health and Retirement Study*, Working Paper, Syracuse University, 2004.

③ 吴玉锋：《社会互动与新型农村社会养老保险参保行为实证研究》，载《华中科技大学学报》（社会科学版）2011 年第 4 期。

④ 张里程、汪宏、王禄生等：《社会资本对农村居民参与新型农村合作医疗支付意愿的影响》，载《中国卫生经济》2004 年第 10 期。

⑤ 李涛：《社会互动与投资选择》，载《经济研究》2006 年第 8 期。

⑥ 文莉、肖云、胡同泽：《政府信誉与建立农村养老保险体制研究——对 1757 位农民的调查》，载《农村经济》2006 年第 1 期。

买保险。① 吴玉锋从信任的视角实证分析了农民参与新农保的影响因素。研究发现,农民的信任可以分为特殊信任和村域信任,村域信任对农民参与新农保有显著促进作用。信任可以降低信息搜寻成本,增加农民对新农保制度的期望值。②

再次,社会规范能够促进个体参与保险。路易吉·圭索等发现,社会规范导致了个体和参考群体一致的决策行为;社会规范作为不同于政策、法律和市场的调节机制,被认为是文化在对个体的经济行为起作用。③ 路易吉·圭索等认为,社会规范反映了个体对参考群体决策行为的认同,遵守这种规范可以获得群体的尊重和声望,否则会有被排斥和孤立的可能。社会规范对特定参与决策的认同显著地影响了个体在参与选择方面的差异。④ 李涛采用 2005 年中国 12 城市投资者行为调查数据研究发现,总体而言,个体遵循参考群体成员的投资选择所体现的社会规范推动了个体当前和未来对保险等投资项目的参与。⑤

最后,互惠对于参与保险具有正负两种效应。互惠对参与保险具有"挤入效应",互惠可以动员人们通过共同参与、互助共济以化解未知的风险,这暗合正式保险的要求。相关研究也发现了这一点。左延莉、胡善联等在分析中国新型农村合作医疗参与率时指出,从缴费能力来讲,农民是有能力承担的,决定农民参与意愿的关键是农民是否具有互助共济精神。这种互助共济的精神也体现在农民在缴费中的互相帮助。⑥ 乐章在研究中发现,村民互相帮助的程度越高,他们越愿意参加养老保险,原因是互惠使得村民在缴费中互相帮助。互惠对参与保险也会产生"挤出效应"。因为,亲朋好友间的馈赠和礼金支出等互惠形式是一种重要的非正

① 何兴强、李涛:《社会互动、社会资本和商业保险购买》,载《金融研究》2009 年第 2 期。

② 吴玉锋:《新型农村社会养老保险参与实证研究:一个信任分析视角》,载《人口研究》2011 年第 4 期。

③ Guiso Luigi, Paola, Sapienza & Luigi, Zingalea, "Does Culture Affect Economic Outcomes", *Journal of Economic Perspectives*, 2006, 20 (2), pp. 23 - 48.

④ Guiso Luigi, Paola, Sapienza & Luigi, Zingalea, "The Role of Social Capital in Financial Development", *American Economic Rewiew*, 2004, 94 (3), pp. 526 - 556.

⑤ 李涛:《社会互动与投资选择》,载《经济研究》2006 年第 8 期。

⑥ 左延莉、胡善联、傅卫等:《2004 年中国新型农村合作医疗参合率分析》,载《卫生软科学》2006 年第 8 期。

式保险，对正式保险有一定的替代效应。[1] 安塔纳西奥 (Attanasio) 和布尔 (Bull) 对非正式保险和正式保险之间的替代关系进行了研究。结果发现，存在强制性协议的情况下，正式保险使非正式保险受到损害，产生"挤出效应"[2]。范飞预期互惠这种非正式保险会对农民参与正式保险有负效应。结果证实了这一点，在中国农村，家庭的婚嫁馈赠支出占家庭收入的比例越大，该家庭购买正式保险的可能性越小。婚嫁馈赠等互惠形式在一定程度上代替了正式保险。[3]

笔者借鉴帕特南的定义，将村域社会资本定义为村域中农民之间的互动和在互动过程中产生的关系特征，包括信任、互惠和规范。帕特南明确地解释了社会资本四个维度之间的相关关系。信任、互惠和规范是社会互动的产物，而信任、互惠和规范又强化了社会互动。[4] 社会资本范式认为，一定空间内的社会互动和关系特征会对个体的经济行为产生影响。具体到新农保来说，农民的参与行为嵌于村域社会资本之中。需要指出的是，鉴于社会互动和信任、互惠、规范之间是一种相关关系，需要在同一个理论框架下对农民的参与行为进行实证分析，以排除它们和农民的参与行为之间存在虚假因果关系的可能。

村域社会资本促进了农民对新农保信息的传播。农民是否参与首先取决于是否获得新农保信息。新农保在推行过程中，政府加大了宣传力度，通过媒体和村民会议等形式让农民充分了解政策的实惠。村域中，农民从政府宣传等制度性渠道和人际网络等非制度性渠道获得新农保信息。鉴于政府宣传具有临时性、突击性和文本性等特征，农民更倾向于从易得易懂的人际网络中获取信息。村域社会资本充当了信息流通的网络，农民通过互动获得和交换新农保信息，降低了信息搜寻的成本。村域社会资本通过信任也能促进农民之间信息的流转。信任使得农民更愿意给彼此有价值的信息。村域社会资本不仅降低了农民搜寻信息的成本，还直接影响农民的参与行为。村域社会资本对农民参与行为的影响

---

① 乐章:《现行制度安排下农民的社会养老保险参与意向》，载《中国人口科学》2004 年第 5 期。

② Attanasio O. & Rios-Bull, J. V., *Consumption Smoothing and Extended Families*, Mimeo, University of Pennsylvania, 2000.

③ 范飞:《家庭馈赠对医疗保险需求的影响——一个非正式风险分担机制的视角》，复旦大学硕士论文，2008 年。

④ Putnam, Robert D., *Making Democracy Work*, Princeton：Princeton University Press, 1993.

机制有四个,即促进对新农保制度的信任,产生互动、互惠和规范效应。

村域社会资本促进了农民对新农保制度的信任。农民是否参与新农保取决于其对政府和新农保制度的信任程度。目前,新农保还处在试点阶段,制度缺乏法律依据,缺乏稳定性,部分地方政府融资能力差,基金安全无保障,基金保值增值缺乏途径,这些问题会导致农民对该制度缺乏信任感和安全感。因此,信任在参与中起着关键作用。信任可以降低制度交易成本,村域社会资本在农民和政府、办事人员、新农保制度之间架起了一座桥梁,农民信任水平越高,越相信政府会保证基金安全,越相信制度对未来养老的保障能力。正如帕克斯通(Paxton)指出的那样,社会资本中富含一种积极的情感,这种情感激发了普遍信任和制度信任的产生。[1]而之前的分析也表明,信任将有助于农民传播新农保信息,降低信息搜寻成本。

村域互动有助于农民做出参与决策。曼斯基在社会互动的经济学分析中解释了同一群体成员行为趋向一致性的原因,并把社会互动分为内生互动、外生互动和交互效应。[2] 内生互动和外生互动都表明个体行为要受到参照群体的影响。杜尔劳夫在研究社会互动对居民金融决策的影响中把社会互动分为内生互动和情景互动,他认为社会互动通过内生互动和情景互动这两种机制影响居民的金融决策行为。[3] 具体到农民参与新农保,内生互动实际上是农民和参照群体成员之间的相互影响,是一种"伙伴效应",表现为"别人参与了,我也要参与;别人缴费多,我也缴费多";情景互动则强调农民参与行为受到参照群体行为结果的影响,表现为"我是否参与,看别人参与结果的好坏"。情景互动被视为"结果示范性"效应。情景互动使农民了解了更多参与的结果,农民认为参与"结果较好"时,"结果示范性"效应为正,做出参与决策;"感觉受到欺骗"时,"结果示范性"效应为负,做出不参与的决策。总体来看,社会互动在个

① Paxton, Pamela, "Is Social Capital Declining in the Unites States? A Multiple Indicator Assessment", *American Journal of Sociology*, 1999, 105 (1), pp. 88 – 127.

② Charles F. Manski, "Economic Analysis of Social Interactions", *Journal of Economic Perspectives*, 2000, 14 (3), pp. 115 –136.

③ Durlauf, Steven, *Neighborhood Effects*, in Handbook of Regional & Urban Economics, edited by J. V. Henderson & J. F. Thesse, Amsterdam: North Holland, 2004.

体的参与决策中呈现出正效应。之前的分析也指出了村域互动对降低信息搜寻成本的作用。

村域互惠不利于农民做出参与决策。互惠对农民的参与行为具有正负两种效应。第一是"挤入效应"。互惠有助于农民在缴费中互相帮助,也契合了新农保对人们互助共济的要求。这使得互惠对农民的参与行为产生促进作用。第二是"挤出效应"。互惠为农民养老提供了一种非正式支持,这种非正式支持在一定程度上会削弱农民对新农保的需求,从而产生保险替代效应,不利于其参与。互惠对农民的参与行为正负效应都有,考虑到新农保制度实行弹性缴费①,加上近些年来农民收入增加,农民的缴费能力应该没有问题。也就是说,在新农保制度推行中,互惠对参与的正效应削弱。因此,就对新农保的参与行为而言,本研究预期互惠的负效应大于正效应。

村域规范推动农民做出参与决策。规范能够调节农民的经济决策行为,遵循规范可以获得尊重,违反规范可能会被孤立。村域中,潜在参与农民受到其他参与农民的行为所反映的规范的影响,使得潜在参与农民保持与参与农民一致的决策行为。通过观察周围其他农民的参与决策,潜在参与农民可以了解到他所属群体的适当行为,并希望选择与参照农民类似的决策。

（三）数据和方法

鉴于新农保尚处在试运行阶段,本调查采用立意抽样方法,选择了陕西省神木县、铜川市耀州区、西安市长安区和山东省青岛市即墨区为调查点②。调查于 2010 年 5 月至 8 月进行,调查对象为 16 岁至 59 岁的农民③。在各调查点,采用多阶段随机抽样方法抽取被调查对象,访问农民1612 人。

截止到 2010 年 5 月,神木县全县参保率为 67%,长安区参保率达

---

① 根据《关于国务院开展新型农村社会养老保险试点的指导意见》,新农保缴费档次有 5个:100 元、200 元、300 元、400 元和 500 元,参保农民可根据自己经济条件自愿选择缴费额。

② 调查点的选取考虑了地区经济水平的差异。神木县代表陕西经济较好的地区,长安区次之,耀州区最次。山东省青岛市即墨区则代表沿海县（区）。

③ 新农保制度规定 60 岁及以上的农民不用缴费,因此 60 岁以上的老年人不是本书的调查对象。

93%，耀州区参保率达 84.05%①。调查中，在神木县发放问卷 730 份，回收 694 份；在耀州区发放问卷 480 份，回收 432 份；在长安区，发放问卷 320 份，回收 310 份；在即墨区，发放问卷 200 份，回收 176 份。从样本的性别结构看，男性较多，女性相对较少。从年龄结构看，30 岁以下比例最低，41 岁至 50 岁比例最高。从受教育年数来看，10 年及以下的比例最高，13 年以上的比例最低。从婚姻状况来看，已婚农民占绝大多数。

由于调查期间多数青壮年农民进城务工，获得的样本结构不能很好地模拟总体。考虑到性别等变量对参与行为的影响不是重要的考察对象，也没有对样本进行加权处理。样本 75% 的参保率低于陕西三县（区）平均参保率，但考虑到官方统计数据采用了宽泛的统计方法，样本参保率与实际参保率相差不大。总之，这样一个分散范围广的样本能够满足研究的需要。本书目的在于弄清村域社会资本对农民新农保参与行为的影响，因此村域社会资本②和参与行为是本书研究的重点。

本节旨在分析农民个体社会资本对参保行为的影响效应和作用机制。"农民是否参保"是因变量，通过"您今年是否已经缴纳新农保费用"这一问题测量农民是否参与。调查结果表明，在 1595 个样本中，参与的有 1197 个，占 75%，未参与的有 398 个，占 25%。为获得社会资本对参保行为的净效应，需要构造相应的控制变量。从已有文献的研究结论来看，农民的个体和家庭特征是影响其参保行为的重要因素。因此，本研究选择农民的性别、年龄、婚姻、受教育年数、是否党员、是否干部、家庭子女数、家庭年纯收入和所在村与县城的距离作为控制变量。其中，性别、是否党员、是否干部和是否已婚为定类变量，采用虚拟方法构造变量；家庭年纯收入分为 10 个等级：5000 元以下、5000—10000 元、10001—15000 元、15001—20000 元、20001—25000 元、25001—30000 元、30001—35000 元、35001—40000 元、40001—50000 元和 50000 元以上，分别赋值 1—10 分；年龄、受教育年数、家庭子女数、家庭年纯收入和所在村与县城的距离为定距变量。主要变量的描述统计见表 4—22。

---

① 以上数据分别来自陕西省神木县、长安区、耀县人事和劳动社会保障局文件。参保率的计算方法为：（缴费人数 + 待遇领取人数）/ 应参保人数。

② 村域社会资本变量的测量及因子分析见第三章。

表 4—22　　　　　　　　　　　主要变量的描述统计

|  | 样本 | 最小值 | 最大值 | 平均值 | 标准差 |
|---|---|---|---|---|---|
| **因变量** |  |  |  |  |  |
| 是否参保（是 = 1） | 1595 | 0 | 1 | 0.75 | 0.43 |
| **自变量** |  |  |  |  |  |
| 信任因子 | 1386 | − 2.99 | 3.13 | 0 | 1 |
| 互动因子 | 1386 | − 3.12 | 2.45 | 0 | 1 |
| 互惠因子 | 1386 | − 3.68 | 2.23 | 0 | 1 |
| 认同因子 | 1386 | − 4.44 | 3.14 | 0 | 1 |
| 亲属关系 | 1386 | − 5.99 | 1.98 | 0 | 1 |
| 安全秩序 | 1386 | − 3.50 | 1.96 | 0 | 1 |
| **控制变量** |  |  |  |  |  |
| 男性（男 = 1） | 1573 | 0 | 1 | 0.66 | 0.47 |
| 年龄 | 1594 | 16 | 59 | 41.60 | 7.34 |
| 婚姻（已婚 = 1） | 1612 | 0 | 1 | 0.94 | 0.25 |
| 是否党员（是 = 1） | 1586 | 0 | 1 | 0.09 | 0.28 |
| 是否干部（是 = 1） | 1589 | 0 | 1 | 0.05 | 0.23 |
| 受教育年数 | 1606 | 0 | 21 | 7.63 | 3.34 |
| 家庭年纯收入 | 1590 | 1 | 10 | 3.31 | 2.79 |
| 家庭子女数 | 1595 | 0 | 8 | 2.10 | 0.98 |
| 所在村与县城的距离 | 1557 | 1 | 98 | 35.85 | 26.79 |

注：6 个自变量都是因子值，因此均值都为 0，标准差为 1。

（四）实证分析结果

本节中因变量"农民是否参保"是一个两分变量（是 = 1，否 = 0），因此采用两分变量的 Logistic 回归模型进行分析。本研究重点是分析社会资本各因子对农民是否参保的净效应，故引入控制变量。考虑到年龄和家庭收入对于是否参保可能存在非线性影响，本研究还构造了年龄和家庭年纯收入的平方项进入回归方程，其中：模型 1 未放入年龄平方项和家庭年纯收入平方项；模型 2 则放入了年龄平方项和家庭年纯收入平方项。分析结果见表 4—23。

表4—23　　　　　　　　　农民是否参保的回归分析结果

| 变量 | 模型 1 | | | 模型 2 | | |
|---|---|---|---|---|---|---|
| | B | SE | Exp（B） | B | SE | Exp（B） |
| 自变量 | | | | | | |
| 信任因子 | 0.198*** | 0.068 | 1.219 | 0.209*** | 0.069 | 1.232 |
| 互动因子 | 0.169*** | 0.066 | 1.185 | 0.166** | 0.066 | 1.181 |
| 互惠因子 | 0.007 | 0.066 | 1.007 | 0.010 | 0.066 | 1.010 |
| 认同因子 | −0.114* | 0.068 | 0.893 | −0.114* | 0.068 | 0.892 |
| 亲属关系 | 0.015 | 0.064 | 1.015 | 0.017 | 0.064 | 1.018 |
| 安全秩序 | 0.045 | 0.067 | 1.046 | 0.044 | 0.067 | 1.045 |
| 控制变量 | | | | | | |
| 性别 | −0.094 | 0.145 | 0.910 | −0.080 | 0.145 | 0.923 |
| 年龄 | 0.019* | 0.011 | 1.019 | 0.125** | 0.063 | 1.133 |
| 年龄平方 | — | — | — | −0.001* | 0.001 | 0.999 |
| 婚姻 | 1.051*** | 0.304 | 2.860 | 0.680* | 0.377 | 1.974 |
| 党员 | −0.032 | 0.267 | 0.969 | −0.032 | 0.267 | 0.968 |
| 干部 | 0.411 | 0.369 | 1.508 | 0.406 | 0.369 | 1.501 |
| 受教育年数 | 0.027 | 0.021 | 1.027 | 0.028 | 0.021 | 1.028 |
| 家庭年纯收入 | 0.002 | 0.025 | 1.002 | −0.060 | 0.101 | 0.942 |
| 家庭年纯收入平方 | — | — | — | 0.006 | 0.010 | 1.006 |
| 家庭子女数 | −0.077 | 0.087 | 0.926 | −0.063 | 0.086 | 0.939 |
| 所在村与县城距离 | −0.006** | 0.003 | 0.994 | −0.006** | 0.003 | 0.994 |
| 常数项 | −0.441 | 0.475 | 0.644 | −2.103 | 1.123 | 0.122 |
| 卡方值 | 52.336 | | | 55.558 | | |
| 似然值 | 1376.964 | | | 1373.742 | | |
| 虚拟确定系数 | 0.060 | | | 0.064 | | |
| 样本数 | 1255 | | | 1255 | | |

注："***"代表0.01的显著水平；"**"代表0.05的显著水平；"*"代表0.1的显著水平。下同。

　　首先,关注研究假设的验证情况。假设 A3 和假设 B3 预期信任和互动水平越高,农民越可能参保。模型 1 和模型 2 中,信任、互动都达到了 0.05 水平的显著性,回归系数为正,表明信任和互动有助于农民参保,假设 A3 和假设 B3 得到验证。从模型 2 来看,在其他变量相同的条件下,信任水平每提高 1 个单位,农民参保的可能性会提高 23.2%。互动水平每提高 1 个单位,农民参保的可能性会提高 18.1%。从两个模型来看,信任和互动对于农民参保的正效应表现稳健。假设 C2 预期互惠对农民参保起到正向作用,这在模型中未得到验证。模型 1 和模型 2 中,互惠对农民是否参保的作用不显著。但是,这并不意味着互惠对农民的参保行为没有影响,这很可能是互惠对农民参与行为正负效应相互抵消的结果,这点值得在以后的研究中继续求证。假设 D2 预期规范会有助于农民参保,而实证结果未支持理论预期。反映规范的认同因子不利于农民参保,而安全秩序因子对农民参保没有显著作用。这可能与本研究中社会资本的测量指标有关,反映规范的指标没有有效测量农民的参与规则。模型 1 和模型 2 中,认同都通过了 0.1 水平的显著性检验,回归系数为负,表明认同不利于农民参保。从模型 2 来看,其他变量相同的条件下,认同水平每增加 1 个单位,农民参保的可能性就会下降 10.8%。

　　其次,我们关注农民的年龄、婚姻和所在村与县城的距离。模型 1 反映了年龄和参保的线性关系,通过了 0.1 水平的显著性检验,且回归系数为正。模型 2 加入了年龄平方项后,年龄和参保之间的线性关系更显著,通过了 0.05 水平的显著性检验。年龄平方虽然也达到了 0.1 的显著性水平,但其发生比 (0.999) 和 1 偏离很小。综合来看,年龄和参保之间是一种线性关系①。年轻农民参保的可能性最低,中年农民参保的可能性较高,老年农民参保的可能性最高。农民的婚姻状况也影响其参保行为。模型 1 和模型 2 中,婚姻都通过了 0.1 水平的显著性检验。模型 2 显示,在其他条件不变的情况下,已婚农民比未婚农民参保的可能性高出 97.4%。所在村与县城的距离在模型 1 和模型 2 中都通过了 0.05 水平的显著性检

---

　　①　主要理由是,在加入年龄平方后,年龄和参与之间的关系更显著,而年龄平方和参与之间的关系可以忽略不计。

验，回归系数为负。从模型 2 的发生比来看，农民所在村距离县城每增加
1 公里，其参保的可能性会降低 0.6%，这个结果与赵德余和梁鸿的发现
不一致。[①] 可能的解释是，所在村和县城的距离越远，村域的信息水平和
风险意识就越低，农民越不参保。

最后，性别、是否党员、是否干部、受教育年数、家庭年纯收入和家
庭子女数对"是否参保"没有显著影响。在乐章的研究中，党员和干部
身份是影响农民参保行为的重要变量：一是因为农村党员、干部有较高的
理论水平和实践经验，可以通过会议宣传、电视报纸等途径获取较为详细
的信息；二是因为党员、干部多是农村社会的管理者，在老农村社会养老
保险制度的推行中，可以享受较多的集体补助。[②] 本研究中，是否党员或
干部对其参保没有影响。对此可能的解释，一是新农保制度注重公平性，
干部、群众享受的权利一致，避免了对干部参保的不正当激励；二是政府
加大了宣传力度，干部和群众在信息获得机会方面的差异不明显。在以往
研究中，家庭人均收入与保险购买可能存在正相关关系。而在本研究中，
家庭年纯收入对农民的参保行为并没有显著影响，这可能是因为在新农保
弹性缴费制度和农民收入水平提高的前提下，家庭年纯收入不再是农民参
保的顾虑。

新农保参保率是衡量地方政府政绩的一个标准，这可能会导致一些农
民被强制参保，从而违背自愿参保的原则。华中师范大学中国农村问题研
究中心的调查报告显示，部分地区存在强制参保的情况，比重在 3% 以
内。本调查设计了一个问题来测量被访农民是否自愿参保，结果显示，在
1187 个参与的农民中，有 114 个农民回答是被强制参保的，占参保农民
的 9.6%。需要剔除这部分农民，以寻求在自愿参保原则下，社会资本对
农民参保行为的影响。表 4—24 报告了分析结果，结果显示，社会资本各
因子的显著水平是稳定的，模型的解释力有所增强。

---

① 赵德余、梁鸿:《农民参与社会养老保险行为选择及其保障水平的因素分析——来自上
海郊区村庄层面的经验》，载《中国人口科学》2009 年第 1 期。

② 乐章:《现行制度安排下农民的社会养老保险参与意向》，载《中国人口科学》2004 年
第 5 期。

表4—24　　　　　农民是否参保的回归分析结果（剔除被强制参与的农民）

| 变量 | 模型 1 | | | 模型 2 | | |
| --- | --- | --- | --- | --- | --- | --- |
| | B | SE | Exp（B） | B | SE | Exp（B） |
| 自变量 | | | | | | |
| 信任因子 | 0.179*** | 0.071 | 1.196 | 0.189*** | 0.071 | 1.208 |
| 互动因子 | 0.169** | 0.067 | 1.184 | 0.165** | 0.067 | 1.180 |
| 互惠因子 | 0.025 | 0.067 | 1.026 | 0.028 | 0.068 | 1.028 |
| 认同因子 | −0.109* | 0.071 | 0.896 | −0.113* | 0.071 | 0.893 |
| 亲属关系 | 0.025 | 0.066 | 1.025 | 0.027 | 0.066 | 1.027 |
| 安全秩序因子 | 0.048 | 0.069 | 1.049 | 0.046 | 0.069 | 1.047 |
| 控制变量 | | | | | | |
| 性别 | −0.123 | 0.148 | 0.884 | −0.110 | 0.149 | 0.896 |
| 年龄 | 0.026** | 0.012 | 1.026 | 0.140** | 0.065 | 1.150 |
| 年龄平方 | — | — | — | −0.001* | 0.001 | 0.999 |
| 婚姻 | 1.126*** | .312 | 3.084 | 0.741* | 0.382 | 2.098 |
| 党员 | 0.001 | 0.272 | 1.001 | 0.000 | 0.272 | 0.999 |
| 干部 | 0.288 | 0.376 | 1.334 | 0.284 | 0.375 | 1.329 |
| 受教育年数 | 0.029 | 0.022 | 1.030 | 0.030 | 0.022 | 1.031 |
| 家庭年纯收入 | 0.004 | 0.026 | 1.004 | −0.030 | 0.103 | 0.970 |
| 家庭年纯收入平方 | — | — | — | 0.003 | 0.010 | 1.003 |
| 家庭子女数 | −0.143 | 0.092 | 0.866 | −0.128 | 0.092 | 0.880 |
| 村与县城的距离 | −0.006** | 0.003 | 0.994 | −0.006** | 0.003 | 0.995 |
| 常数项 | −0.771 | 0.491 | 0.462 | −2.605 | 1.117 | 0.074 |
| 卡方值 | 51.858 | | | 55.088 | | |
| 似然值 | 1308.182 | | | 1304.952 | | |
| 虚拟确定系数 | 0.063 | | | 0.067 | | |
| 样本数 | 1156 | | | 1156 | | |

（五）结论

从人力资源和社会保障部公布的参保率来看，新农保并没有激发农民普遍参保的热情，相当一部分农民没有参保。为什么农民对参保做出了不同的选择，又有哪些因素影响了农民参保？本研究从社会资本理论视角出发，认为农民的参保行为是嵌入在社会资本中的，在问卷调查的基础上，实证分析了农民是否参与新农保的影响因素。除了验证传统解释因素外，本研究特别检验了农民个体社会资本对农民参保行为的影响，主要结论有如下三点。

第一，信任、互动推动了农民的参保行为。要理解农民的参保行为，单从理性小农的角度来观察是不够的。村域中农民的互动、信任构成了其参保决策的另一个图景：信任降低了农民搜寻信息的成本和制度交易的成本；互动在降低农民信息获取成本的同时，使得潜在参保农民重视和已参保农民之间交流感受，这使得个体和参照群体保持了一致的参保选择。本研究结果验证了假设 A3 和假设 B3。

第二，互惠和亲属关系对农民的参保行为没有显著作用。互惠对农民是否参保影响不显著。互惠可能有助于农民在缴费中互相支持，但也有一定的保险替代效应：互惠程度越高，养老越可能得到周围人群的支持，从而减少了对养老保险制度的需求。这两种相反的作用机制可能使得互惠对农民的参保行为没有显著作用。亲属关系因子没有通过显著检验，可能说明强关系在获得信息中的价值不高，这从侧面印证了格兰诺维特的弱关系命题。本研究结果没有证实假设 C2。

第三，认同规范对农民的参保行为有负向作用，而安全秩序规范对农民的参保行为没有影响。研究结果没有证实假设 D2。

本研究实证分析了农民个体社会资本对新农保参保行为的影响。它对农民参保的正效应是通过信任和互动来实现的。本研究说明，提高农民个体社会资本含量是提高农民参保可能性的有效措施。

## 二　社会互动与农民的参保行为①

### （一）引言

新型农村社会养老保险是 2009 年底国家推行的旨在解决农民养老问题的制度，它突破了老农保仅靠农民"自我储蓄"的局限，实行融资渠道的多元化，充分考虑了农民的利益，理应能激发农民参保的热情。然

---

① 节选自吴玉锋《社会互动与新型农村社会养老保险参保行为实证研究》，载《华中科技大学学报》（社会科学版）2011 年第 4 期。

而，从试点县运行情况来看，新农保存在总体参保率偏低的问题。以人力资源和社会保障部公布的数据为准，截至 2010 年 6 月底，全国 320 个试点县和 4 个直辖市参保人数为 5965 万人，参保人数仅占适龄农业人口的 63.82%[1]。若以学界调查结果为准，新农保总体参保率可能更低。华中师范大学中国农村问题研究中心对全国 20 个省 68 个试点县（市）68 个村庄的 1942 个农户进行了新农保政策试点情况的调研，调查报告显示，68 个被调查村庄的参保率为 57.59%。[2]

从参保率来看，新型农村社会养老保险并没有激发农民普遍参保的热情，相当一部分农民没有缴费参保。为什么农民对新农保参保行为做出了不同的选择？哪些因素影响了农民的参保行为？目前，学界关于新农保参保行为影响因素的实证研究还没有出现，已有文献主要集中在对老农保的研究上。这些研究表明，影响老农保参保行为的主要因素是农民的个人、家庭特征等变量。还有学者从村域的角度进行研究，认为参保不仅是农民个体选择的结果，而且还受村庄的自然环境、社会经济与政治民主情况的影响。村域是农民参保行为的重要影响因素已经得到学界的一致认同。已有的研究多强调村域经济因素的影响，忽略了对村域非经济因素的探究。目前，学界还没有从村域社会互动的视角对农民的参保行为进行实证研究。

农民参保行为是嵌入在村域社会互动中的，农民是否参与新农保是在村域中通过社会互动达成相对共识后做出决策的。本研究在梳理以往文献的基础上，理论分析社会互动对新农保参保行为的影响效应和作用机制，在验证传统理论对参保行为解释的同时，特别检验社会互动对参保行为的影响，以期对新农保的参保行为做出一个独特的解释。

（二）理论与文献分析

当前的研究从社会互动视角实证分析了城市居民的金融参与。研究结果表明，社会互动通过信息传递促进了金融参与。格兰诺维特较早地证实了社会互动在信息提供中的作用，并提出了著名的弱关系假设，认为弱关系比强关系可以提供更有价值的信息。[3] 班纳吉和比赫昌达尼等探讨了社会互动是如

---

[1]　数据来自《中国财经报》2010 年 7 月 24 日第 001 版。

[2]　数据来自《21 世纪经济报道》2010 年 4 月 23 日第 006 版。

[3]　Granovetter M. , "The Strength of Weak Ties", *American Journal of Sociology*, 1973, 6, pp. 1360 – 1380.

何通过信息的口头相传或者观察性学习来影响股市参与的。[1] 进一步细分社会互动对金融参与的作用机制,社会互动是通过内生互动和情景互动两个机制来影响金融决策的。曼斯基又细分了内生互动对金融参与的三个作用机制。内生互动通过口头传递信息、交流感受和一致性规范促进了金融参与。[2] 哈里森·洪等以美国为例,首次就社会互动对居民参与股市的影响进行了实证分析。结果表明,社会互动程度越高,居民观察性学习和交流股市话题的机会也越多,参与股市的净成本就越低,参与股市的可能性就越高。那些经常与邻居保持联系或参加教堂活动的家庭更有可能在股票市场上投资。[3] 国内运用社会互动理论实证分析金融参与的研究很少见,仅有个别学者做了这方面的研究。李涛对广东省居民的调查研究表明,社会互动通过内生互动推动了居民参与股市。细分样本后发现,社会互动对低学历居民参与股市的促进作用更为明显。内生互动促进了居民参与股市;而情景互动阻碍了居民参与股市,这与我国股市普遍亏损的市场环境有关。[4] 李涛运用 2005 年对中国 12 个城市投资者的调查数据对社会互动的作用机制进行了实证研究。结果表明,社会互动促进了个体在股票、基金等 13 种金融项目上的参与。[5]

　　本质而言,参保也是一种金融参与:我今天投入了多少钱,是为了以后获得更多的钱。国内外学者也证实了社会互动对参保行为的促进作用。研究结果表明,社会互动通过信息传递增进了信息了解,促进了个体参保。德斯梅特、乔杜里和伊斯兰姆发现了社会互动在提供社区医疗保险信息中的作用,认为社会互动降低了信息搜寻成本,促进了社区医疗保险的参与。[6] 迪弗洛和赛斯研究了大学退休教师养老保险选择,发现社会互动

　　① Bergelsdijk S. & T. Van, Schalk, *Social Capital and Regional Economic Growth*, Mimeo, Tilburg University 2001, pp. 1 – 43; BikhchandaniS., D. Hershleifer & I. Welch, Learning from the Behavior of Others: Conformity, Fadsand Informational Cascades, Journal of Economic Perspectives, 1998, 12, pp. 151 –170.

　　② Charles F., Manski, "Economic Analysis of Social Interactions", *Journal of Economic Perspectives*, 2000, 14 (3).

　　③ Hong, Harrison, Jeffrey D. Kubik & Jeremy C. Stein, "Social Interaction and Stock-Market Participation", *Journal of Finance*, 2004, 59 (1), pp. 137 –163.

　　④ 李涛:《社会互动与投资选择》,载《经济研究》2006 年第 8 期。

　　⑤ 李涛:《社会互动、信任与股市参与》,载《经济研究》2006 年第 1 期。

　　⑥ Desmet M., Chowdhury, A. Q. & Islam, M. K., "The Potential for Social Mobilisation in Bangladesh: The Organisation and Functioning of two Health Insurance Schemes", *Social Science & Medicine*, 1999, 48 (7), pp. 925 –938.

通过传递信息对个体购买养老保险的决策产生影响。[1] 贝斯特夫等用1998年美国的数据,首次实证研究了社会互动对老年人购买商业医疗保险的影响。研究发现,社会互动通过传递医疗保险信息而影响保险购买。社会互动程度越高,即经常和朋友、邻居交流的家庭,购买保险的可能性越低。原因是信息传递虽然降低了参保成本,但商业医疗保险的坏口碑降低了老年人购买保险的可能性。同时,受教育程度低的个体更容易受到社会互动的影响,因为这样的个体更依赖他人提供的信息。国内的学者中,何兴强和李涛首次实证检验了社会互动对居民商业保险购买的影响。分析结果表明,社会互动对保险购买没有显著性作用。这是因为内生互动的正效应和情景互动的负效应相互抵消而致。内生互动虽然促进了居民购买保险,而中国保险业缺乏诚信的坏口碑降低了居民购买保险的积极性。[2]

通过对相关文献的梳理发现,个体在面临金融决策时,并不是孤立地做出选择的。人与人之间的互动直接影响个体的金融决策,可以说,金融决策是嵌入在社会互动中的。社会互动通过内生互动和情景互动两个机制作用于金融决策。

参保行为也是一种金融决策行为。农民在衡量是否参与新农保时,并不是孤立地做出决策的,而是通过社会互动形成社区相对共识后最终达成的。社会互动影响农民参与新农保是通过内生互动和情景互动两个机制来实现的。内生互动指农民的参保决策受到其周围农民同期行为的影响,而其自身的决策又反作用于周围农民的参保决策,因此内生互动意味着潜在参保农民和周围农民之间是互相影响的,它也被称为伙伴群体效应。具体到新农保来说,内生互动表现为"看别人参保了,我也要参保;别人缴费多,我也缴费多",这种影响是双向的。情景互动则是一种单向影响,农民的参保决策受到周围农民的影响,但其自身的决策并不能反作用于周围农民,它也被称为示范群体效应。情景互动表现为"我是否参保,看别人参保结果的好坏",这种影响是单向的,结果也是不确定的。农民认

---

① Duflo, Esther & Emmanuel, Saez, "Participationand Investment Decisions in a Retirement Plan: the Influence of Colleagues'Choices", *Journal of Public Economics*, 2002, 85 (1), pp. 121 – 148.

② Beiseitov, Eldar, Kubik, Jeffrey D. & Moran, JohnR., *Social Interaction and Health Insurance Choices of the Elderly: Evidence from the Health and Retirement Study*, Working Paper, Syracuse University, 2004.

为"参保结果较好"时,情景互动效应为正;农民认为"参保结果不好"时,情景互动效应为负。内生互动和情景互动对新农保参保行为的影响效应和作用机制是不同的。

首先,内生互动通过信息传递、交流感受和一致性规范三个作用机制促进农民参与新农保。第一,内生互动传递了新农保信息。在新农保宣传过程中,农民获得新农保信息的途径有两个:一个是制度性渠道,一个是非制度性渠道。前者主要指政府通过媒体和动员会等手段宣传新农保政策,后者主要指农民通过社会互动这种非正式渠道口头传递信息。制度性渠道的信息传递具有临时性、突击性和政策文本性等特征,不易被农民接受。非制度性渠道的信息传递具有持续性和通俗性特征,易被农民理解和接受。社会互动通过口头相传信息有效满足了农民对信息的需求,降低了农民搜寻信息的成本,从而激励农民参保。第二,内生互动通过交流感受增加了潜在参保农民的主观效用。在农民做出参保决策之前,还存在一个共同决策带来的体验、感受交流的过程。这种共同决策的感受交流给潜在参保农民带来了主观效用,这种主观效用类似于个体之间关于书籍、商店、电影、体育等共同话题的交流带来的快乐。交流中产生的情绪快乐可以改变农民原来的偏好:从孤立决策时内生互动的没有作用,到公共决策时内生互动的积极影响。第三,潜在参保农民受到其他参保农民的行为所反映的规范的影响,使得潜在参保农民保持与参保农民一致的行为决策。通过观察周围农民的参保决策,潜在参保农民可以了解到他所属群体的适当行为,并希望选择与周围农民平均水平类似的决策。遵循这种行为规范,可能会受到其他农民的尊重从而赢得声望。反之,则会受到孤立和排斥。总的来说,内生互动有助于农民缴费参保。

其次,情景互动通过"好的结果"和"坏的结果"示范效应两种作用机制影响农民参与新农保。第一,情景互动通过"好的结果示范"促进农民参与新农保。情景互动是周围农民将自己参保的结果形成评价后告诉潜在参保农民,进而对其行为决策产生影响。鉴于新农保受益具有长期性的特点,缴费参保农民不可能马上体验到新农保的好处。但是60岁以上的农民可以马上免费领取养老金,这部分人体验到了新农保的实惠,对新农保形成了良好的评价。这部分农民对新农保形成的"好的结果"的评价必将激励更多的农民缴费参保。第二,情景互动通过"坏的结果示范"阻碍农民参与新农保。之前在我国农村地区推行的老农村社会养老保险产生了很多问题,老农保不但没有解决农民的养老问题,反而降低了农民对政府和制度的信任。部分参保农民对老农保形成了坏的评价,这种"坏的结果示范"必将影响其他农民参与新农保。因此,总的来说,情景互动对农民的参保行为的影响存在正负两种效应,情景互动的总体效应取决于正负效应的比较,结果是不确定的。

（三）变量测量

本节旨在通过 Logistic 回归分析检验社会互动对新农保参保行为的影响效应和作用机制。我们先基于整体样本实证检验社会互动理论,为更详细验证不同农民群体中社会互动的影响效应和作用机制,本研究进一步根据学历和家庭收入将农民区分为不同的群体,以探求社会互动对不同群体农民参保行为的影响。[①]

为获得社会互动对农民参保行为的净效应,需要构造出相应的控制变量。根据传统理论对参保行为的解释,本研究构造了农民个体层面 6 个变量、家庭层面 2 个变量、地区层面 1 个变量,在对部分变量采取虚拟处理的基础上形成了 11 个控制变量。社会互动是本研究的关键变量。受数据所限,本研究无法完整构造内生互动和情景互动的指标,因而不能从经验层面验证内生互动和情景互动对农民参保行为的影响。在后面的研究中,通过细分农民的家庭收入,本研究对内生互动和情景互动的影响做了初步分析。为了验证社会互动增进了农民对新农保的了解、降低了搜寻信息的成本,本研究构造了农民对新农保了解程度的 2 个指标。本研究中涉及的具体变量及其处理方法见表 4—25。

表 4—25　　　　　　　　　　　　　　变量及其处理与赋值

| 变量名称 | 变量尺度 | 变量的处理与赋值方式 |
| --- | --- | --- |
| 个人层面因素 | | |
| 　　性别 | 虚拟变量 | 女 = 0,男 = 1 |
| 　　年龄 | 定距变量 | |

---

① 社会互动的测量及因子分析见第三章。

续表

| 变量名称 | 变量尺度 | 变量的处理与赋值方式 |
|---|---|---|
| 个人层面因素 | | |
| 婚姻 | 虚拟变量 | 未婚=0,已婚=1 |
| 文化程度 | 定距变量 | |
| 健康状况 | 虚拟变量 | 身体好=1,身体一般或差=0;身体一般=1,身体好或差=0;身体差=1,身体好或一般=0 |
| 是否干部 | 虚拟变量 | 未担任村、组干部=0,担任村、组干部=1 |
| 家庭层面因素 | | |
| 家庭子女数 | 定距变量 | |
| 上年家庭纯收入 | 定序变量 | 5000元以下=1,5000—10000元=2,10001—15000元=3,15001—20000元=4,20001—25000元=5,25001—30000元=6,30001—35000元=7,35001—40000元=8,40001—50000元=9,50000元以上=10 |
| 社会互动因素 | | |
| 与亲戚、本家族成员、同小组村民、同自然村村民、同行政村村民以及村干部的互动程度 | 定距变量 | 经常来往=4,有时来往=3,较少来往=2,很少来往=1 |
| 信息了解层面因素 | | |
| 缴费档次了解 | 虚拟变量 | 完全不清楚=1,不太清楚=2,有点清楚=3,非常清楚=4 |
| 缴费年限了解 | 虚拟变量 | 完全不清楚=1,不太清楚=2,有点清楚=3,非常清楚=4 |
| 地区层面因素 | | |
| 居住地区 | 虚拟变量 | 耀州区=1,神木或者即墨=0;即墨=1,耀州区或者神木=0;神木=1,即墨或者耀州区=0 |

　　农民的参保行为是因变量。通过"您今年是否已经缴纳新农保费用"这一问题测量农民的参保行为。调查结果表明,在1595个样本中,缴费参保的农民有1197个,占样本的75%。未缴费参保的农民有398个,占样本的25%。75%的参保率高于人力资源和社会保障部公布的全国总体参保率。考虑到我国北方农村新农保参保率普遍高于南方农村的现状,所抽取样本具有一定的代表性。

　　社会互动是自变量。以往研究多采取个体与邻里的互动作为测量社会互动的指标,这种测量方法只关注到了个体与部分交往对象之间的互动,不能全面测量个体的社会互动水平。本研究根据农民在村域中交往对象的多样性,采用多指标测量农民的社会互动。指标选取考虑到了农民交往对象的异质性,更全面、更稳定。

（四）实证分析结果

我们用农民个体、家庭、地区三个层面共 11 个变量作为控制变量,来研究社会互动对农民参保行为的影响效应及作用机制。考虑到家庭收入、年龄对参保行为可能存在非线性关系,构造了家庭收入和年龄的平方项。为了验证社会互动是通过增进信息了解、降低信息搜寻成本来促进农民参保的,引进了农民对新农保缴费档次、缴费年限的了解程度两个变量。表 4—26 中,模型 1 和模型 2 分别反映了未加入和加入收入、年龄平方项后,社会互动对农民参保行为的影响;模型 3 和模型 4 分别反映了未加入和加入收入、年龄平方项后,社会互动和信息了解对农民参保行为的影响。

表 4—26　　　　社会互动与农民参保行为的 Logistic 回归分析

| 变量 | 模型 1 | | 模型 2 | | 模型 3 | | 模型 4 | |
|---|---|---|---|---|---|---|---|---|
| | B | Exp（B） | B | Exp（B） | B | Exp（B） | B | Exp（B） |
| 社会互动 | | | | | | | | |
| 亲缘互动 | 0.065 | 1.067 | 0.067 | 1.070 | −0.001 | 0.999 | 0.003 | 1.003 |
| 地缘互动 | 0.127 ** | 1.135 | 0.130 ** | 1.138 | 0.075 | 1.078 | 0.080 | 1.084 |
| 信息了解 | | | | | | | | |
| 缴费档次 | | | | | 0.609 *** | 1.839 | 0.611 *** | 1.842 |
| 缴费年限 | | | | | 0.899 *** | 2.457 | 0.919 *** | 2.506 |
| 控制变量 | | | | | | | | |
| 个人层面 | | | | | | | | |
| 性别 | −0.020 | 0.980 | −0.001 | 0.999 | −0.016 | 0.984 | 0.006 | 1.006 |
| 年龄 | 0.019 * | 1.019 | 0.111 * | 1.117 | 0.021 * | 1.022 | 0.113 * | 1.120 |
| 年龄平方 | | | −0.001 | 0.999 | | | −0.001 | 0.999 |
| 身体好 | 0.199 | 1.220 | 0.178 | 1.195 | 0.084 | 1.088 | 0.062 | 1.064 |
| 身体一般 | −0.038 | 0.962 | −0.052 | 0.950 | −0.152 | 0.859 | −0.172 | 0.842 |
| 婚姻 | 1.092 *** | 2.979 | 0.771 ** | 2.161 | 0.898 *** | 2.455 | 0.584 | 1.794 |
| 是否干部 | 0.315 | 1.121 | 0.320 | 1.377 | 0.156 | 1.168 | 0.151 | 1.163 |

续表

| 变量 | 模型 1 | | 模型 2 | | 模型 3 | | 模型 4 | |
|---|---|---|---|---|---|---|---|---|
| | B | Exp (B) | B | Exp (B) | B | Exp (B) | B | Exp (B) |
| 受教育年限 | - 0.003 | 0.997 | - 0.002 | 0.998 | - 0.016 | 0.984 | - 0.014 | 0.986 |
| 家庭层面 | | | | | | | | |
| 家庭子女数 | - 0.044 | 0.957 | - 0.031 | 0.970 | - 0.056 | 0.945 | - 0.043 | 0.958 |
| 家庭纯收入 | 0.034 | 1.034 | - 0.058 | 0.943 | 0.033 | 1.033 | - 0.128 | 0.880 |
| 收入平方 | | | 0.009 | 1.009 | | | 0.015 | 1.016 |
| 地区层面 | | | | | | | | |
| 耀州区 | 0.578*** | 1.782 | 0.560*** | 1.751 | 0.624*** | 1.866 | 0.595*** | 1.813 |
| 即墨 | 0.447* | 1.563 | 0.453* | 1.573 | 0.429* | 1.536 | 0.438* | 1.549 |
| 常量 | - 1.092** | 0.335 | - 2.438** | 0.087 | - 1.516*** | 0.220 | - 2.789** | 0.061 |
| Chi - square | 56.148 | | 59.357 | | 138.285 | | 143.042 | |
| - 2log likelihood | 1520.795 | | 1517.585 | | 1438.657 | | 1433.901 | |
| Nagelkerke $R^2$ | 0.059 | | 0.062 | | 0.140 | | 0.144 | |
| N | 1382 | | 1382 | | 1382 | | 1382 | |

注:"*" $P \leqslant 0.1$;"**" $P \leqslant 0.05$;"***" $P \leqslant 0.01$。

　　首先,我们关注社会互动对农民参保行为的影响。模型 1 和模型 2 中,在控制其他变量的情况下,农民的地缘互动均对其参保行为具有正效应,显著度均达到了 0.05 的水平,而且地缘互动对参保行为的正效应表现稳健。模型 2 的发生比显示,农民的地缘互动水平每提高 1 个单位,其参保的可能性会增加 13.8% 左右。在加入农民对缴费档次和缴费年限了解程度两个变量后,模型 3 和模型 4 都表明,农民对新农保的了解程度对其参保行为有显著的促进作用,而地缘互动的正效应不再显著。以模型 4 的发生比为准,农民对缴费档次了解程度每增加 1 个单位,其参保可能性会提高 84.2%;对缴费年限了解程度每增加 1 个单位,参保可能性会提高 1.5 倍左右。在控制对新农保了解程度两个变量后,地缘互动对参保行为的正效应不再显著。这说明社会互动增进了农民对新农保信息的了解,从而激励农民参保。从模型 1、模型 2、模型 3 和模型 4 来看,亲缘互动对农民的参保行为没有显著性作用。

　　其次,在农民的个体层面因素中,年龄和婚姻状况是影响其参保的重要变量。这在上节已经详细解释,此处不再赘述。

最后,农民所在地区是影响其参保行为的重要变量。耀州区和即墨区农民比神木县农民更倾向参与新农保。以模型4的发生比为准,在其他因素相同的情况下,耀州区农民比神木县农民参保的可能性要高出81.3%;即墨农民比神木县农民参保的可能性要高出54.9%。农民参保决策呈现出明显的地区差异,这可能是地区经济发展水平所致,也可能是地方政府的动员能力所致,这需要进一步的研究来验证。

稳定性检验。我们需要剔除被强制参保的农民,以寻求在自愿参与原则下,社会互动对农民参保的影响。表4—27报告了回归分析结果,结果显示,社会互动对农民参保的作用是稳定的。剔除被强制缴费的农民后,模型的解释力度有明显提高。

表4—27　　　　社会互动与农民参保行为的 Logistic 回归分析

| 变量 | 模型 1 | | 模型 2 | | 模型 3 | | 模型 4 | |
|---|---|---|---|---|---|---|---|---|
| | B | Exp (B) | B | Exp (B) | B | Exp (B) | B | Exp (B) |
| 社会互动 | | | | | | | | |
| 亲缘互动 | 0.078 | 1.081 | 0.080 | 1.083 | 0.019 | 1.019 | 0.022 | 1.022 |
| 地缘互动 | 0.127 ** | 1.136 | 0.129 ** | 1.137 | 0.074 | 1.076 | 0.078 | 1.081 |
| 信息了解 | | | | | | | | |
| 缴费档次 | | | | | 0.656 *** | 1.927 | 0.652 *** | 1.919 |
| 缴费年限 | | | | | 0.976 *** | 2.654 | 0.998 *** | 2.712 |
| 控制变量 | | | | | | | | |
| 个人层面 | | | | | | | | |
| 性别 | −0.051 | 0.950 | −0.033 | 0.967 | −0.045 | 0.956 | −0.024 | 0.977 |
| 年龄 | 0.025 ** | 1.026 | 0.118 * | 1.125 | 0.029 ** | 1.030 | 0.111 * | 1.118 |
| 年龄平方 | | | −0.001 | 0.999 | | | −0.001 | 0.999 |
| 身体好 | 0.270 | 1.310 | 0.244 | 1.277 | 0.145 | 1.156 | 0.120 | 1.128 |
| 身体一般 | −0.031 | 0.970 | −0.046 | 0.955 | −0.181 | 0.835 | −0.201 | 0.818 |
| 婚姻 | 1.179 *** | 3.252 | 0.866 ** | 2.378 | 0.987 *** | 2.684 | 0.718 * | 2.051 |
| 是否干部 | 0.194 | 1.214 | 0.196 | 1.216 | −0.022 | 0.978 | −0.033 | 0.968 |
| 受教育年限 | −0.004 | 0.996 | −0.003 | 0.997 | −0.020 | 0.980 | −0.019 | 0.981 |

续表

| 变量 | 模型 1 | | 模型 2 | | 模型 3 | | 模型 4 | |
|---|---|---|---|---|---|---|---|---|
| | B | Exp (B) | B | Exp (B) | B | Exp (B) | B | Exp (B) |
| 家庭层面 | | | | | | | | |
| 家庭子女数 | -0.096 | 0.909 | -0.083 | 0.920 | -0.116 | 0.890 | -0.105 | 0.900 |
| 家庭纯收入 | 0.033 | 1.034 | -0.031 | 0.969 | 0.032 | 1.032 | -0.117 | 0.890 |
| 收入平方 | | | 0.006 | 1.006 | | | 0.014 | 1.014 |
| 地区层面 | | | | | | | | |
| 耀州区 | 0.602*** | 1.826 | 0.588*** | 1.801 | 0.669*** | 1.952 | 0.643*** | 1.902 |
| 即墨 | 0.468** | 1.597 | 0.472** | 1.603 | 0.455* | 1.577 | 0.465* | 1.592 |
| 常量 | -1.442*** | 0.236 | -2.844** | 0.058 | -1.954*** | 0.142 | -3.101*** | 0.045 |
| Chi-square | 61.160 | | 63.844 | | 152.274 | | 156.028 | |
| -2log likelihood | 1438.740 | | 1436.055 | | 1347.626 | | 1343.871 | |
| Nagelkerke $R^2$ | 0.068 | | 0.071 | | 0.163 | | 0.167 | |
| N | 1271 | | 1271 | | 1271 | | 1271 | |

注："*" $P \leqslant 0.1$，"**" $P \leqslant 0.05$，"***" $P \leqslant 0.01$；身体好和身体一般的参照对象是身体差的农民；耀州区和即墨的参照对象是神木。

基于总体样本的回归分析发现了社会互动对农民参保行为的影响效应及作用机制，这是基于全部农民样本的平均观察。进一步的问题是，社会互动对新农保参保行为的影响效应和作用机制会不会在不同的样本中有所不同？以下的研究分别从农民的学历、上年家庭纯收入两个角度对总体样本进行细分，进一步分析社会互动对不同群体农民参保行为的影响。

基于学历进行分类。从理论来看，高学历农民可能更多地从电视、报纸等制度性渠道获得新农保知识，而较少依赖对周围农民的观察性学习；而且他们的参保决策可能更理性，独立决策水平更高，受周围农民互动效应的影响较小，这些可能会降低社会互动对其参保行为的正效应。另外，高学历农民具有更开放的心态，其社会交往对象的异质性会更高，地缘互动这种弱联系对其参保行为的影响可能更显著。低学历农民的情况则与此相反。低学历农民从制度性渠道获取信息的能力不够，更多依赖非制度性渠道，周围农民提供的信息对其参保行为有更大的影响;而且低学历农民的决策水平不够高,受周围农民互动效应影响较大,这些都增强了社会互动对其参保行为的正效应。另外,低学历农民心态相对封闭,其交往对象异质性不高,亲缘互动这种强联系对其参保行为的影响可能更显著。细分农民学历的研究正是为了从经验层面检验以上的理论分析。农民平均受教育年限为 7.63 年,我们把 575 个受教育年限低于 7.63 年的农民划为低学历农民,把 807 个受教育年限高于 7.63 年的农民划为高学历农民。表 4—28 构建了 4 个模型,反映了社会互动分别对低学历农民和高学历农民参保行为的影响。细分样本后,样本量减少了很多。为使模型拟合得更好,我们在表 4—26 的基础上忽略了农民身体健康状况(身体好、身体一般)对参保行为的影响。这样,在控制 9 个变量的基础上,检验了社会互动对不同层次学历的农民参保行为的影响。表 4—28 给出了回归分析结果,被解释变量是农民是否参保。

表 4—28 基于细分农民学历的 Logistic 回归分析

| 变量 | 低学历 | | | | 高学历 | | | |
| | 模型 1 | | 模型 2 | | 模型 3 | | 模型 4 | |
| | B | Exp(B) | B | Exp(B) | B | Exp(B) | B | Exp(B) |
| --- | --- | --- | --- | --- | --- | --- | --- | --- |
| 社会互动 | | | | | | | | |
| 亲缘互动 | 0.191** | 1.211 | 0.123 | 1.131 | −0.028 | 0.973 | −0.099 | 0.906 |
| 地缘互动 | 0.155 | 1.167 | 0.092 | 1.096 | 0.144* | 1.155 | 0.106 | 1.112 |
| 信息了解 | | | | | | | | |
| 缴费档次 | | | 0.866*** | 2.377 | | | 0.493** | 1.637 |
| 缴费年限 | | | 1.075*** | 2.931 | | | 0.828*** | 2.289 |
| | a | | a | | a | | a | |
| 观测值 | 575 | | 575 | | 807 | | 807 | |

注:a 代表未列出的 9 个控制变量。

首先,关注低学历农民。模型 1 和模型 2 反映了低学历农民参保行为的社会互动解释。模型 1 表明，低学历农民是通过亲缘互动来影响其参保行为的。亲缘互动的显著性达到了 0.05 的水平，发生比显示，低学历农民亲缘互动水平每增加 1 个单位，其参保的可能性就提高 21.1%。这个发现印证了以上的理论分析，即低学历农民通过亲缘互动这种强关系来影响其参保行为。模型 2 表明，在控制农民对新农保缴费档次和缴费年限的了解程度后，亲缘互动的影响消失。这说明低学历农民通过亲缘互动增进了对新农保的了解，从而促使其缴费参保。

其次，关注高学历农民。模型 3 和模型 4 反映了高学历农民参保行为的社会互动解释。模型 3 表明，高学历农民是通过地缘互动来影响其参保行为的。地缘互动的显著性达到了 0.1 的水平，发生比显示，农民的地缘互动水平每增加 1 个单位，其参保的可能性就提高 15.5%。这个发现印证了之前的理论预期，即高学历农民通过地缘互动这种弱联系来影响其参保行为。模型 4 表明，在控制农民对新农保的了解程度后，地缘互动的影响消失。这说明高学历农民通过地缘互动获得信息从而参保。

基于家庭收入进行分类。从理论上来看，低收入农民抵御风险能力差，情景互动的负面效应放大，这可能会抵消内生互动对其参保行为的积极影响。因而，加总的社会互动对低收入农民参保行为的作用可能不再显著。同时，低收入农民交往对象更局限在亲戚和家族成员之间，因此社会互动更可能通过亲缘互动影响其参保行为。与此相反，高收入农民抵御风险能力强，情景互动的负效应弱化，这提高了社会互动对高收入农民参保行为的积极影响。同时，高收入农民交往对象异质性高，社会互动更可能通过地缘互动影响参保。根据农民上年家庭纯收入的中位值，把 756 个家庭纯收入低于 10000 元的农民家庭划为低收入家庭，把 626 个家庭纯收入高于 10000 元的农民家庭划为高收入家庭。表 4—29 构建了 4 个模型，反映社会互动对低收入农民和高收入农民参保行为的影响。在表 4—28 所列出的控制变量的基础上忽略了家庭收入及家庭收入平方项对农民参保行为的影响，并加入了教育年限变量。这样，在控制 8 个变量的基础上，检验了社会互动对高、低收入农民参保行为的影响效应和作用机制。表 4—29 给出了回归分析结果，被解释变量是农民是否参保。

表 4—29　　　　　　　　　基于细分农民家庭收入的 Logistic 回归分析

| 变量 | 低收入 | | | | 高收入 | | | |
|---|---|---|---|---|---|---|---|---|
| | 模型 1 | | 模型 2 | | 模型 3 | | 模型 4 | |
| | B | Exp（B） | B | Exp（B） | B | Exp（B） | B | Exp（B） |
| 社会互动 | | | | | | | | |
| 亲缘互动 | 0.038 | 1.039 | -0.033 | 0.968 | 0.134 | 1.144 | 0.062 | 1.064 |
| 地缘互动 | 0.029 | 1.030 | -0.035 | 0.965 | 0.239 *** | 1.269 | 0.197 ** | 1.217 |
| 信息了解 | | | | | | | | |
| 缴费档次 | | | 0.541 *** | 1.717 | | | 0.686 *** | 1.985 |
| 缴费年限 | | | 1.094 *** | 2.986 | | | 0.759 *** | 2.136 |
| | a | | a | | a | | a | |
| 观测值 | 756 | | 756 | | 626 | | 626 | |

注：a 代表没有列出的 8 个控制变量。

首先，关注社会互动对低收入农民的影响。模型 1 中，亲缘互动和地缘互动都没有通过显著性检验，即社会互动对低收入农民参保行为没有影响。这符合我们的理论预期。在低收入农民中，情景互动的负效应放大，这抵消了内生互动对参保行为的正效应，从而使得加总的社会互动对其参保行为的影响不再显著。这个结论与何兴强和李涛的研究发现一致。他们基于城市居民购买商业保险的研究发现，内生互动的正效应和情景互动的负效应抵消了社会互动对其购买保险的促进作用。[①] 内生互动可以通过降低参与成本或增加主观效用进而促进居民购买保险，但情景互动对居民保险购买决策的影响则可能是正面的也可能是负面的，尤其是在保险产品提供者缺乏诚信的时候，更可能是负面的。模型 2 中，亲缘互动和地缘互动对参保行为的影响没有通过显著性检验，可以认为内生互动促进了农民参保，而情景互动削弱了农民参保的可能性，进而导致加总的社会互动对农民参保没有影响。

其次，关注社会互动对高收入农民的影响。模型 3 中，地缘互动通过

――――――――――

① 何兴强、李涛：《社会互动、社会资本和商业保险购买》，载《金融研究》2009 年第 2 期。

了 0.01 的显著性检验。发生比显示，高收入农民地缘互动水平每增加 1 个单位，其参保的可能性会提高 26.9%。这符合我们的理论预期。在高收入农民中，情景互动的负效应弱化，这使得加总的社会互动对参保行为的正效应变强。而且，高收入农民更多地通过地缘互动来影响其参保行为。

（五）结论和政策含义

本节实证分析了新农保参保行为的社会互动解释。研究有三大发现：第一，基于全部样本研究发现，社会互动对新农保参保行为具有正效应，社会互动增进了农民对新农保信息的了解。社会互动对参保行为的影响是通过地缘互动实现的。第二，基于细分农民学历的研究发现，社会互动对低学历农民参保行为的影响更显著。低学历农民通过亲缘互动这种强联系获取新农保信息；高学历农民通过地缘互动这种弱联系获取新农保信息。第三，基于细分农民家庭收入的研究发现，情景互动的负效应和内生互动的正效应抵消了社会互动对低收入家庭农民参保行为的影响。在情景互动负效应弱化的条件下，社会互动通过地缘互动促进了高收入家庭农民参保。本研究弥补了学界对农民参保行为非经济因素研究的不足，为促进新农保政策的有效实施提供了一个理论和政策视角。如何能促进农民参与新农保是新农保政策推行过程中的重要命题。农民的参保行为是一个复杂的金融决策行为，它不仅受经济因素和政府因素的影响，还受到村域社会互动的影响。本研究为促进新农保政策的有效实施提供了一个政策视角。在新农保政策试点推行阶段，政府应该思量如何采取具体有效的措施提高农民的社会互动水平，规避情景互动对农民缴费参保的不利影响，激发农民的参保热情，进而促进这一制度的有效运行。

## 三　信任与农民的参保行为

（一）引言

从 2009 年底开始，我国开始在部分农村地区推行新型农村社会养老保险制度。中央政府免费提供基础养老金，地方政府财政对缴费参保农民进行补贴，利益驱导的制度机制理应能激发农民参保的热情，然而从政府部门公布的数据和学界调研的结果来看，参保率不尽如人意。新农保并没有激发农民普遍参保的热情，相当一部分农民没有缴费参保，因此分析农民的参保行为显得十分必要。目前，学界关于新农保参与影响因素的实证研究极少，已有文献主要集中在对老农保的研究上。梳理这些文献发现，学界很少能从信任的视角对农民参保进行实证研究。吴玉锋和吴中宇从村域社会资本和互动的理论视角对新农保参保行为进行了实证分析，初步证实了信任对参保的影响，在一定程度上弥补了已有文献的不足。但其研究存在一定的局限性，文章没有对信任的作用机制做进一步的文献归纳和理论分析，也没有关注到信任的不同结构对参保的作用，缺乏和以往文献进行对比。[①] 鉴于此，本研究在文献归纳和理论分析信任对金融参与作用机制的基础上，实证检验信任的不同结构对参保的影响，以期推动研究的深入。

（二）理论与文献分析

地区金融的发展在很大程度上是通过个体金融参与实现的。国外学者进一步从微观的角度，证实了信任对个体金融参与的正效应。信任为什么会促进个体的金融参与，有学者从理论上进行了解释。比亚吉奥强调了信任在金融合同交易中的重要性。信任就是投资者在面对金融合同不确定性风险时，投资者对合同方是否会尽其所能完成合同的主观判断。[②] 路易吉·圭索等认为，金融契约涉及的不确定性决定了金融交易信任密集型的特征，交易的完成不仅取决于金融契约的法律执行力，而且依赖于授信者对受信者的信任程度。[③] 弗洛伦西奥和施莱费尔也阐述了普遍信任对金融交易的重要性。金融契约需要高度透明，买方必须确定金融机构和政府能够偿还未来的投资收益，这需要一个好的法律环境：律师诉讼成本是可以支付的，法律是公正的。普遍信任是满足金融合同成功交易所需要的法律条件的替代物。[④] 梳理文献发现，已有研究多以购买股票、商业保险等市场金融参与为研究对象，证实了信任对市场金融参与的正效应。近年来我国在农村地区推行的基于自愿参与的社会保险政策也得到了学者的关注。张里程等利用哈佛大学中国农村合作医疗项目的资料，对社会资本与农民

---

① 吴玉锋、吴中宇：《村域社会资本、互动与新农保参保行为研究》，载《人口与经济》2011 年第 2 期。

② Bossone, Biagio, *The Role of Trust in Financial Sector Development*, Policy Research Working Paper, No. 2200, the World Bank, 1999, pp. 1 – 33.

③ Guiso Luigi, Paola Sapienza & Luigi Zingalea, "The Role of Social Capital in Financial Development", *American Economic Rewiew*, 2004, 94 (3), pp. 526 – 556.

④ Lopezde Silanes, Florencio, Shleifer, "Andrei, What Works in Securities Laws", *Journal of Finance*, 2006, 61 (1), pp. 1 – 32.

参与新农合的支付意愿之间的关系进行了定量分析。结果表明，提高农民的信任度可以使参合率提高。[1] 文莉等研究了特殊信任对农民参与农村社会养老保险的促进作用。在对 1757 位农民调研的基础上，指出政府在农村社会养老保险中信誉度不高不利于农民参保。[2] 由此可见，不管是市场金融还是社会保险政策，只要是基于自愿参与，个体的信任水平就直接影响其参与行为。就新农保而言，信任通过降低信息搜寻成本和增加农民对制度的期望值两种机制降低了交易成本，从而有助于农民缴费参保。

信任降低了信息搜寻成本。村域中，农民获得新农保信息有两个渠道：一是政府宣传等制度性渠道。新农保在推行过程中，政府加大了宣传力度，通过咨询台和村民会议等形式让农民充分了解政策的实惠。二是村民互动和网络等非制度性渠道。鉴于政府宣传具有临时性、突击性和文本性等特征，农民更倾向于从易得易懂的网络中获取信息，因此这种人际传播的渠道是农民获得信息的有效渠道。信任有助于农民通过这两个渠道获取新农保信息。首先，信任水平高的村民更积极参与政府宣传活动如村民大会和座谈会等来获取信息。这是因为信任的内涵与公共事务参与具有天然的契合性，信任能够培育农民对公共事务的认同感，从而激发参与热情。已有文献多以村委会选举为研究对象，证实了信任对农民参与公共事务的积极影响。[3] 其次，信任不仅有助于农民通过正式渠道获取信息，还推动了农民通过人际网络传播来交流信息。信任是信息交流的前提，提供了信息交流的意愿，有助于农民之间信息的传递。信任会使农民更愿意给对方有用的信息，更容易倾听对方，接受对方的影响。知识管理领域也证实了信任对信息传播的重要性。赞德（Zand）发现信任将使信任主体更加接受同伴对自己的影响，从而提高信息交流的准确性和及时性。[4] 周涛

① 张里程、汪宏：《社会资本对农村居民参与新型农村合作医疗支付意愿的影响》，载《中国卫生经济》2004 年第 10 期。

② 文莉、肖云、胡同泽：《政府信誉与建立农村养老保险体制研究——对 1757 位农民的调查》，载《农村经济》2006 年第 1 期。

③ 孙昕、徐志刚、陶然等：《政治信任、社会资本和农民选举参与——基于全国代表性样本调查的实证分析》，载《社会学研究》2007 年第 4 期；胡荣：《社会资本与中国农村居民的地域性自主参与——影响村民在村级选举中参与的各因素分析》，载《社会学研究》2006 年第 2 期。

④ Zand, D. E., *Trust and managerial problem solving*, Administrative Science Quarterly, 1972, 17, pp. 229－239.

和鲁耀斌对虚拟社区信息共享的研究也证实了信任对信息传播的重要性。[①]

除了降低信息搜寻成本之外,信任还增加了农民对制度的期望值。新农保需要农民长时期持续缴费,且多数人不能在短期内受益。如果农民对新农保持有乐观预期,农民就会持续缴费,否则,农民可能会不参保甚至退保。目前,新农保还在试点,地方政府的持续融资能力、基金的安全管理、保值增值是影响农民心理预期的重要问题。首先,在部分地方政府财力有限、支出压力大且刚性较强的情况下,农民会担心地方政府财力能否持续投入,进而无法对制度建立信心。邓大松等指出,与中央政府筹资能力相比,部分地方政府筹资有难度,中西部地区和东部部分农业大省的财政负担比较重,这会影响到财政的可持续性支出。[②] 唐均也认为中西部地方政府的"贴息"政策有难度。中西部的一些贫困县已经出了对策,用一笔钱将中央、省里、市里的相关资金"套"下来,然后就按"潜规则"办:上面给多少,下面发多少。[③] 其次,新农保基金实行县级管理,为确保基金筹集、运行和发放的安全,制度规定了监督机制。但以县为单位统一管理和运营,在缺乏有效监督的情况下,挪用甚至贪污基金的情况难以避免。林义分析认为,对于自愿参与的新农保而言,基金的安全管理是关键性约束条件。基金的有效监管和安全运营,可以让更多农民参保,否则很难吸引农民长期参保。[④] 最后,新农保个人账户能否保值增值是农民参保的又一障碍。新农保对农民有很大实惠,必然有大量农民缴费,形成相当多的缴费收入,这给基金的保值增值带来了挑战。目前,新农保基金没有有效的投资策略,存入银行的做法无法避免贬值。

信任是对交易关系中利益相关方可能采取的对各方都有利的合作性策略的一种稳定性的期望,是人们理性选择的结果。农民对新农保持续投资、基金安全、保值增值的理性认识关乎农民的信心,而农民对新农保制度的信心是其参保决策的关键。农民是否参保取决于农民对新农保制度的

---

①　周涛、鲁耀斌:《基于社会资本理论的移动社区用户参与行为研究》,载《管理科学》2008 年第 3 期。

②　邓大松、薛惠元:《新型农村社会养老保险制度推行中的难点分析——兼析个人集体和政府的筹资能力》,载《经济体制改革》2010 年第 1 期。

③　唐均:《新农保的"软肋"》,载《中国社会保障》2009 年第 11 期。

④　林义:《破解新农保制度运行五大难》,载《中国社会保障》2009 年第 9 期。

信任程度。信任可以增进农民对制度的期望值，农民信任水平越高，越容易相信政府会持续补贴，会保证基金安全、保值增值，越容易相信新农保对养老需求的保障能力。

（三）变量测量

本节旨在分析信任对农民参保行为的作用机制和影响效应。农民是否参保是本研究的因变量，信任是自变量[①]，信息搜寻是中介变量。

本节目的是弄清楚信任对参保的影响效应和作用机制。为了验证信任通过促进农民参与网络传播和政府宣传降低了信息搜寻成本，我们构造了农民对制度的了解和农民获得信息的渠道。信息搜寻变量是中介变量。通过对缴费档次和缴费年限的了解情况来测量农民对制度的了解，两个问题的答案从"非常清楚"到"完全不清楚"，赋值分别为4分到1分。信息获取渠道包括政府宣传和人际网络传播。通过"您是否通过政府组织的咨询台获取信息"、"您是否参与村民大会获取信息"、"您是否参与政府组织的座谈会"、"您是否主动向村里其他人咨询信息"、"您是否告诉村里其他人信息"5个问题测量了信息传播渠道。5个问题答案都为"是"与"否"，"是"为1分，"否"为0分。前3个问题测量了农民参与政府宣传的情况，将参与过任意一项活动的农民界定为参与过政府宣传，得分为1，反之为0。后2个问题测量了农民参与网络传播活动，将参与过任意一项活动的农民界定为参与过网络传播，得分为1，反之为0。具体情况见表4—30。

制度期望值变量也是中介变量。信任增进了农民对新农保制度的期望值，期望值实际上指农民相信制度兑现承诺的概率，据此我们对农民对新农保制度的信任情况进行了多指标测量。测量问题分别为："您是否相信地方政府会对新农保持续融资？""您是否相信地方管理部门会确保养老金安全秩序？""您是否相信地方政府会确保基金不贬值？""您是否信任养老金会按时按量发放？""您是否相信待遇以后还会提高？"5个问题的答案分为"非常相信"、"比较相信"、"不太相信"、"很不相信"，分别赋值4分到1分。信度分析显示，Alpha = 0.8463，所测量指标之间相关度很高，适合用因子分析方法构造变量，记作期望值因子。

为获得信任对参保的净效应，需要构造出相应的控制变量。根据传统理论对参保的解释，我们构造了农民个体层面6个变量、家庭层面2个变

---

① 信任变量的测量及因子分析见第三章。

量、地区层面 1 个变量,在对部分变量采取虚拟处理的基础上形成了控制变量。本研究中涉及的具体变量及处理方法见表 4—30。

表 4—30　　　　　　　　　　　变量及其处理与赋值

| 变量名称 | 变量尺度 | 变量的处理与赋值方式 |
|---|---|---|
| 控制变量 | | |
| 性别 | 虚拟变量 | 女 = 0,男 = 1 |
| 年龄 | 定距变量 | 16—59 岁 |
| 婚姻 | 虚拟变量 | 未婚 = 0,已婚 = 1 |
| 是否干部 | 虚拟变量 | 未担任村、组干部 = 0,担任村、组干部 = 1 |
| 受教育年限 | 定距变量 | 0—21 年 |
| 家庭子女数 | 定距变量 | 0—6 个 |
| 上年家庭纯收入 | 定序变量 | 5000 元以下 = 1,5001—10000 元 = 2,10001—15000 元 = 3,15001—20000 元 = 4,20001—25000 元 = 5,25001—30000 元 = 6,30001—35000 元 = 7,35001—40000 元 = 8,40001—50000 元 = 9,50001 元以上 = 10 |
| 居住地区 | 虚拟变量 | 耀州区 = 1,神木或者即墨 = 0;即墨 = 1,耀州区或者神木 = 0;神木 = 1,即墨或者耀州区 = 0 |
| 因变量 | | |
| 是否参保 | 定类变量 | 是 = 1,否 = 0 |
| 自变量 | | |
| 信任因素 | | |
| 对亲戚、本家族成员、同姓村民、同小组村民、同自然村村民、同行政村村民以及村干部的信任程度 | 定距变量 | 非常信任 = 4,比较信任 = 3,不太信任 = 2,很不信任 = 1 |
| 中介变量 | | |
| 期望值因子 | | |
| 地方政府会持续补助、会确保基金安全秩序、保值增值、按量按时发放、待遇水平会提高 | 定距变量 | 非常信任 = 4,比较信任 = 3,不太信任 = 2,很不信任 = 1 |
| 信息搜寻 | | |
| 了解渠道 | | |

续表

| 变量名称 | 变量尺度 | 变量的处理与赋值方式 |
|---|---|---|
| 是否参与网络传播 | 虚拟变量 | 是 =1，否 =0 |
| 是否参与政府宣传 | 虚拟变量 | 是 =1，否 =0 |
| 了解程度 | | |
| 缴费档次了解程度 | 定距变量 | 完全不清楚 =1，不太清楚 =2，有点清楚 =3，非常清楚 =4 |
| 缴费年限了解程度 | 定距变量 | 完全不清楚 =1，不太清楚 =2，有点清楚 =3，非常清楚 =4 |

（四）实证分析结果

考虑到家庭收入、年龄对参保可能存在非线性关系，我们构造了家庭收入和年龄的平方项，加上农民个体、家庭、地区三个层面共 12 个变量作为控制变量，来研究信任对参保的影响效应。因变量是两分变量，采用 Logistic 回归进行分析。为验证信任是通过降低信息搜寻成本来促进农民参保的，我们引进了农民的信息获得渠道两个变量和对缴费档次、缴费年限的了解程度两个变量。为验证信任是通过增进制度期望值来促进农民参保的，我们还引进了农民对新农保制度的期望值变量。表 4—31 中，模型 1 反映了控制变量对农民参保的影响；模型 2 加入了信任变量；模型 3 又增加了农民获得信息的渠道和对信息的了解程度；模型 4 在模型 3 的基础上增加了期望值因子。具体分析结果见表 4—31。

表 4—31　　　　　　　信任与农民参保的 Logistic 回归分析

| 变量 | 模型 1 | | 模型 2 | | 模型 3 | | 模型 4 | |
|---|---|---|---|---|---|---|---|---|
| | B | Exp (B) | B | Exp (B) | B | Exp (B) | B | Exp (B) |
| 信任 | | | | | | | | |
| 地缘信任 | | | 0.186 *** | 1.204 | 0.126 * | 1.134 | 0.133 | 1.142 |
| 亲缘信任 | | | 0.060 | 1.061 | −0.013 | 0.987 | −0.068 | 0.935 |
| 信息了解 | | | | | | | | |
| 参与网络传播 | | | | | 0.645 *** | 1.907 | 0.490 *** | 1.633 |
| 参与政府宣传 | | | | | 0.350 ** | 1.418 | 0.300 * | 1.350 |
| 缴费档次 | | | | | 0.562 *** | 1.754 | 0.662 *** | 1.938 |

续表

| 变量 | 模型 1 | | 模型 2 | | 模型 3 | | 模型 4 | |
| --- | --- | --- | --- | --- | --- | --- | --- | --- |
| | B | Exp（B） | B | Exp（B） | B | Exp（B） | B | Exp（B） |
| 缴费年限 | | | | | 0.762 *** | 2.143 | 0.528 *** | 1.695 |
| 期望值因子 | | | | | | | 0.221 ** | 1.247 |
| 控制变量 | | | | | | | | |
| 个人层面 | | | | | | | | |
| 性别 | 0.094 | 1.099 | 0.021 | 1.021 | −0.059 | 0.942 | −0.067 | 0.935 |
| 年龄 | 0.123 ** | 1.131 | 0.144 ** | 1.155 | 0.143 ** | 1.154 | 0.138 * | 1.148 |
| 年龄平方 | −0.001 * | 0.999 | −0.002 ** | 0.998 | −0.001 * | 0.999 | −0.001 | 0.999 |
| 婚姻 | 0.716 ** | 2.046 | 0.698 ** | 2.009 | 0.481 | 1.618 | 0.646 | 1.908 |
| 是否干部 | 0.320 | 1.377 | 0.214 | 1.239 | −0.051 | 0.950 | −0.023 | 0.977 |
| 受教育年限 | 0.008 | 1.008 | 0.013 | 1.013 | −0.003 | 0.997 | −0.011 | 0.989 |
| 家庭层面 | | | | | | | | |
| 家庭子女数 | −0.023 | 0.977 | −0.043 | 0.958 | −0.076 | 0.927 | −0.126 | 0.881 |
| 家庭纯收入 | −0.038 | 0.963 | −0.007 | 0.993 | −0.144 | 0.866 | −0.097 | 0.908 |
| 收入平方 | 0.008 | 1.008 | 0.004 | 1.004 | 0.018 * | 1.018 | 0.011 | 1.011 |
| 地区层面 | | | | | | | | |
| 耀州区 | 0.505 *** | 1.657 | 0.534 *** | 1.705 | 0.601 *** | 1.825 | 0.561 *** | 1.753 |
| 即墨 | 0.495 ** | 1.640 | 0.485 ** | 1.624 | 0.561 *** | 1.752 | 0.247 | 1.280 |
| 常量 | −2.713 *** | 0.066 | −3.162 *** | 0.042 | −3.818 *** | 0.022 | −3.655 *** | 0.026 |
| Chi − square | 55.751 | | 64.823 | | 178.978 | | 119.065 | |
| −2 log likelihood | 1621.106 | | 1529.326 | | 1378.286 | | 880.633 | |
| Nagelkerke $R^2$ | 0.054 | | 0.066 | | 0.180 | | 0.187 | |
| N | 1490 | | 1415 | | 1374 | | 875 | |

注:" * " $P \leqslant 0.1$，" * * " $P \leqslant 0.05$，" * * * " $P \leqslant 0.01$；耀州区和即墨的参照对象是神木。

首先，实证结果验证了信任对农民参保的正效应。模型 1 显示了控制变量对农民参保的影响。模型 2 引入信任变量后，从卡方值和 Nagelkerke $R^2$ 来看，模型模拟效果提高。模型 2 中，在控制其他变量的情况下，农民的地缘信任对其参保有正效应，显著度均达到了 0.01 的水平，而亲缘信任对参保没有影响。发生比显示，农民地缘信任水平每提高 1 个单位，其参保的可能性会增加 20.4%。

其次，信任降低了信息搜寻成本，提高了农民对制度的期望值。模型 3 在加入信息搜寻变量后，模型的拟合程度显著提高，Nagelkerke $R^2$ 增加了 11.4%。信息搜寻 4 个变量对农民参保都有显著促进作用。发生比显示，参与网络传播信息的农民比参照农民参保概率高出 90.7%；参与政府宣传的农民比参照农民参保概率高出 41.8%；农民对缴费档次的了解程度每增加 1 个单位，其参保可能性会提高 75.4%；对缴费年限了解程度每增加 1 个单位，参保可能性会增加 1.1 倍左右。在控制信息搜寻等变量后，地缘信任对参保的正效应削弱，显著性明显降低。这说明信任有助于农民搜寻信息，降低了信息搜寻成本，从而激励农民参保。那么，信任对制度期望值的促进作用是否存在呢？模型 4 表明农民对制度期望值越高，其参保的可能性越高，前者每增加 1 个单位，参保概率提高 24.7%，而且信任对参保的解释效应消失。因此得出结论，信任增进了农民对制度的期望值，从而提高了参保的可能性。

如前分析，需要剔除被强制参保农民，以寻求在自愿参与原则下，信任对农民参保的影响。表 4—32 报告了分析结果，结果显示，信任对农民参保的影响作用是稳定的。更重要的是，对比表 4—32 和表 4—31 中 4 个模型的拟合程度可以看出，剔除被强制缴费的农民后，模型的解释能力更强。以模型 4 为例，表 4—32 中 Nagelkerke $R^2$ 达到了 23.8%，比表 4—31 中模型 4 提高了 5.1%。

表 4—32　　信任与农民参保的 Logistic 回归分析（剔除被强制缴费的农民）

| 变量 | 模型 1 | | 模型 2 | | 模型 3 | | 模型 4 | |
|---|---|---|---|---|---|---|---|---|
| | B | Exp (B) | B | Exp (B) | B | Exp (B) | B | Exp (B) |
| 社会信任 | | | | | | | | |
| 地缘信任 | | | 0.225 *** | 1.253 | 0.163 ** | 1.177 | 0.162 * | 1.176 |
| 亲缘信任 | | | 0.089 | 1.093 | 0.007 | 1.007 | −0.085 | 0.919 |
| 信息了解 | | | | | | | | |
| 参与网络传播 | | | | | 0.388 *** | 1.475 | 0.490 *** | 1.633 |
| 参与政府宣传 | | | | | 0.616 *** | 1.851 | 0.300 * | 1.350 |
| 缴费档次 | | | | | 0.613 *** | 1.847 | 0.662 *** | 1.938 |

续表

| 变量 | 模型 1 | | 模型 2 | | 模型 3 | | 模型 4 | |
|------|--------|--------|--------|--------|--------|--------|--------|--------|
| | B | Exp(B) | B | Exp(B) | B | Exp(B) | B | Exp(B) |
| 缴费年限 | | | | | 0.938 *** | 2.554 | 0.528 *** | 1.695 |
| 期望值因子 | | | | | | | 0.330 *** | 1.391 |
| 控制变量 | a | | a | | a | | a | |
| 常量 | −2.836 *** | 0.059 | −3.195 *** | 0.041 | −3.932 *** | 0.020 | −4.081 *** | 0.017 |
| Chi − square | 57.597 | | 70.499 | | 203.725 | | 145.969 | |
| −2 log likelihood | 1542.155 | | 1449.997 | | 1281.359 | | 813.101 | |
| Nagelkerke $R^2$ | 0.06 | | 0.077 | | 0.216 | | 0.238 | |
| N | 1366 | | 1297 | | 1260 | | 810 | |

注:表中没有报告控制变量的检验情况,a 代表农民个体、家庭和地区层面共 12 个变量。

(五)结论

本研究运用 2010 年对 1595 个农民的调查资料,首次实证分析了新型农村社会养老保险参与的信任解释。研究有三大发现:第一,基于因子分析发现,根据信任程度的不同,农民的信任可以分为村域信任和特殊信任。第二,基于 Logistic 回归分析发现,信任对农民参保的促进作用是通过村域信任实现的,村域信任水平越高,农民参保可能性越高。而特殊信任的影响不显著。第三,村域信任降低了信息搜寻成本,增加了农民对新农保制度的期望值,从而激励农民参保。

福山最早提出信任来解释各国经济绩效的差异。他指出信任虽然不能完全代替契约和商务法规,但更高程度的信任作为经济关系的一个附加条件,有助于降低交易成本;有助于找寻到合适的买方和卖方,从而使交易行为反复出现;有助于协商签订合约、遵守政府管制,并在出现争执和违约的情况下,较好地履行合约,通过这些方式来提高经济效率。[①] 福山的经验证据大部分是描述性的、定性的,没有借助统计方法进行实证。路易吉·圭索等将信任对经济绩效的影响扩展到金融参与研究中来,指出金融

① 福山:《信任:社会德性与繁荣的创造》,李宛蓉译,台北立绪文化事业有限公司 1998 年版。

合同是信任密集契约,证实了信任对个体市场金融参与的正效应。[①] 路易吉·圭索等的研究视角局限在购买商业保险和股票等市场金融参与上。张里程等利用哈佛大学对中国新农合的研究资料,证实了信任对社会医疗保险参与的促进作用,把对信任的研究扩展到基于自愿参与的社会保险上。[②] 本研究不仅证实了信任对社会保险参与的正效应,还进一步证实信任降低了信息搜寻成本,增加了对制度的期望值,从而激励农民参保。

本研究首次实证分析了信任对新农保参与的影响效果和作用机制,弥补了以往文献对参保的非经济因素研究的不足。如何能促进农民参保是新农保政策推行过程中的重要命题。农民参保是一个复杂的金融决策行为,它不仅受经济因素和政府因素的影响,还受到农民信任状况的制约。本研究为新农保参与提供了一个理论解释。

---

① Guiso Luigi, Paola Sapienza & Luigi Zingalea, "The Role of Social Capital in Financial Development", *American Economic Rewiew*, 2004, 94 (3), pp. 526 – 556; Guiso Luigi, Paola Sapienza & Luigi Zingalea, "Trusting the Stock Market", *The Journal of Finance*, 2008, 63 (6), pp. 2557 – 2600.

② 张里程、汪宏、王禄生等:《社会资本对农村居民参与新型农村合作医疗支付意愿的影响》,载《中国卫生经济》2004 年第 10 期。

# 第五章 农村社会资本与参保决策
## 实证分析:宏观层面

## 第一节 村域参保决策的测量及结果

### 一 村域参保决策的测量

为了解村域新农保参保决策状况,笔者于 2011 年 5 月至 7 月调查了河南省鲁山县库区乡、下汤乡和赵村乡三个乡镇 47 个村域。问卷调查主要收集了村域社会资本和新农保参保决策有关数据,通过部门调查分别从河南鲁山县统计局、县新型农村社会养老保险管理中心,库区乡、下汤乡和赵村乡社会保障所收集了新农保参保率相关数据。村域参保决策包括村域信息搜寻、参与指数和参保率。村域信息了解程度指村域中农民对新农保信息的平均了解程度,村域社区参与指数指村域中农民对新农保的平均信任度和满意度,主要通过问卷调查获得这些数据。村域社区的参保行为指村域中实际参保农民占应参保人数的比率,即参保率,通过部门调查获得相应数据。具体测量指标见表 5—1。

表 5—1　　　　　　　村域参保决策测量指标

| 维度 | 一级指标 | 二级指标 | 答案与赋值 |
|------|---------|---------|-----------|
| 信息搜寻 | 制度了解程度 | 您是否清楚新农保缴费档次有哪些? | "很不清楚"、"不太清楚"、"一般"、"比较清楚"、"很清楚",分别赋值1分至5分 |
| | | 您是否清楚新农保需要缴费多少年? | |
| 参保率 | 参保率 | 2010 年村域参保率 | |
| | | 2011 年村域参保率 | |

| 维度 | 一级指标 | 二级指标 | 答案与赋值 |
|---|---|---|---|
| 参与指数 | 信任度 | 您是否信任政策会一直推行下去？ | "很不信任"、"不太信任"、"一般"、"比较信任"、"很信任"，分别赋值1分至5分 |
| | | 您是否相信中央政府会一直补贴？ | |
| | | 您是否相信地方政府会一直补贴？ | |
| | | 您是否相信管理部门不会挪用基金？ | |
| | | 您是否相信管理部门会确保所缴费用不会贬值？ | |
| | | 您是否相信能按时领到养老金？ | |
| | | 您是否相信以后待遇还会提高？ | |
| | 满意度 | 您是否满意中央政府的补贴数额？ | "很不满意"、"不太满意"、"一般"、"比较满意"、"很满意"，分别赋值1分至5分 |
| | | 您是否满意地方政府的补贴数额？ | |
| | | 您是否满意相关办事人员的服务？ | |
| | | 您是否满意相关部门的管理？ | |
| | | 您是否满意新农保待遇水平？ | |

本研究从每个村域社区中随机抽取了30个左右农民，通过"您是否清楚新农保制度的缴费档次"、"您是否清楚新农保制度的缴费年限"这2个问题来询问被访农民对新农保制度的了解程度。测量问题的答案分为5级："很不清楚"、"不太清楚"、"一般"、"比较清楚"、"非常清楚"，分别赋值1分至5分。本研究将村域中所访农民在这2个问题上的平均得分作为村域层面在对应指标上的得分。47个村域在这2个指标上的得分情况如表5—2所示。可以看出，在"是否清楚缴费档次"项目上，得分最低的是下汤乡的社楼村，为2.10分，介于"不太清楚"和"一般"之间；得分最高的是赵村乡上汤村、下汤乡叶庄村和松垛沟，为3.00分，属于"一般"清楚。在"是否清楚缴费年限"项目上，得分最低的也是下汤乡社楼村，为2.12分，介于"不太清楚"和"一般"之间；得分最高的是下汤乡红石寺村，为3.04分，介于"一般"和"比较清楚"之间。进一步的均值分析发现，47个村域在"是否清楚缴费档次"和"是否清楚缴费年限"项目上的得分分别为2.63分和2.65分。总的来看，各村域在新农保缴费档次和缴费年限2个项目上都处于"不太清楚"和"一般"之间。

表 5—2　　　　　　村域层面新农保制度了解程度均值分布

| 乡镇 | 村名 | 是否清楚<br>缴费档次 | 是否清楚<br>缴费年限 | 乡镇 | 村名 | 是否清楚<br>缴费档次 | 是否清楚<br>缴费年限 |
|---|---|---|---|---|---|---|---|
| | 温汤庙村 | 2.20 | 2.24 | | 林楼 | 2.47 | 2.52 |
| | 唐沟 | 2.62 | 2.60 | | 西张村 | 2.50 | 2.54 |
| | 李子峪 | 2.46 | 2.52 | | 西许庄 | 2.26 | 2.30 |
| | 朱楼沟村 | 2.32 | 2.38 | | 王庄村 | 2.78 | 2.81 |
| | 白草坪 | 2.28 | 2.32 | | 叶庄村 | 3.00 | 3.02 |
| | 东坪 | 2.60 | 2.66 | | 松垛沟 | 3.00 | 3.02 |
| | 中汤 | 2.35 | 2.38 | | 和尚岭 | 2.90 | 2.86 |
| | 小尔城 | 2.48 | 2.50 | | 十亩地 | 2.74 | 2.78 |
| | 关垭 | 2.67 | 2.69 | | 社楼村 | 2.10 | 2.12 |
| 赵村乡 | 阎庄村 | 2.70 | 2.70 | 下汤乡 | 竹园沟 | 2.72 | 2.75 |
| | 南阴村 | 2.52 | 2.55 | | 龙潭村 | 2.78 | 2.82 |
| | 大丰沟 | 2.64 | 2.66 | | 袁庄村 | 2.92 | 2.86 |
| | 雷偏村 | 2.68 | 2.52 | | 红石寺 | 2.90 | 3.04 |
| | 赵村 | 2.88 | 2.86 | | 松树庄 | 2.48 | 2.50 |
| | 宽步口 | 2.36 | 2.43 | | 乱石盘 | 2.82 | 2.80 |
| | 火神庙 | 2.60 | 2.64 | | 王画庄 | 2.78 | 2.80 |
| | 上汤 | 3.00 | 3.02 | | 红义岭 | 2.77 | 2.77 |
| | 寨子沟 | 2.84 | 2.80 | | — | — | — |
| | 河南村 | 2.57 | 2.60 | | — | — | — |
| | 下寺村 | 2.67 | 2.70 | | — | — | — |
| | 婆娑村 | 2.30 | 2.34 | | 西沟村 | 2.80 | 2.76 |
| | 搬走岭 | 2.58 | 2.62 | | 许庄村 | 2.67 | 2.70 |
| 库区乡 | 权村 | 2.58 | 2.62 | 库区乡 | 韩湾村 | 2.65 | 2.68 |
| | 火石岈 | 2.62 | 2.60 | | 王村 | 2.75 | 2.80 |
| | 白沟村 | 2.65 | 2.68 | | 张湾村 | 2.65 | 2.68 |

　　通过询问农民对新农保制度的满意程度和信任程度来测量农民对新农保制度的心理参与程度。通过"您是否相信新农保政策会一直推行下去"、"您是否相信中央政府会持续补贴"、"您是否相信地方政府会持续补贴"、"您是否相信地方政府会保证基金安全秩序"、"您是否相信地方政府会确保基金不贬值"、"您是否相信60岁后能按时按量领取养老金"、"您是否相信养老金水平会逐步提高"这7个问题来询问被访农民对新农保制度的信任程度。测量问题的答案分5级："很不信任"、"不太信任"、"一般"、"比较信任"、"非常信任"，分别赋值1分至5分。将每个村域中所访农民在这7个问题上的平均得分作为村域层面在对应指标上的得分。47个村域在这两个指标上的得分情况见表5—3。可以看出，在7个项目上，均值得分最低的是"是否相信地方政府会保证基金安全秩序"，得2.84分，介于"不太相信"和"一般"之间；得分最高的是"是否相信政策会一直推行"，得3.78分，介于"一般"和"比较信任"之间。

表5—3　　　　　　　　　　　村域层面新农保信任度

| 项目 | 个案 | 最小值 | 最大值 | 平均值 | 标准差 |
|---|---|---|---|---|---|
| 相信政策会一直推行 | 47 | 3.29 | 4.23 | 3.78 | 0.24 |
| 相信中央政府会持续补助 | 47 | 3.00 | 4.14 | 3.72 | 0.24 |
| 相信地方政府会持续补助 | 47 | 2.60 | 3.83 | 3.09 | 0.25 |
| 相信地方政府不会挪用 | 47 | 2.22 | 3.45 | 2.84 | 0.25 |
| 相信地方政府确保不贬值 | 47 | 2.41 | 3.72 | 3.01 | 0.25 |
| 相信60岁后能按时按量领取 | 47 | 2.79 | 4.10 | 3.62 | 0.26 |
| 相信养老金水平会逐步提高 | 47 | 2.93 | 3.89 | 3.42 | 0.24 |

　　通过"您是否满意中央政府的补贴水平"、"您是否满意地方政府的补贴水平"、"您是否满意地方政府的服务水平"、"您是否满意地方政府的管理水平"、"您是否满意养老金待遇水平"5个问题测量了农民对新农保制度的满意程度。5个问题的答案分为5个等级："很不满意"、"不太满意"、"一般"、"比较满意"、"非常满意"，分别赋值1分至5分。将每个村域中所访农民在这5个问题上的平均得分作为村域层面在对应指标上的得分。47个村域在这5个指标上的得分情况见表5—4。可以看出，

在 5 个项目上,平均分最高的是"是否满意中央补助水平",得 3.97 分,接近于"比较满意";平均分最低的是"是否满意地方政府的服务水平",得 3.04 分,接近于"一般"。

表 5—4　　　　　　　　　村域层面新农保满意度

| 项目 | 个案 | 最小值 | 最大值 | 平均值 | 标准差 |
|------|------|--------|--------|--------|--------|
| 中央补助水平 | 47 | 2.88 | 4.36 | 3.97 | 0.31 |
| 地方补助水平 | 47 | 2.67 | 3.59 | 3.26 | 0.24 |
| 地方服务水平 | 47 | 2.55 | 3.62 | 3.04 | 0.25 |
| 地方管理水平 | 47 | 2.52 | 3.75 | 3.21 | 0.30 |
| 待遇水平 | 47 | 2.79 | 4.00 | 3.49 | 0.28 |

本书通过调查河南省鲁山县新型农村社会养老保险管理中心(下属鲁山县人力资源和社会保障局)以及各乡镇社会保障所获取了各乡镇所辖村在 2010 年和 2011 年的参保率数据。表 5—5 统计了 47 个村域在 2010 年和 2011 年的新农保参保率。从 2010 年的数据来看,参保率最低的是下汤乡的社楼村,只有 61%,参保率最高的是赵村乡赵村,达 94%。从 2011 年的数据来看,参保率最低的依然是下汤乡的社楼村,为 63%,参保率最高的是下汤乡的王画庄村,为 96%。表 5—6 统计了鲁山县 3 镇 47 个村域分别在 2010 年和 2011 年新农保平均参保率。可以看出,2010 年鲁山县 3 镇平均参保率为 79.57%,2011 年 3 镇平均参保率略微下降,为 78.89%。表 5—7 对 2010 年和 2011 年村域参保率分布的差异性做了显著性检验,结果发现,2010 年和 2011 年 47 个村域在新农保参保率的分布上有显著性差异,这种差异通过了 0.1 水平的显著性检验。对比 2010 年全国试点农村新农保参保率和鲁山 3 镇平均参保率发现,79.57% 的参保率不仅高于人力资源和社会保障部公布的数据(63.82%),而且也远远高出华中师范大学中国农村问题研究中心调研所得数据(57.59%)。基于新农保参保率在全国范围内分布严重不平衡的事实,即北方农村参保率普遍高于南方农村,我们可以肯定位于我国北方的鲁山县参保率应该高出全国试点农村参保率的平均水平。

表 5—5  村域层面新农保参保率

| 乡镇 | 村名 | 2010 年参保率 | 2011 年参保率 | 乡镇 | 村名 | 2010 年参保率 | 2011 年参保率 |
|---|---|---|---|---|---|---|---|
| 赵村乡 | 温汤庙村 | 0.65 | 0.65 | 下汤乡 | 林楼 | 0.67 | 0.70 |
| | 唐沟 | 0.71 | 0.77 | | 西张村 | 0.74 | 0.72 |
| | 李子峪 | 0.71 | 0.70 | | 西许庄 | 0.76 | 0.65 |
| | 朱楼沟村 | 0.73 | 0.67 | | 王庄村 | 0.85 | 0.84 |
| | 白草坪 | 0.66 | 0.67 | | 叶庄村 | 0.89 | 0.88 |
| | 东坪 | 0.79 | 0.77 | | 松垛沟 | 0.89 | 0.86 |
| | 中汤 | 0.68 | 0.68 | | 和尚岭 | 0.85 | 0.88 |
| | 小尔城 | 0.67 | 0.70 | | 十亩地 | 0.86 | 0.84 |
| | 关峼 | 0.77 | 0.73 | | 社楼村 | 0.61 | 0.63 |
| | 阎庄村 | 0.85 | 0.84 | | 竹园沟 | 0.84 | 0.85 |
| | 南阴村 | 0.76 | 0.72 | | 龙潭村 | 0.90 | 0.88 |
| | 大丰沟 | 0.84 | 0.77 | | 袁庄村 | 0.91 | 0.92 |
| | 雷偏村 | 0.84 | 0.81 | | 红石寺 | 0.89 | 0.91 |
| | 赵村 | 0.94 | 0.87 | | 松树庄 | 0.84 | 0.80 |
| | 宽步口 | 0.69 | 0.69 | | 乱石盘 | 0.87 | 0.86 |
| | 火神庙 | 0.64 | 0.75 | | 王画庄 | 0.87 | 0.96 |
| | 上汤 | 0.91 | 0.89 | | 红义岭 | 0.84 | 0.84 |
| | 寨子沟 | 0.91 | 0.87 | | — | — | — |
| | 河南村 | 0.80 | 0.76 | | — | — | — |
| | 下寺村 | 0.81 | 0.84 | | — | — | — |
| 库区乡 | 婆娑村 | 0.68 | 0.68 | 库区乡 | 西沟村 | 0.88 | 0.85 |
| | 搬走岭 | 0.77 | 0.77 | | 许庄村 | 0.84 | 0.83 |
| | 权村 | 0.75 | 0.80 | | 韩湾村 | 0.87 | 0.85 |
| | 火石峼 | 0.80 | 0.78 | | 王村 | 0.78 | 0.82 |
| | 白沟村 | 0.80 | 0.73 | | 张湾村 | 0.79 | 0.80 |

资料来源：河南省鲁山县新型农村社会养老保险管理中心。

表 5—6                     鲁山县新农保参保率均值分析

| 项目 | 个案 | 最小值 | 最大值 | 平均值 | 标准差 |
|------|------|--------|--------|--------|--------|
| 2010 年参保率 | 47 | 0.61 | 0.94 | 0.7957 | 0.09 |
| 2011 年参保率 | 47 | 0.63 | 0.96 | 0.7889 | 0.08 |

表 5—7                     鲁山县新农保参保率方差分析

| 2010 年 47 个村域参保率显著性差异方差分析 | | | | | 2011 年 47 个村域参保率显著性差异方差分析 | | | | |
|------|------|------|------|------|------|------|------|------|------|
| | 平方和 | df | 均方 | F 值 | 显著性 | 平方和 | df | 均方 | F 值 | 显著性 |
| 组间 | 0.033 | 2 | 0.017 | | | 0.042 | 2 | 0.021 | | |
| | | | | 2.372 | 0.095 | | | | 3.321 | 0.045 |
| 组内 | 0.309 | 44 | 0.007 | | | 0.275 | 44 | 0.006 | | |

## 二  村域参保决策的相关分析

如前所述,参保决策是一种动态过程,包括保险需求识别、信息搜寻、保险评估(参与指数)、参保行为和参保后评价五个阶段。理论上讲,这 5 个维度具有"内在一致性",是一种正相关关系。在经验分析中参保决策的 5 个维度也应该是一种显著的正相关关系。结合新农保政策推行的现实情况,本研究对村域层面信息了解程度、参与指数和参保率 3 个维度进行相关分析。

针对村域层面信息了解程度变量,本研究以"是否清楚缴费档次"和"是否清楚缴费年限" 2 个变量作为替代指标,加上参与指数、2010年和 2011 年各村域参保率 3 个变量,一共组成 5 个变量。通过计算相关系数来观察村域参保决策 3 个维度之间是否存在一定的正相关关系。相关分析一共得到 10 个相关系数,结果显示,10 个相关系数均为正值,Pearson 相关系数值在 0.276 到 0.988 之间。除去参与指数和是否清楚缴费年限二者的相关系数外,其他 9 个系数都通过了 0.05 水平的显著性检验。具体分析结果见表 5—8。总的来说,相关分析结果验证了预期理论,从村域层面来看,参保决策 3 个维度之间存在明显的正相关关系。

表5—8　　　　　　　　村域层面参保决策维度之间的相关分析

| | | | | | |
|---|---|---|---|---|---|
| 是否清楚缴费档次 | 1 | 0.988 *** | 0.301 ** | 0.911 *** | 0.855 *** |
| | 47 | 47 | 47 | 47 | 47 |
| 是否清楚缴费年限 | 0.988 *** | 1 | 0.276 * | 0.897 *** | 0.838 *** |
| | 47 | 47 | 47 | 47 | 47 |
| 心理参与指数 | 0.301 ** | 0.276 * | 1 | 0.362 ** | 0.329 ** |
| | 47 | 47 | 47 | 47 | 47 |
| 2010 年各村域参保率 | 0.911 *** | 0.897 *** | 0.362 ** | 1 | 0.887 *** |
| | 47 | 47 | 47 | 47 | 47 |
| 2011 年各村域参保率 | 0.855 *** | 0.838 *** | 0.329 ** | 0.887 *** | 1 |
| | 47 | 47 | 47 | 47 | 47 |

注："＊＊"代表 0.05 的显著水平；"＊＊＊"代表 0.01 的显著水平；"＊"代表 0.1 的显著水平。

## 第二节　村域社区社会资本对信息搜寻的作用

本节目的是弄清楚村域社区社会资本对新农保信息搜寻的作用机制和影响效应，村域社区社会资本是自变量，信息搜寻是因变量。

信息搜寻是因变量，测量的是村域层面获取新农保信息的渠道和对新农保的了解情况。本研究在实际操作中没有测量村域层面获取新农保信息的渠道，而是通过"是否清楚新农保缴费档次"和"是否清楚缴费年限"2 个问题测量了村域层面信息了解程度。因此，用村域层面"是否清楚缴费档次"和"是否清楚缴费年限"2 个变量指代信息搜寻变量。47 个村域在"新农保缴费档次"了解程度项目上的平均分为 2.63 分，在"新农保缴费年限"了解程度上的平均分为 2.65 分。从均值来看，2 个项目的平均分都介于"不太清楚"和"一般"之间。在后文的分析中，将分别以村域层面"缴费档次了解程度"和"缴费年限了解程度"这 2 个变量为因变量，来考察村域社区社会资本在信息搜寻中的解释力度。

自变量。村域社区社会资本是自变量。本研究将村域社区社会资本的 4 个因子，即村域信任因子、村域互惠因子、村域规范因子和村域互动因子作为自变量引入回归分析，以检验村域社区社会资本对信息搜寻的作用机制和影响程度。

控制变量。为获得村域社区社会资本对信息搜寻变量的净效应，需要构造相应的控制变量。本研究的控制变量包括村域总人口数、村域平均年龄和村域平均受教育水平。表 5—9 统计了 47 个村域在总人口数、平均年龄和平均受教育水平 3 个变量上的具体分布情况。可以看出,村域总人口数最少的是赵村乡的雷偏村,只有 377 人,最多的是库区乡的婆娑村,有 2544 人。村域平均年龄和受教育水平均由村域中所访农民个体层面的指标汇总而成。平均年龄最小的是下汤乡的王庄村,只有 38.93 岁,最大的是库区乡的搬走岭村,有 44.86 岁。测量农民受教育水平的问题是:"请问您的受教育程度?"答案分为 5 级,即"没上过学"、"小学"、"初中或技校"、"高中或者中专"、"大专及以上",分别赋值 1 分至 5 分。村域层面的受教育水平最低的是库区乡的权村,为 2.38 年,受教育水平接近"小学";受教育水平最高的是下汤乡的红石寺村,为 3.23 年,受教育水平高于"初中或者技校"。所有控制变量、自变量和因变量的基本统计情况见表 5—10。

表 5—9　　　47 个村域的总人口数、平均年龄和平均受教育水平情况

| 乡镇 | 村名 | 总人口数 | 平均年龄 | 受教育水平 | 乡镇 | 村名 | 总人口数 | 平均年龄 | 受教育水平 |
|---|---|---|---|---|---|---|---|---|---|
| 赵村乡 | 温汤庙村 | 395 | 41.37 | 2.48 | 下汤乡 | 林楼 | 1678 | 39.87 | 2.59 |
| | 唐沟 | 466 | 41.48 | 2.74 | | 西张村 | 934 | 41.85 | 2.74 |
| | 李子峪 | 2458 | 44.29 | 3.17 | | 西许庄 | 1120 | 42.75 | 2.76 |
| | 朱楼沟村 | 1087 | 42.57 | 2.69 | | 王庄村 | 1788 | 38.93 | 2.43 |
| | 白草坪 | 1009 | 41.87 | 2.41 | | 叶庄村 | 1964 | 43.17 | 2.87 |
| | 东坪 | 841 | 41.73 | 3.03 | | 松垛沟 | 846 | 40.33 | 2.87 |
| | 中汤 | 1984 | 41.47 | 2.88 | | 和尚岭 | 1121 | 43.03 | 2.91 |
| | 小尔城 | 1565 | 40.03 | 2.63 | | 十亩地 | 2227 | 42.15 | 2.68 |
| | 关岈 | 735 | 41.21 | 2.90 | | 社楼村 | 1123 | 41.52 | 2.56 |
| | 阎庄村 | 662 | 43.10 | 3.04 | | 竹园沟 | 1503 | 42.57 | 3.05 |
| | 南阴村 | 991 | 42.13 | 2.47 | | 龙潭村 | 2075 | 41.17 | 2.74 |
| | 大丰沟 | 633 | 41.67 | 2.94 | | 袁庄村 | 1860 | 42.40 | 2.73 |
| | 雷偏村 | 377 | 40.96 | 2.85 | | 红石寺 | 1205 | 40.60 | 3.23 |
| | 赵村 | 1962 | 42.76 | 2.61 | | 松树庄 | 1615 | 40.23 | 2.86 |
| | 宽步口 | 1065 | 41.69 | 2.44 | | 乱石盘 | 773 | 39.49 | 3.00 |
| | 火神庙 | 431 | 40.47 | 2.57 | | 王画庄 | 1087 | 41.77 | 2.71 |
| | 上汤 | 1346 | 40.10 | 2.93 | | 红义岭 | 558 | 39.37 | 2.87 |
| | 寨子沟 | 1013 | 40.25 | 2.97 | | — | | | — |
| | 河南村 | 682 | 41.53 | 2.77 | | — | | | — |
| | 下寺村 | 424 | 41.60 | 2.73 | | — | | | — |

续表

| 乡镇 | 村名 | 总人口数 | 平均年龄 | 受教育水平 | 乡镇 | 村名 | 总人口数 | 平均年龄 | 受教育水平 |
|------|------|---------|---------|-----------|------|------|---------|---------|-----------|
|  | 婆娑村 | 2544 | 43.93 | 2.39 |  | 西沟村 | 385 | 40.72 | 2.38 |
|  | 搬走岭 | 1161 | 44.86 | 2.69 |  | 许庄村 | 1324 | 41.67 | 2.76 |
| 库区乡 | 权村 | 1049 | 41.32 | 2.38 | 库区乡 | 韩湾村 | 552 | 42.53 | 2.52 |
|  | 火石岈 | 566 | 43.57 | 2.50 |  | 王村 | 689 | 42.13 | 2.55 |
|  | 白沟村 | 1139 | 43.79 | 2.73 |  | 张湾村 | 820 | 42.13 | 2.70 |

资料来源：根据鲁山县统计局和问卷调查所得数据汇总。

表 5—10 变量的基本统计情况

|  | 样本量 | 最小值 | 最大值 | 平均值 | 标准差 |
|------|-------|--------|--------|--------|--------|
| 因变量 |  |  |  |  |  |
| 是否清楚缴费档次 | 47 | 2.10 | 3.00 | 2.63 | 0.22 |
| 是否清楚缴费年限 | 47 | 2.12 | 3.04 | 2.65 | 0.21 |
| 自变量 |  |  |  |  |  |
| 村域信任因子 | 47 | -2.89 | 1.66 | 0 | 1 |
| 村域互惠因子 | 47 | -2.45 | 1.62 | 0 | 1 |
| 村域规范因子 | 47 | -1.31 | 2.94 | 0 | 1 |
| 村域互动因子 | 47 | -2.10 | 1.86 | 0 | 1 |
| 控制变量 |  |  |  |  |  |
| 村域总人口数 | 47 | 377.00 | 2544.00 | 1143.23 | 580.44 |
| 村域平均年龄 | 47 | 38.93 | 44.86 | 41.70 | 1.31 |
| 村域平均年龄平方 | 47 | 1515.54 | 2012.42 | 1740.98 | 109.68 |
| 村域平均受教育水平 | 47 | 2.38 | 3.23 | 2.73 | 0.21 |

本节分别以村域层面对新农保"缴费档次"和"缴费年限"的了解程度为因变量，分析村域社区社会资本对信息搜寻变量的作用机制和影响效应。为了更清楚地了解村域社区社会资本对信息了解程度的解释效力，本研究建构了两个模型。模型1只考察了村域总人口数、村域平均年龄、村域平均年龄平方和村域平均受教育水平4个变量对"缴费档次"了解程度的解释效果。模型2在模型1的基础上加入了村域社区社会资本4个

因子。表5—11显示了回归分析结果。对比两个模型的解释力发现，在加入村域社区社会资本变量后，模型 2 的解释力远远高出模型 1 的解释力，调整后的 $R^2$ 值从 10.4% 提高到 37.2%，增加了 26.8%。可以看出，村域社区社会资本对新农保"缴费档次"了解程度的解释是有力的。

首先，关注研究假设的验证情况。假设 A4 和假设 B4 得到了验证。从模型 2 来看，村域信任因子和村域互动因子都通过了 0.01 水平的显著性检验，二者的标准回归系数都为正。这表明村域信任和村域互动水平越高，村域层面对新农保缴费档次的了解程度越高。这验证了假设 A4 和假设 B4，即村域信任水平越高，信息了解程度越高；村域互动水平越高，信息了解程度越高。从理论上来讲，村域互动和村域信任都有助于降低信息搜寻成本，这得到了经验的支持。回归分析没有发现村域互惠因子和村域规范因子对新农保信息搜寻的显著性作用。

其次，模型 1 和模型 2 都表明，村域平均受教育水平是影响信息了解程度的显著性变量。模型 1 中村域平均受教育水平通过了 0.05 水平的显著性检验，模型 2 中村域平均受教育水平的显著性尽管有所下降，但依然在 0.05 左右。模型 1 和模型 2 中受教育水平的标准回归系数为正，表明村域平均受教育水平越高，信息了解程度越高。村域平均受教育水平影响农民对信息的独立处理水平，受教育水平越高，信息了解程度越高，信息搜寻成本就越低。村域平均年龄和村域平均年龄平方在模型 2 中都通过了 0.1 水平的检验，综合二者的标准系数来看，村域平均年龄和信息了解程度呈非线性相关关系。

表5—11　　**以"缴费档次"了解程度为因变量的回归分析**

| 变　量 | 模型 1 | | | 模型 2 | | |
| --- | --- | --- | --- | --- | --- | --- |
| | B | SE | SIG | B | SE | SIG |
| 自变量 | | | | | | |
| 村域信任因子 | | | | 0.393 | 0.028 | 0.005 |
| 村域互惠因子 | | | | − 0.212 | 0.030 | 0.117 |
| 村域规范因子 | | | | − 0.092 | 0.032 | 0.533 |
| 村域互动因子 | | | | 0.404 | 0.027 | 0.002 |

续表

| 变　量 | 模型 1 | | | 模型 2 | | |
|---|---|---|---|---|---|---|
| | B | SE | SIG | B | SE | SIG |
| 控制变量 | | | | | | |
| 村域总人口数 | 0.030 | 0.000 | 0.854 | 0.047 | 0.000 | 0.729 |
| 村域平均年龄 | -4.268 | 1.187 | 0.555 | -12.136 | 1.048 | 0.063 |
| 村域平均年龄平方 | 4.087 | 0.014 | 0.573 | 12.058 | 0.013 | 0.065 |
| 村域平均受教育水平 | 0.371 | 0.142 | 0.012 | 0.327 | 0.165 | 0.052 |
| 常数项 | — | 24.801 | 0.498 | — | 21.895 | 0.052 |
| $R^2$ | | 0.0182 | | | 0.482 | |
| 调整后的 $R^2$ | | 0.104 | | | 0.372 | |
| N | | 47 | | | 47 | |

以 "缴费年限" 的了解程度为因变量进行稳定性检验。同样的，本研究建构了两个模型。模型 1 只考察了村域总人口数、村域平均年龄、村域平均年龄平方和村域平均受教育水平共 4 个变量对 "缴费年限" 了解程度的解释效果，模型 2 则加入了村域社区社会资本 4 个因子。表 5—12 显示了回归分析结果。对比两个模型的解释力发现，在加入村域社区社会资本变量后，模型 2 的解释力远远高出模型 1 的解释力，调整后的 $R^2$ 值从 13.3% 提高到 39.9%，增加了 26.6%。村域社区社会资本对新农保 "缴费年限" 了解程度的解释力很强。在以 "缴费年限" 了解程度为因变量的回归分析中有相同的发现：村域社区社会资本各因素中，村域信任因子和村域互动因子对新农保 "缴费年限" 了解程度的促进效应具有稳定性。

表 5—12　　　　以 "缴费年限" 了解程度为因变量的回归分析

| 变　量 | 模型 1 | | | 模型 2 | | |
|---|---|---|---|---|---|---|
| | B | SE | SIG | B | SE | SIG |
| 自变量 | | | | | | |
| 村域信任因子 | | | | 0.363 | 0.027 | 0.007 |
| 村域互惠因子 | | | | -0.195 | 0.028 | 0.139 |
| 村域规范因子 | | | | -0.085 | 0.030 | 0.557 |

续表

| 变　量 | 模型 1 | | | 模型 2 | | |
|---|---|---|---|---|---|---|
| | B | SE | SIG | B | SE | SIG |
| 村域互动因子 | | | | 0.430 | 0.025 | 0.001 |
| 控制变量 | | | | | | |
| 村域总人口数 | 0.064 | 0.000 | 0.683 | 0.087 | 0.000 | 0.514 |
| 村域平均年龄 | −3.575 | 1.118 | 0.615 | −11.013 | 0.982 | 0.084 |
| 村域平均年龄平方 | 3.380 | 0.013 | 0.635 | 10.916 | 0.012 | 0.087 |
| 村域平均受教育水平 | 0.404 | 0.134 | 0.006 | 0.374 | 0.154 | 0.024 |
| 常数项 | — | 23.365 | 0.551 | — | 20.511 | 0.069 |
| $R^2$ | | 0.208 | | | 0.503 | |
| 调整后的 $R^2$ | | 0.133 | | | 0.399 | |
| N | | 47 | | | 47 | |

本节分别以村域对新农保"缴费档次"和"缴费年限"的了解程度为因变量，考察了村域社区社会资本对信息搜寻的作用。结果发现，村域社区社会资本对信息了解程度有很强的解释力。尽管没有发现村域互惠、规范对信息搜寻成本的作用，但研究结果验证了假设 A4 和假设 B4，村域信任、互动有助于降低信息搜寻成本。

## 第三节　村域社区社会资本对参与指数的正效应

本研究运用村域层面新农保制度的满意程度和信任程度来构造村域参与指数。通过因子分析方法来构造参与指数变量。在进行因子分析之前，需要进行 KMO 测度和 Bartlett 球形检验。结果显示，KMO 值为 0.877，一般认为 KMO 值为 0.9 以上效果很好，0.7 以上适合因子分析，0.5 以下不适合因子分析。Bartlett 球形检验也达到了 0.01 的显著水平，表明适合因子分析。经过最大方差法旋转，所得因子分析结果见表 5—13。结果显示，从 12 个项目中可以提取 2 个因子：第一个因子包括信任度 6 个指标，命名为信任度因子；第二个因子包括满意度 4 个指标，命名为满意度因子。2 个因子共解释了 72.493% 的变异。但是，测

量满意度的 3 个指标"地方政府补助满意水平"、"地方政府管理满意
水平"和"地方政府服务满意水平"存在交叉负荷的现象，3 个指标在
信任度和满意度因子上的负载均在 0.5 以上，说明指标所测量的潜在概
念的意义不明确。但考虑到 3 个指标的理论含义皆为农民的满意程度，
依然将其归入满意度因子。

表 5—13　　　　　　　　　　参与指数因子分析

| 项目 | 信任度因子 | 满意度因子 | 共量 |
|---|---|---|---|
| 政策会一直推行 | 0.841 | 0.251 | 0.770 |
| 中央政府会一直补助 | 0.616 | 0.515 | 0.645 |
| 地方政府会一直补助 | 0.793 | 0.306 | 0.723 |
| 基金不会挪用 | 0.668 | 0.401 | 0.607 |
| 基金不会贬值 | 0.690 | 0.509 | 0.735 |
| 能按时按量领取 | 0.633 | 0.415 | 0.573 |
| 待遇会逐步提高 | 0.891 | 0.096 | 0.804 |
| 中央政府补助水平 | 0.141 | 0.883 | 0.799 |
| 地方政府补助水平 | 0.553 | 0.685 | 0.775 |
| 地方政府服务水平 | 0.649 | 0.540 | 0.713 |
| 地方政府管理水平 | 0.617 | 0.619 | 0.763 |
| 地方政府待遇水平 | 0.283 | 0.844 | 0.793 |
| 特征值 | 7.637 | 1.062 | 8.699 |
| 平均方差（%） | 63.640 | 8.853 | 72.493 |

　　将信任度因子、满意度因子分别乘以各自贡献的平均方差比例之后相
加，得到参与指数变量。为了便于描述和解释，将参与指数转化为 1—

100 的指数①。均值分析发现，村域层面参与指数均值为 44.67 分，标准差为 20.64 分。总的来说，村域参与指数程度不高，而且村域之间参与指数差异大。为了方便观察，将参与指数进行五等分：将得分在 1—20 分之间的村域界定为低参与指数；20.01—40 分之间的界定为较低参与指数；40.01—60 分之间的界定为一般；60.01—80 分之间的界定为较高参与指数；80.01—100 分之间的界定为高参与指数，具体见表 5—14。可以看出，村域参与指数的众值是"一般"和"较低"，占 47 个村域的 59.6%。

表 5—14　　　　　　　　　　　　村域参与指数分布

| 村域参与指数 | 参与指数得分 | 频率 | 有效百分比 |
| --- | --- | --- | --- |
| 低 | 1—20 | 7 | 14.9 |
| 较低 | 20.01—40 | 14 | 29.8 |
| 一般 | 40.01—60 | 14 | 29.8 |
| 较高 | 60.01—80 | 11 | 23.4 |
| 高 | 80.01—100 | 1 | 2.1 |
| 合计 | — | 47 | 100.0 |

　　控制变量。为获得村域社区社会资本对参与指数的净效应，需要构造出相应的控制变量。选择村域总人口数、村域平均年龄和村域平均家庭收入 3 个变量为控制变量。为判断年龄、家庭收入和参与指数是否存在非线性关系，需要引入村域平均年龄和村域平均家庭收入的平方项。

　　自变量。理论上讲，社会资本含量高的地区，人们在信息、借钱、借物等方面互相支持力度更大，对政府和制度的期望值更高，对新农保制度满意度和信任度更高，即参与指数会更高。本研究实证检验村域社区社会资本对村域参与指数的解释力，在回归分析中，引入村域社区社会资本 4 个因子作为自变量。所有自变量、控制变量和因变量的基本统计情况见表 5—15。

---

　　① 转换公式是：转换后的因子值 =（原因子值 + B）× A。其中，A = 99/（因子最大值 – 因子最小值），B =（1/A）– 因子最小值。

表5—15　　　　　　　　　变量的基本统计情况

| | 样本量 | 最小值 | 最大值 | 平均值 | 标准差 |
|---|---|---|---|---|---|
| 因变量 | | | | | |
| 参与指数 | 47 | 1 | 100 | 44.67 | 20.64 |
| 自变量 | | | | | |
| 村域信任因子 | 47 | -2.89 | 1.66 | 0 | 1 |
| 村域互惠因子 | 47 | -2.45 | 1.62 | 0 | 1 |
| 村域规范因子 | 47 | -1.31 | 2.94 | 0 | 1 |
| 村域互动因子 | 47 | -2.10 | 1.86 | 0 | 1 |
| 控制变量 | | | | | |
| 村域总人口数 | 47 | 377.00 | 2544.00 | 1143.23 | 580.44 |
| 村域平均年龄 | 47 | 38.93 | 44.86 | 41.70 | 1.31 |
| 村域平均年龄平方 | 47 | 1515.54 | 2012.42 | 1740.98 | 109.68 |
| 村域平均家庭收入 | 47 | 2.43 | 5.38 | 3.57 | 0.67 |
| 村域平均家庭收入平方 | 47 | 5.90 | 28.94 | 13.15 | 5.10 |
| 村域平均受教育水平 | 47 | 2.38 | 3.23 | 2.73 | 0.21 |

　　为了解村域社区社会资本的解释效力,本研究建构了两个模型,具体见表5—16。模型1考察了村域总人口数、村域平均年龄、村域平均年龄平方、村域平均家庭收入、村域平均家庭收入平方和村域平均受教育水平共6个变量对参与指数的解释,模型2则加入了村域社区社会资本的4个因子。对比两个模型发现,加入村域社区社会资本后,模型2的解释力明显提高。调整后的 $R^2$ 值从24.8%提高到33.7%,增加了8.9%。村域社区社会资本对村域参与指数有一定的解释力。

　　假设 A5 预期村域信任水平越高,村域参与指数越高。回归分析结果证明了假设 A5。从模型2来看,村域信任因子通过了 0.01 水平的显著性检验,且标准回归系数为正,表明村域信任水平越高,村域参与指数越高。回归分析没有发现村域互惠、规范和互动对参与指数的显著性作用。假设 B5 预期村域互动对参与指数有促进效应,这没有从经验层面得到验证。这很可能是因为内生互动的正效应和情景互动的负效应相互抵消的结果,内生互动提高了参与指数,而情景互动则降低了参与指数,这导致加总的社会互动对参与指数的影响不再显著。假设 D3 预期村域规范对参与指数有正效应也未得到验证。这可能是因为村域规范反映了村域认同和村域安全秩序规范,而没有有效测量村域的投资规则。假设 C3 预期村域互惠对参与指数有正效应也未得到验证。对此的解释是,互惠对参与指数具有正负两种效应,互惠鼓励农民通过互助共济观念关注参保,但互惠作为一种非正式保险,也削弱了参保的意愿。

模型 1 和模型 2 都表明,村域平均家庭收入是影响参与指数的显著变量。模型 1 中村域平均家庭收入和其平方项都通过了 0.01 水平的显著性检验。模型 1 和模型 2 中村域平均家庭收入的标准回归系数为正,而其平方项的标准回归系数为负,表明村域平均家庭收入和参与指数呈现倒"U"形相关关系,即收入中等水平的村域,其参与指数要高于平均收入较低和较高的村域。

表 5—16　　　　　　　　　　村域参与指数回归分析结果

| 变 量 | 模型 1 | | | 模型 2 | | |
|---|---|---|---|---|---|---|
| | B | SE | SIG | B | SE | SIG |
| 自变量 | | | | | | |
| 村域信任因子 | | | | 0.391 | 3.253 | 0.018 |
| 村域互惠因子 | | | | 0.130 | 2.987 | 0.361 |
| 村域规范因子 | | | | 0.082 | 3.174 | 0.600 |
| 村域互动因子 | | | | 0.121 | 2.639 | 0.349 |
| 控制变量 | | | | | | |
| 村域人口总数 | -0.102 | 0.005 | 0.500 | -0.102 | 0.004 | 0.479 |
| 村域平均年龄 | -4.808 | 108.597 | 0.490 | -5.440 | 104.626 | 0.419 |
| 村域平均年龄平方 | 4.886 | 1.304 | 0.485 | 5.603 | 1.256 | 0.407 |

续表

| 变　量 | 模型 1 | | | 模型 2 | | |
|---|---|---|---|---|---|---|
| | B | SE | SIG | B | SE | SIG |
| 村域平均家庭收入 | 4.651 | 38.495 | 0.001 | 2.961 | 44.298 | 0.046 |
| 村域平均家庭收入平方 | -4.411 | 5.052 | 0.001 | -2.727 | 5.782 | 0.064 |
| 村域平均受教育水平 | 0.045 | 14.467 | 0.768 | 0.021 | 17.568 | 0.909 |
| 常数项 | — | 2249.673 | 0.562 | — | 2170.269 | 0.467 |
| $R^2$ | | 0.346 | | | 0.481 | |
| 调整后的 $R^2$ | | 0.248 | | | 0.337 | |
| N | | 47 | | | 47 | |

本研究以信任度和满意度为依据构造了村域参与指数变量。分析表明，村域参与指数的众值是"一般"或者"较低"。基于村域社区社会资本对参与指数的回归分析表明，村域信任对参与指数有明显的促进效应，而村域互惠、互动和规范对村域参与指数没有作用。研究结果验证了假设 A5，但没有验证假设 B5、假设 C3 和假设 D3。

## 第四节　村域社区社会资本对参保率的正效应

新农保实行多元化的融资渠道，中央财政免费提供基础养老金①，地方财政对参保农民进行补贴，制度设计充分考虑了农民的利益，理应能激励农民普遍参保。目前，学者对新农保制度运行现状进行了理论或经验分析。学界普遍认同新农保制度的同时也指出了制度运行中存在的问题，即新农保地区间发展不平衡，制度呈现碎片化，更为突出的问题是参保率地区差异大。徐立强基于华中师范大学中国农村问题研究中心对全国 68 个试点县（市）的调查数据进行分析发现，我国新农保参保率呈现明显的地区差异，中部比东部地区参保率要略高 0.67%，而西部比东、中部地

---

① 对基础养老金部分，中央财政对中西部地区给予全额补助，对东部地区给予 50% 的补助。

区要低24%左右。① 新农保参保率地区不均衡的问题严重影响制度的有效
运行。2012年上半年,国务院决定在全国所有县级行政区全面开展新农
保工作,新农保制度实现全覆盖。由于新农保遵循政府主导和农民自愿相
结合的原则,地区参保率在很大程度上决定着制度覆盖面的扩展,有必要
对新农保参保率及影响因素进行研究。本节研究目的是弄清楚村域社区社
会资本对村域参保率的影响效应和作用机制。村域参保率是因变量,村域
社区社会资本是自变量。

村域参保率是因变量。村域参保率表示村域已参保人数占应参保人数
的比例。从2010年的参保情况来看,47个村域参保率在61%—94%之间
徘徊,平均参保率为79.57%。从2011年的参保情况来看,47个村域参
保率在63%—96%之间,平均参保率略微下降,为78.89%。村域参保率
是一种连续性的定距层次变量,基本呈正态分布。因此,适合运用线性回
归方程来构造模型,分别以2010年和2011年47个村域的参保率为因变
量进行分析。

村域社区社会资本4个因子是自变量。理论上认为,村域信任不仅能
够降低信息搜寻成本,降低制度交易成本,还能增加对制度的期望值,因
而能够提升村域参保率。村域互动也可以降低信息搜寻成本,产生互动效
应,尽管互动效应的方向视内生互动和情景互动效应的比较而定,但总体
而言,村域互动对村域参保率会产生正效应。村域互惠、规范则对村域参
保率有正效应。本节将从村域层面检验社会资本的4个因子对参保率的影
响程度和作用机制。

控制变量。为了解村域社区社会资本对参保率的解释力度,需要引入
控制变量。根据经验观察和传统解释,本研究选择了村域应参保人数、村
域外出务工率、村域平均年龄和村域平均家庭收入为控制变量。考虑到村
域平均年龄和村域平均家庭收入与村域参保率可能是一种非线性关系,本
研究构造了年龄和家庭收入的平方项。表5—17统计了2010年47个村域
的应参保人数和外出务工率②。就务工率而言,外出务工比率最小的是库
区乡的韩湾村,为53%,最大的是赵村乡的大丰沟村,达89%。从2010

---

① 徐立强:《影响新农保参保率的因素探析——基于spss的实证分析》,载《山东农业大
学学报》2011年第2期。

② 外出务工率的计算方法是实际外出务工人数占村域劳动人口总数的比例。

年的应参保人数来看,应参保人数最少的是赵村乡的雷偏村,仅有202人,最多的是库区乡的婆娑村,达1948人。所有因变量、自变量和控制变量的基本情况见表5—18。

表5—17　　　　　　2010 年各村应参保人数和外出务工率

| 乡镇 | 村名 | 应参保人数 | 外出务工率 | 乡镇 | 村名 | 应参保人数 | 外出务工率 |
|------|------|------------|------------|------|------|------------|------------|
| 赵村乡 | 温汤庙村 | 259 | 0.78 | 下汤乡 | 林楼 | 717 | 0.82 |
| | 唐沟 | 256 | 0.78 | | 西张村 | 548 | 0.80 |
| | 李子峪 | 1374 | 0.75 | | 西许庄 | 462 | 0.71 |
| | 朱楼沟村 | 548 | 0.80 | | 王庄村 | 900 | 0.73 |
| | 白草坪 | 574 | 0.81 | | 叶庄村 | 826 | 0.62 |
| | 东坪 | 445 | 0.62 | | 松垛沟 | 474 | 0.62 |
| | 中汤 | 988 | 0.75 | | 和尚岭 | 520 | 0.71 |
| | 小尔城 | 809 | 0.78 | | 十亩地 | 1210 | 0.60 |
| | 关岈 | 465 | 0.62 | | 社楼村 | 539 | 0.82 |
| | 阎庄村 | 393 | 0.61 | | 竹园沟 | 755 | 0.80 |
| | 南阴村 | 625 | 0.62 | | 龙潭村 | 830 | 0.78 |
| | 大丰沟 | 330 | 0.89 | | 袁庄村 | 862 | 0.65 |
| | 雷偏村 | 202 | 0.66 | | 红石寺 | 644 | 0.70 |
| | 赵村 | 783 | 0.59 | | 松树庄 | 889 | 0.80 |
| | 宽步口 | 604 | 0.80 | | 乱石盘 | 435 | 0.62 |
| | 火神庙 | 254 | 0.85 | | 王画庄 | 475 | 0.70 |
| | 上汤 | 640 | 0.60 | | 红义岭 | 285 | 0.85 |
| | 寨子沟 | 448 | 0.60 | | — | | |
| | 河南村 | 349 | 0.80 | | — | | |
| | 下寺村 | 236 | 0.83 | | — | | |
| 库区乡 | 婆娑村 | 1948 | 0.80 | 库区乡 | 西沟村 | 305 | 0.60 |
| | 搬走岭 | 945 | 0.80 | | 许庄村 | 1027 | 0.85 |
| | 权村 | 802 | 0.75 | | 韩湾村 | 479 | 0.53 |
| | 火石岈 | 430 | 0.75 | | 王村 | 587 | 0.70 |
| | 白沟村 | 505 | 0.78 | | 张湾村 | 654 | 0.75 |

资料来源:应参保人数数据来自3镇社保所,外出务工率数据来自鲁山县统计局。

表 5—18 变量基本统计情况

| | 样本量 | 最小值 | 最大值 | 平均值 | 标准差 |
|---|---|---|---|---|---|
| 因变量 | | | | | |
| 2010 年参保率 | 47 | 0.61 | 0.94 | 0.7957 | 0.09 |
| 2011 年参保率 | 47 | 0.63 | 0.96 | 0.7889 | 0.08 |
| 自变量 | | | | | |
| 村域信任因子 | 47 | −2.89 | 1.66 | 0 | 1 |
| 村域互惠因子 | 47 | −2.45 | 1.62 | 0 | 1 |
| 村域规范因子 | 47 | −1.31 | 2.94 | 0 | 1 |
| 村域互动因子 | 47 | −2.10 | 1.86 | 0 | 1 |
| 控制变量 | | | | | |
| 村域平均年龄 | 47 | 38.93 | 44.86 | 41.70 | 1.31 |
| 村域平均年龄平方 | 47 | 1515.54 | 2012.42 | 1740.98 | 109.68 |
| 村域平均家庭收入 | 47 | 2.43 | 5.38 | 3.57 | 0.67 |
| 村域平均家庭收入平方 | 47 | 5.90 | 28.94 | 13.15 | 5.10 |
| 村域外出务工率 | 47 | 0.53 | 0.89 | 0.73 | 0.09 |
| 村域应参保人数 | 47 | 202.00 | 1948.00 | 630.53 | 327.29 |

注:村域应参保人数和村域外出务工率是基于 2010 年的统计数据。

以 2010 年 47 个村域参保率为因变量,分析村域社区社会资本对参保率的解释力度,本研究分别构造了两个模型,具体见表 5—19。模型 1 考察了村域平均年龄、平均年龄平方、平均家庭收入、平均家庭收入平方、应参保人数和外出务工率 6 个变量对参保率的解释情况。模型 2 在模型 1 的基础上加入了村域社区社会资本 4 个因子。从调整后的 $R^2$ 来看,模型 1 解释了 30.4% 的方差,模型 2 解释了 46.6% 的方差,加入社会资本变量后,模型的解释力度提高了 16.2%。村域社区社会资本对参保率的差异具有相当的解释效应。

假设 A6 预期村域信任水平越高,村域参保率越高;假设 B6 预期村域互动水平越高,村域参保率越高。假设 A6 和假设 B6 都得到了验证。从模型 2 来看,村域信任、互动因子都通过了 0.05 水平的显著性检验,村域信任、互动因子的标准回归系数皆为正,表明二者对村域参保率有正效应。村域信任水平、互动水平越高,参保率就越高。假设 D4 预期村域规范水平越高,参保率越高,没有通过 0.05 水平的显著性检验。假设 C4 预期村域互惠水平越高,参保率越高,没有得到验证。

村域外出务工率对参保率有显著副作用,这在两个模型中都达到了 0.01 水平的显著性。从标准回归系数为负来看,村域外出务工率越高,参保率越低。这可能有两个解释:一是外出务工人员在外参与了其他形式的养老保险,比如城镇企业基本养老保险制度,而参与其他养老保险制度的农民是不允许参与新农保的;另一个是外出务工人员对新农保制度不很了解,无从参保,即使了解新农保,也可能因在外务工而错过了参保时间。村域平均年龄、年龄平方、家庭收入、家庭收入平方和应参保人数都对参保率没有显著作用。

表 5—19　　　　　　　　　　以 2010 年参保率为因变量的回归分析

| 变　　量 | 模型 1 | | | 模型 2 | | |
|---|---|---|---|---|---|---|
| | B | SE | SIG | B | SE | SIG |
| 自变量 | | | | | | |
| 村域信任因子 | | | | 0.336 | 0.012 | 0.025 |
| 村域互惠因子 | | | | -0.118 | 0.011 | 0.337 |
| 村域规范因子 | | | | 0.215 | 0.010 | 0.067 |
| 村域互动因子 | | | | 0.278 | 0.010 | 0.022 |
| 控制变量 | | | | | | |
| 村域平均年龄 | -8.192 | 0.431 | 0.219 | -9.117 | 0.389 | 0.132 |
| 村域平均年龄平方 | 8.161 | 0.005 | 0.222 | 9.203 | 0.005 | 0.130 |
| 村域平均家庭收入 | 1.954 | 0.153 | 0.108 | 1.204 | 0.166 | 0.357 |
| 村域平均家庭收入平方 | -1.822 | 0.020 | 0.135 | -1.189 | 0.022 | 0.362 |
| 村域应参保人数 | -0.037 | 0.000 | 0.795 | 0.015 | 0.000 | 0.907 |
| 村域外出务工率 | -0.562 | 0.117 | 0.000 | -0.462 | 0.108 | 0.000 |
| 常数项 | — | 8.920 | 0.186 | | 8.069 | 0.110 |
| $R^2$ | | 0.395 | | | 0.582 | |
| 调整后的 $R^2$ | | 0.304 | | | 0.466 | |
| N | | 47 | | | 47 | |

　　以 2011 年 47 个村域参保率为因变量对模型的稳定性进行检验。本研究构造了两个模型以反映社区社会资本的解释效力，具体见表 5—20。模型 1 反映了控制变量对村域参保率的解释效力。决定系数表明，控制变量解释了全部方差的 23.3%。模型 2 在控制变量的基础上增加了社区社会资本 4 个因子，解释力提高了 18.5%，达到了 41.8%。以 2011 年参保率数据为准，村域社区社会资本依然有很强的解释力。村域信任、互动依然通过显著性检验，表现出对村域参保率的正向促进作用。

表 5—20　　　　　　　　以 2011 年参保率为因变量进行回归分析

| 变　量 | 模型 1 | | | 模型 2 | | |
|---|---|---|---|---|---|---|
| | B | SE | SIG | B | SE | SIG |
| 自变量 | | | | | | |
| 村域信任因子 | | | | 0.490 | 0.012 | 0.002 |
| 村域互惠因子 | | | | − 0.120 | 0.011 | 0.348 |
| 村域规范因子 | | | | 0.125 | 0.010 | 0.301 |
| 村域互动因子 | | | | 0.237 | 0.010 | 0.058 |
| 控制变量 | | | | | | |
| 村域平均年龄 | − 7.392 | 0.436 | 0.289 | − 9.371 | 0.391 | 0.138 |
| 村域平均年龄平方 | 7.277 | 0.005 | 0.299 | 9.378 | 0.005 | 0.139 |
| 村域平均家庭收入 | 2.381 | 0.155 | 0.063 | 0.705 | 0.167 | 0.604 |
| 村域家庭收入平方 | − 2.239 | 0.020 | 0.082 | − 0.692 | 0.022 | 0.610 |
| 村域应参保人数 | − 0.003 | 0.000 | 0.986 | 0.016 | 0.000 | 0.906 |
| 村域外出务工率 | − 0.460 | 0.118 | 0.001 | − 0.342 | 0.108 | 0.007 |
| 常数项 | — | 9.007 | 0.253 | — | 8.103 | 0.111 |
| $R^2$ | | 0.333 | | | 0.545 | |
| 调整后的 $R^2$ | | 0.233 | | | 0.418 | |
| N | | 47 | | | 47 | |

　　本研究分别以 2011 年和 2012 年河南省鲁山县 47 个村域的参保率为因变量，以村域社区社会资本为自变量进行回归分析。结果表明，村域信

任、互动对村域参保率有显著促进效应，假设 A6、假设 B6 得到验证。而村域互惠、规范对参保率没有显著影响，假设 C4、假设 D4 没有得到验证。

　　从学界调查公布的参保率来看，新农保并没有激发农民普遍参与的热情，参保率呈现明显"东中部高，西部低"的地区差异。为什么不同地区的参保率不同，有哪些因素影响了地区参保率？本研究从社会资本理论视角出发，以村域为分析单位，在问卷和部门调查的基础上实证分析了新农保参保率的影响因素。主要结论有如下四点：第一，村域社会资本包括村域信任、村域互惠、村域规范和村域互动四个因子。村域社会资本的因子分析结果基本印证了帕特南对社会资本概念的界定。第二，村域社会资本对参保率具有很强的促进作用。村域社会资本通过信任、互动对参保率具有正效应。第三，村域互惠对参保率没有显著性作用。第四，村域规范对参保率的作用不稳定。

　　帕特南用社会资本的概念解释了意大利北部城市政府绩效为什么比南部城市高。在社会资本含量高的意大利北部城市，地方组织网络密集，公民积极参与各项政治事务，公民共同体的公民们期望更高的政府服务，他们准备为了实现这一目标而采取集体行动；在社会资本含量低的南部城市，政治和社会参与采用的是垂直组织形式，人们极少参与公民组织，他们更多的是扮演着离心离德、玩世不恭的角色。社会资本含量的差异使得北部城市政府在财政预算的制定、法律改革、社会服务的推行、工农业改革等政治绩效方面都比南部城市要好。[①] 本研究似乎表明社会资本作为一种地区或者组织的特征，不仅能提高地方政府的民主绩效，更有助于地方政府推行经济政策。村域社会资本对新农保参保率具有很强的影响作用，村域社会资本通过信任降低了信息搜寻成本，增加了农民对制度的期望值，通过社会互动对农民参保产生了群体示范效应和伙伴群体效应，从而提高了参保率。

　　新农保覆盖面的扩展不仅受制于地区经济发展水平，更受制于村域社会资本的含量，这也暗合了正式制度的有效推行受制于非正式制度的结论。本研究对解释新型农村社会养老保险参保率的差异提供了一个新的理

---

① 帕特南：《使民主运转起来：现代意大利的公民传统》，王列等译，江西人民出版社 2001 年版，第 190—217 页。

论视角。本研究揭示出:提高新农保参保率不仅关乎政府的临时动员能力,更关乎一种长期存在的村域社会资本的含量。尽管培育村域社会资本是一个长期而漫长的过程,但提高村域社会资本含量是促进包括新农保在内的社会保险政策有效推行的重要举措。

# 第六章　农村社会资本对参保决策的效应分析

## 第一节　农村社会资本对新农保参保决策的效应

从 2009 年底开始，我国中央政府在全国部分农村地区试点推行新型农村社会养老保险制度。从融资方式来看，新农保实行多元的融资渠道。第一个渠道是个人缴费。《国务院关于开展新型农村社会养老保险试点的指导意见》文件规定，"参加新农保的农村居民缴费标准设为每年 100 元到 500 元 5 个档次，参保人自主选择档次缴费，多缴多得"。参保要缴费体现了社会保险权利与义务相对应的原则，弹性缴费档次的设计考虑到了农民缴费能力的差异，多缴多得的原则激励农民选择高缴费档次。制度设计在注重公平的同时，也兼顾到了效率。第二个渠道是村集体补助。"有条件的村集体应当对参保人缴费给予补助，补助标准由村民会议民主确定。"对于大部分村集体来说，补助可能是一句空话，对于少数富裕的村集体而言，补助在一定程度上会激励农民参保。第三个渠道是地方政府补助。"地方政府应当对参保人补贴标准不低于每人每年 30 元"，这体现了地方政府对新农保的财政责任，使农民看到了新农保的实惠，刺激了参保的积极性。从受益方式来看，新农保实行基础养老金和个人账户养老金相结合的养老待遇，中央财政支付最低标准基础养老金。文件规定，"中央确定的基础养老金标准为每人每月 55 元，地方政府可以根据实际情况提高基础养老金标准，对于长期缴费的农村居民，可适当加发"。在养老金的支付环节中，中央财政全额补贴中西部地区，负担东部地区的 50%。农民达到 60 岁，只要符合条件的子女参与了制度，就可以免费领取基础养老金。基础养老金具有非缴费的特征，体现了政府对农民社会权利的保障。同时，基础养老金与个人的缴费时间也有一定的联系，对于长期缴费的农村居民，基础养老金可以适当拔高，这对农民的长期缴费意愿有一定的激励作用。

在自愿参与原则下，新农保的受益面和政策实施效果在很大程度上取决于农民的参与行为。传统理论认为，农民的个体、家庭特征，特别是家庭经济条件是影响农民参保的重要变量。除了传统的经济因素外，农村社会资本对农民新农保参保决策有相当的推动作用。

总的来看，本研究证实了农村社会资本对农民参保决策的促进效应。从农民个体层面来看，除去互惠因子外，农民个体社会资本的5个因子对新农保信息了解程度都有显著的促进作用；农民个体社会资本的6个因子都对参与指数表现出正效应；农民个体社会资本通过互动和信任两个因子对其参保行为产生正效应。从村域社区层面来看，村域社区社会资本通过村域信任和村域互动对信息搜寻起到推动作用；村域社区社会资本通过村域信任对参与指数表现出正效应；村域互动、村域信任都对村域参保率产生正效应。农村社会资本在农民参保决策中降低了农民信息搜寻的成本，增加了农民对制度的期望值，产生了互动效应。

农村社会资本降低了农民信息搜寻的成本。村域中，农民获得新农保信息有两个渠道：一是政府宣传等制度性渠道。新农保在推行过程中，政府加大了宣传力度，通过咨询台和村民会议等形式让农民充分了解政策的实惠。二是农民互动和网络等非制度性渠道。鉴于政府宣传具有临时性、突击性和文本性等特征，农民更倾向于从易得易懂的网络中获取信息，因此这种人际传播的渠道是农民获得信息的有效渠道。信任有助于农民通过这两个渠道获取新农保信息。首先，信任水平高的村民更积极参与政府宣传活动如村大会和座谈会等来获取信息。这是因为信任的内涵与公共事务参与具有天然的契合性，信任能够培育农民对公共事务的认同感，从而激发其参与热情。其次，信任不仅有助于农民通过正式渠道获取信息，还推动了农民通过人际网络传播来交流信息。信任是信息交流的前提，提供了信息交流的意愿，有助于农民之间信息的传递。信任会使农民更愿意给对方有用的信息，更容易倾听对方，接受对方的影响。

农村社会资本增加了农民对新农保制度的期望值。农民是否参与新农保取决于其对政府和新农保制度的信任程度。新农保需要农民长时期持续缴费，且多数人不能在短期内受益。如果农民对新农保持有乐观预期，农民就会持续缴费，否则，农民可能会不参保甚至退保。目前，新农保还处在试点阶段，制度缺乏法律依据，缺乏稳定性，部分地方政府融资能力差，基金安全秩序无保障，基金保值、增值缺乏途径，这些问题会导致农民对该制度缺乏信任感和安全秩序感。首先，在部分地方政府财力有限、支出压力大且刚性较强的情况下，农民会担心地方政府财力能否持续投入，进而无法对制度建立信心。其次，新农保基金实行县级管理，为确保基金筹集、运行和发放的安全秩序，制度规定了监督机制。但以县为单位统一管理和运营，在缺乏有效监督的情况下，挪用甚至贪污基金的情况难以避免。再次，新农保个人账户能否保值增值是农民参保的又一障碍。新农保基金没有有效的投资策略，存入银行的做法无法避免贬值。最后，新农保制度个人账户能否保值增值是农民参保的一大顾虑。新农保制度对农民有很大实惠，必然有大量农民参保缴费，这样也会形成相当多的缴费收入，逐年增加的缴费收入，对于新农保基金的保值增值会带来新的挑战和问题。在现行制度下，新农保的个人账户基金没有有效的投资增值策略，存入银行虽然确保了基金的安全秩序，却无法避免基金的贬值。新农保制度非常好，当期就会有相当一部分农民加入，这样会形成相当大的缴费收入，存银行利息才百分之几，甚至变成负利息了，这些都存在问题。信任是对交易关系中利益相关方可能采取的对各方都有利的合作性策略的一种稳定性的期望，是人们理性选择的结果。农民对新农保持续投资、基金安全秩序、保值增值的理性认识关乎农民的信心，而农民对新农保制度的信心是其参保决策的关键。农民是否参保取决于农民对新农保制度的信任程度。信任可以增进农民对制度的期望值，农民信任水平越高，越容易相信政府会持续补贴，会保证基金安全秩序、保值增值，越容易相信新农保对养老需求的保障能力。信任在农民参保决策中发挥着关键作用。信任可以降低制度交易成本，社会资本在农民和政府、办事人员、新农保制度之间架起了一座桥梁。

社会互动对农民参与新农保具有正效应。社会互动通过内生互动和情景互动影响农民参与新农保。内生互动和情景互动对农民参保决策的作用机制和影响效应是不同的。

首先，内生互动通过信息传递、交流感受和一致性规范促进了农民参保。第一，内生互动传递了保险信息。社会互动通过农民之间口头相传信息，有效满足了农民对信息的需求，降低了农民搜寻信息的成本，从而激励农民参保。第二，内生互动通过感受交流增加了潜在参保农民的主观效用。在农民做出参保决策之前，还存在一个共同决策带来的体验、感受交流的过程。这种共同决策的感受交流给潜在参保农民带来了主观效用。这种主观效用类似于个体之间关于书籍、商店、电影、体育等共同话题的交流带来的快乐。交流中产生的情绪快乐可以改变农民原来不认可新农保的偏好：从孤立决策时内生互动的没有作用，到公共决策时内生互动的积极影响。第三，内生互动产生了一致性规范，使得潜在参保农民保持和参保农民一致的决策。潜在参保农民通过观察参照群体的投资决策，个体可以了解到他所属社会群体的适当行为，并希望选择与参照群体成员平均水平类似的投资决策。遵循这种规则可能会受到其他参保农民的尊重从而赢得声望；反之，则会遭到孤立和排斥。

其次，情景互动通过"好的结果"和"坏的结果"两种示范效应影响农民参保。具体到新农保而言，第一，情景互动通过"好的结果"示范促进农民参与新农保。情景互动是指参照群体将自己参保的结果形成评价，告诉潜在参保农民。由于新农保受益具有长期性的特点，缴费参保农民不可能马上体验到新农保的好处，但是 60 岁以上的农民可以马上免费领取养老金，这部分人体验到了新农保的实惠，并形成了良好的评价，这种"好的结果"示范必将激励更多的农民缴费参保。第二，情景互动通过"坏的结果"示范阻碍农民参与新农保。之前在我国农村地区推行的农村社会养老保险产生了很多问题，老农保不但没有解决农民的养老问题，反而降低了农民对政府的信任。部分参保农民对老农保产生了坏的评价，这种"坏的结果"示范必将成为农民参保决策的顾虑。之前在我国农村推行的农村社会养老保险降低了农民对政府的信任程度，农民认为参与社会养老保险是一场骗局，情景互动产生了"坏的结果"。但中央和地方各级政府通过财政支出大力支持新农保，新农保的惠民力度很大，特别是 60 岁以上农民可以免费领取养老金，情景互动产生了正效应。这样，具体到农民参与新农保而言，情景互动的正负效应相互抵消，农村社会资本通过内生互动对农民参与新农保产生正效应。

## 第二节　农村社会资本对新农合参保决策的效应

新型农村合作医疗（以下简称"新农合"）是 2003 年开始启动的一项农村社会医疗保险制度。根据 2003 年 1 月卫生部、财政部和农业部发布的《关于建立新型农村合作医疗制度的意见》，国家对新农合规定了制度的基本框架。新农合是由政府组织、引导、支持，农民自愿参加，个人、集体和政府多方筹资，以大病统筹为主的医疗互助共济制度。新农合实行自愿参与，以大病统筹为目标，制度具有如下特点：互助共济，共同分担风险，缴费参保是为了互助共济而不是获取利润；统筹层次低，局限于县级统筹，制度的管理者和受益者是熟人社会中的成员；筹资机制具有简单可行的特征，一般采用定额缴费，并不根据参保人的风险来确定保费数额，降低了管理成本。新农合制度统筹层次低，不符合保险的大数原理，无法在更大的范围内分散疾病风险；同时也无法避免逆向选择的问题，不能在健康人群和不健康人群之间有效地分散疾病风险。尽管新农合制度有很多不足，但该制度依然吸引了绝大部分农民参保。这主要是因为农民的收益远远大于其投入的成本。就筹资机制而言，新农合实行政府和农民双方共同筹资的方式完成融资。制度推行之初，参保农民个人缴 10元，地方政府给每人补助 20 元；2006 年政府的补助标准提高到每人每年40 元，个人筹资标准不变；2008 年政府的补助标准进一步提高到 80 元，个人则提高到 20 元；2011 年政府的补助标准提高到 200 元，个人则提高到 30 元。新农合的筹资标准越来越高。而就补偿机制而言，新农合以大病补偿为主，如果参合农民生病住院，可以得到封顶线以下 30%—80%的补偿。农民如果生病住院，一次的费用补偿往往会超过他们过去几年所缴参保费用的总合。新农合制度对农民有很大吸引力，从 2007 年到 2010年，新农合参保率从 82.76% 升至 94.35%[①]。近几年新农合制度基本保持了很高的参保率，除了是因为制度能够给参保农民带来收益之外，还有农村社会资本的因素。农村社会资本通过信任、网络互动、互惠观念促进了农民和新农合制度、政府、医疗机构之间的合作关系，激发了农民参保的热情。

信任对农民参与新农合具有正效应。新农合制度实行自愿参加，农民是否参加新农合很大程度上取决于他们对制度的信任程度。在新农合制度的推行过程中，制度及其环境存在一些问题，这些问题主要包括制度缺乏稳定性和权威性、医疗机构存在道德风险、当地政府和干部存在失信行为，这使得很多农民对新农合制度缺乏信心和信任。

---

① 褚福：《我国城乡医疗保险现状分析》，载《中国医疗保险》2011 年第 12 期。

首先，农民对新农合制度的连续性和稳定性有疑虑。这是因为：第一，几度沉浮的合作医疗的经历使农民对新农合制度的稳定性有所怀疑。第二，地方政府把推行新农合制度作为形象工程、政绩工程，把主要精力和工作重心放在收费和完成参保率等任务上，搞运动式、强迫性推行，使农民缺乏参与的热情。第三，新农合制度是以国务院颁布的意见为依据的，缺乏法律依据，影响到了制度的权威性。其次，医疗服务供应方存在道德风险。医患双方的信息不对称，加上医疗服务技术性强，参保农民享受医疗服务的质量和数量很大程度上取决于医生和医疗机构。当前医疗卫生体制下，以药养医的局面未得到根本扭转，为追求更多经济收益，医生往往凭借医疗知识和经验，通过大处方、大检查等手段，诱导病人对医疗服务过度消费，从而增加了农民的医疗负担。医疗服务供应方的诱导性消费破坏了农民对医院和医生的信任，进一步影响到了农民对新农合制度的信任，最终使农民不再相信医疗机构能执行好新农合制度，也就不再愿意参保或者继续参保。最后，在新农合制度下，各级政府都承担一定的职责，中央政府负责制定政策框架并承担一部分筹资责任；县级政府制定具体的实施方案并负责基金的运行、定点医疗机构的监督、审核报销等具体工作，同时也承担一部分筹资责任；乡镇政府和村委会则直接面对农民，负责新农合的宣传、动员，以及收取参保费用。① 新农合制度对农民医疗需求的保障作用需要各级政府各司其职，农民对各级政府的信任程度会影响到他们对新农合有效执行的信心。农民对各级政府的信任态度并不相同。一般而言，农民对中央政府及其干部是最信任的。尽管农民缺乏和中央政府面对面的互动，但他们从电视中了解到中央政府的惠民政策，认为中央政府及其干部与农民是一心的。与此形成鲜明对比的是，农民对地方政府尤其是县、乡两级政府及其干部不信任，他们经常认为中央政策是好的，但地方政府对政策执行不力，不仅没有把农民的利益放在重要位置，还克扣中央政府的惠民财政。具体到新农合的执行而言，农民倾向于相信中央政府，但不相信地方政府和地方干部。地方政府的威信、干群关系、群众对政府及新农合组织者和管理者的信任程度，对新农合的实施和发展起着重要作用。长期以来，地方干部对农民的承诺不兑现使得干群关系紧

---

① 房莉：《制度信任的形成过程——以新型农村合作医疗制度为例》，载《社会学研究》2009 年第 2 期。

张,一些地方干部工作方法简单粗暴诱发农民的对立情绪,个别地方干部的腐败行为败坏了基层干部的形象,干部在参保缴费、费用报销等新农合制度筹资和补偿上的优待引起农民心理失衡。这些问题使得群众对地方政府和干部产生不信任感,给新农合制度的推行带来了消极的影响。

信任是对交易关系中的利益相关方可能采取的对各方都有利的合作性策略行为的一种稳定性的期望。农民是否参与新农合取决于农民对农村医疗卫生机构、医保机构和各级政府的信任程度。农民的信任水平越高,就越相信医疗机构会提供有效、低廉的医疗服务,就越相信医保机构会提高补偿范围或报销水平,就越相信政府会公平地推动政策的执行。正是这些复杂的多重当事人之间对合作性策略或博弈均衡策略达成的一种默契和共识才成为信任的内核,构成了农民对新农合制度的信任。①

互动对农民参与新农合具有正效应。村域中,农民是否参与新农合是通过社会互动达成共识后的结果。曼斯基在社会互动的经济学分析中,解释了同一群体成员行为趋向一致性的原因。曼斯基以前的社会学家将社会互动称为"社会规范"、"邻里效应"或者"羊群效应",而曼斯基进一步把社会互动分为内生互动、外生互动和交互效应。内生互动是指个体行为决策受到参照群体成员行为的影响,而这种决策可能反作用于参照群体成员;外生互动则指个体行为决策受参照群体成员行为的影响,但他的决策并不能反作用于参照群体成员;交互效应则是指邻里的行动趋向一致,其原因是他们有相同的特征或者是面临相同的选择机会。② 社会互动使得个体的经济决策行为要受到其所属群体的影响,同时个体的经济决策行为也会影响参照群体成员的预期和偏好。农民在参与新农合的过程中存在明显的互动效应,农民通过向参加新农合的参照群体如邻里了解新农合制度的参保范围、筹资渠道、补偿标准和管理措施等知识,并与他们交流参与新农合的经验感受,农民通过和参照群体交流经验感受获得共同话题的愉悦感,最终保持与参照群体相似的参与指数和参保行为。这样,当其所属群体即周围邻居积极参与新农合时,农民参与新农合的可能性更高。新农合参与中的互动效应说明,农民个体的参保决策受到其所属群体成员行为

---

① 赵德余、梁鸿:《农民参与社会养老保险行为选择及其保障水平的因素分析——来自上海郊区村庄层面的经验》,载《中国人口科学》2009年第1期。

② Manski, Charles F., "Economic Analysis of Social Interaction", *Journal of Economic Perspectives*, 2000, 14, pp. 115 – 136.

的影响，这种影响不是通过市场的价格机制进行的，而是通过农民个体之间的互动实现的。

应该说，互动效应存在于一切群体中的经济决策行为，但互动效应对农民特别是低学历农民的影响更明显。这是因为：第一，新农合制度涉及患者、医院和医保机构三方的关系，制度的执行是三方博弈的结果，制度设计和执行异常复杂，农民在其中处于信息弱势地位，几乎不可能通过正式渠道在掌握充分信息的基础上做出理性的决策判断，因而农民之间的互动就成为获得信息的重要渠道；第二，相对于城市居民而言，农民这一群体文化水平、自主意识和决策水平比较低，模仿是这一群体在参保决策中的必然选择，参保的互动效应更加突出；第三，相对于高学历农民而言，低学历农民这一群体的互动效应更明显，互动效应在他们决策时的作用更不可低估，因为这一群体的信息处理能力和决策判断能力较低，在互动中模仿和学习其参照群体的行为显得自然而然，省去了很多过程和麻烦；第四，互动效应被农民之间的特殊信任和凝聚力等规范强化。我国农村社会在长期发展中形成了熟人信任，这种以亲缘和地缘关系为基础的特殊信任强化了农民之间的合作行为，农民彼此之间信赖的程度较高。这种基于熟人信任的关系网络，通过网络中农民的社会互动强化了惩罚机制和奖励机制。类似于正式规范，这种机制对农民的行为具有一定的协调作用，因此农民有采取一致行动的内驱力。樊丽明等的研究也证实了农民参加新农合时互动效应的存在。在没有参加新农合的农户中，其周围邻居没有参加新农合的比例高达44%。他们认为新农合参保率高的主要原因并不在于农民十分确切地了解新农合制度的具体内容，而在于新农合参与中的邻里效应。农民是否参保与其所属群体是否参与新农合呈显著正相关。与周围的人大多不参与新农合的农民相比，周围的人大多参与新农合的农民参保的可能性要高出 3.14 倍。社会互动在农民参与新农合决策时发挥着重要作用。①

互惠对农民参与新农合具有正效应。新农合制度的基本属性和内涵已折射出互惠规范的重要性。新农合本身带有很强的社会性，是一种建立在自愿基础上、具有合作性质的、体现社区居民互相帮助和互助共济的社会

---

① 樊丽明、解垩、尹琳：《农民参与新型农村合作医疗及满意度分析——基于 3 省 245 户农户的调查》，载《山东大学学报》（哲学社会科学版）2009 年第 1 期。

医疗保险制度。新农合制度实行自愿参与，如果农民缺乏互助共济意识，身体健康的农民可能会觉得自己出钱是给身体有疾病的农民买单，这样农民就倾向于做出不参保的决策。反之，如果农民具有很强的互助共济意识，即使自身疾病风险较小，他也会本着助人助己的意识缴费参保，所谓"人人为我，我为人人"。实行自愿参与的新农合制度非常依赖于社区内较强的社会凝聚力和互助共济意识来筹集基金。而农村社会资本迎合了新农合对互助共济意识的要求。作为社会资本重要构成要素的互惠规范，其体现形式主要是人们在各种社会活动中的相互支持、相互帮助，社区内人们之间较强的互助共济意识能够帮助新农合筹集到所需的医疗基金，从而保证制度的可持续推行。在我国新农合的相关研究中，发现了互惠规范这种社会资本形式与新农合参保行为的关联性，证实了社会资本对新农合可持续发展的促进作用；在一些社会凝聚力和互助共济意识较强的地区，具有互惠精神的农民积极参与新农合并踊跃参与筹资。[①] 尽管亲朋好友等社会网络之中的互惠行为是一种非正式的保险机制，但这种非正式的保险对农民参与正式保险具有一定的"挤出"效应。农民化解未知疾病风险的手段倾向多元化，他们通常会通过医疗保险正式机制和亲朋好友之间的互助等非正式保险机制来共同防范风险。也就是说，互惠和正式保险之间并非一定是替代关系，也是一种互补关系。这种互补关系冲淡了互惠对农民参加正式保险的"挤出"效应，这使得互惠最终对农民参与新农合产生正效应。

总之，农村社会资本通过信任提高了农民对新农合制度的期望值，通过互动使得农民参保中出现邻里效应，通过互惠增加了农民互助共济的意识，这些是农民参与新农合制度的非经济因素，也是新农合制度可持续发展的重要动力。

## 第三节　农村社会资本对商业养老保险 参保决策的效应

国务院发布的《关于保险业改革发展的若干意见》中强调"统筹发

---

① 陈迎春、崔斌：《社会资本与农村合作医疗的发展》，载《中国卫生资源》2000 年第 4 期；何军、纪月清、钟甫宁：《外出务工、社会资本与农户新型合作医疗的参与——基于江苏省的实证分析》，载《南京农业大学学报》（社会科学版）2007 年第 3 期。

展城乡商业养老保险","努力发展适合农民的商业养老保险","完善多层次社会保障体系",商业养老保险既能够弥补社会养老保险的不足,有效缓解政府压力,又能够满足农民多层次的养老需求。自我国恢复保险业务以来,商业人寿保险发展速度很快。2002—2008 年我国寿险业保费收入年均增长 28%,2009 年 1—9 月,我国寿险业保费总收入更是高达 624 亿元,同比增长 4%,资产规模 3.1 万亿元,利润总额 369 亿元①。与此同时,我国寿险业的发展呈现出城乡二元格局的势态,农村对寿险业的发展贡献很小。据资料显示,在我国大中城市寿险人均保费能达到 5000 元以上,而农村只有 500 元左右②。农村人口选择商业保险进行养老保障的比例很小。县域保险发展研究课题组 2005 年的问卷调查表明,在农村养老问题的安排方式上,愿意买保险的农民只有 16.5%③。农民购买商业养老保险的热情不足,不利于我国保险业的发展,也不利于农村多层次养老保险体系的建构,分析农民购买商业养老保险意愿的影响因素显得非常必要。传统理论认为个体的年龄、家庭财富、收入、受教育程度、养老观念和风险观念都会影响其商业养老保险购买行为。除了传统因素外,农村社会资本对农民参与商业养老保险有促进作用。

本质而言,农民购买商业养老保险是一种融资行为。农民与商业保险之间存在交易:目前投资了多少钱,为的是将来某个时候获得更大的收入。这种交易能否发生,首先取决于农民是否获得保险信息。在农村中,基于小世界网络的人际交往特征是非常明显的,这意味着农民之间的社会信任关系大多建立在强连接而非弱连接上。因此,如果通过农民间的社会互动充当保险信息流通的网络,不仅可以降低信息搜寻成本,而且农民互动的强连接性质还能增加相互之间信息交换的广度、深度和效率,从而可能促进农民的商业保险购买行为。另外,信任也能促进农民之间信息的流转。信任使得农民更愿意给彼此有价值的信息,使信任主体更加接受同伴对自己的影响,从而提高彼此之间信息交流的准确性和及时性,并影响农民的商业保险购买决策。

信任增加了农民对投资商业养老保险回报的期望值。我国是典型的投

---

① 数据来自《上海证券报》,2009 年 11 月 7 日第 002 版。
② 数据来自王敏《论农村人身保险市场的开拓》,载《保险研究》2007 年第 3 期。
③ 数据来自苗富春、林岱仁《县域保险发展研究报告》,中国财政经济出版社 2006 年版。

保容易理赔难的国家,理赔程序也很烦琐,理赔的效率较低。同时,高销售业绩往往要求夸大保险的功能,尤其是对人寿保险的分红和收益。农民投资商业养老保险的目的是未来的经济回报,因此商业养老保险未来回报的数额和可能性是影响农民购买意愿的关键性因素。农民普遍信任水平越高,越相信保险公司会兑现合同的承诺,越相信保险公司会改善经营、增加利润、给投保人更高的分红或者收益。信任就是投资者在面对金融合同不确定性风险时,投资者对合同方是否会尽其所能完成合同的主观判断。金融契约涉及的不确定性决定了金融交易信任密集型的特征,交易的完成不仅取决于金融契约的法律执行力,而且依赖于授信者对受信者的信任程度。金融契约需要高度透明,买方必须确定金融机构和政府能够偿还未来的投资收益,这需要一个好的法律环境:律师诉讼成本是可以支付的,法律是公正的。普遍信任是满足金融合同成功交易所需要的法律条件的替代物。总之,普遍信任不仅能够降低保险信息搜寻成本,还能增加个体对保险收益的期望值。农民普遍信任水平越高,其越愿意购买商业养老保险。信任对农民商业养老保险购买意愿等金融决策行为的影响可以归结为两个渠道:一是降低了农民搜寻信息的成本,信任使得农民具有提供给对方有价值的信息的动机和意愿,也加深了授信者对受信者的影响,从而降低了交易成本;二是增加了农民对金融投资的期望值,农民的信任水平越高,就越相信金融投资未来收益的数额和可能性。

农民做出保险购买决策也是通过社会互动形成相对共识后达成的。在社会互动对居民金融决策的影响中,可以把社会互动分为内生互动和情景互动,社会互动通过内生互动和情景互动这两种机制来影响居民的金融决策行为。具体到商业养老保险购买决策而言,内生互动实际上是农民和其参照群体成员之间的相互影响,是一种伙伴效应,表现为"别人买了,我也要买";情景互动则强调农民购买商业养老保险的行为受到参照群体行为结果的影响,表现为"我是否购买保险,看别人购买保险结果的好坏"。情景互动可视为"结果示范性"效应。情景互动使农民了解了更多购买商业养老保险的结果,农民认为购买保险"结果较好"时,"结果示范性"效应为正,从而做出购买决策;"感觉受到欺骗"时,"结果示范性"效应则为负,从而不买保验,甚至退保。因此,社会互动对保险购买决策的总效应要视内生互动和情景互动的比较而定。内生互动通过信息传递、感受交流和一致性规范会推动农民做出保险购买的决策,而情景互动对农民购买决策的影响，要视已购买保险农民对商业养老保险的体验和感受而定，体验和感受好、商业养老保险口碑好则情景互动效应为正，口碑差则情景互动效应为负。总的来说，社会互动能提高农民保险购买决策。

社会资本理论认为，社会互动意指农民之间的网络规模和互动频率，它反映了农村社会结构特征，普遍信任反映了社会结构特质。提高农村地区社会资本的含量有助于商业养老保险在农村地区的发展。基于城市居民商业保险购买影响因素的研究也验证了社会资本对参保决策的促进效应。何兴强和李涛首次检验了社会互动和社会资本对我国城市居民商业保险购买决策的影响。他们的研究给发展保险市场提供了一个新的社会结构和社会特征的政策视角：完善的保险市场政策需要大的系统观，不应仅局限于经济视角，居民的社会结构和社会特征都是重要影响因素。完善保险业的法律法规，加强保险业的诚信建设，缓解和消除情景互动机制的负面示范效应，提高居民的社会资本水平，都是发展保险业的系统政策的重要组成部分。[1]

基于老农保和农业保险的研究也初步证实了农村社会资本对农民参保决策的正效应。如在老农保的研究中，文莉等和谭静等验证了农民的信任对其参保决策的正向作用[2]；石绍宾发现了农民在参保决策中社会互动的正效应[3]；乐章发现了互惠对于农民参与老农保的正效应[4]。基于农业保险的研究也证实了社会资本正效应的存在，蒋杭君对湖南岳阳的调查研究发现，农户对各级政府、对村干部、对保险主体和保险经纪人等农业保险涉及的主体的信任程度越高，其购买农业保险的意愿越强烈；农户的助人意愿越强烈，其越倾向于购买农业保险；有互惠意愿的农户愿意花时间去做对别人帮助很大而对自己没有直接利益的事情，他们在自家的农产品受

① 何兴强、李涛：《社会互动、社会资本和商业保险购买》，载《金融研究》2009 年第 2 期。

② 文莉、肖云、胡同泽：《政府信誉与建立农村养老保险体制研究——对 1757 位农民的调查》，载《农村经济》2006 年第 1 期；谭静、江涛：《农村社会养老保险心理因素实证研究》，载《人口与经济》2007 年第 2 期。

③ 石绍宾、樊丽明、王媛：《影响农民参加新型农村社会养老保险的因素》，载《财贸经济》2009 年第 11 期。

④ 乐章：《现行制度安排下农民的社会养老保险参与意向》，载《中国人口科学》2004 年第 5 期。

损概率小的情况下也会愿意购买农业保险，原因是参保可以为受灾的农户带来好处。[①]

　　不管是基于政府推行的农民自愿参与的社会保险，如新农保、新农合、老农保和农业保险，还是基于市场推行的商业保险，如商业养老保险，农村社会资本都对农民参保决策有积极的促进效应。农村社会资本对农民参保决策的影响主要通过人际间的互动、信任和互惠规范等非正式约束机制。农村社会资本增强了人们之间的信用与合作关系，降低了制度交易成本，抑制了机会主义行为倾向，提高了保险交易的效率。尤其是在法律制度等正式机制相对落后的发展中国家和文化程度较低、自主水平较差的农村社会，社会资本作为一种非正式机制能够有效发挥作用，它提高了农民参保决策的热情。可以运用嵌入性的观点来理解农村社会资本在农民参保决策中的作用。嵌入性的观点是经济社会学家所采用的一个至关重要的概念和分析框架，用来解释为什么农民参保决策行为嵌入在社会关系和网络中。格兰诺维特认为个体经济决策行为并不是孤立、可以脱离社会环境而存在的，而是嵌入在特定的社会关系和网络之中，受到行为者之间社会关系的约束和影响。[②] 本书的研究结果证实了这个结论，农民参保决策嵌入在农村社会资本之中，农村社会资本对农民参保决策具有促进效应。

---

　　① 将杭君:《农户购买农业保险的行为与意愿研究——以湖南岳阳为例》，暨南大学硕士论文，2011 年。

　　② Granovetter M. , "Ecnomic action and social structure: The problem of embeddedness", *American Journal of Sociology*, 1985, (91), pp. 482 – 513.

# 第七章　农村社会资本的培育

　　本书的基本结论指出农村社会资本提高了农民参保的可能性，有助于提高三农保险的参保率。研究结果印证了学界有关社会资本能够推动区域金融发展的结论。农村社会资本不仅能够推动农村地区金融的发展，还有利于农村民主政治的运行，提升农民的心理健康水平，缓解农村贫困、公共物品供应不足的问题。尽管农村社会资本并不能"包治百病"，但对我国农村社会的发展有重大意义。因此，如何投资农村社会资本显得十分重要。我们无法回避的一个问题是：社会资本能否通过投资获得提升？社会资本的研究者对于社会资本是否可以投资的问题给出了不同的回答。帕特南认为社会资本作为一种社会均衡有深刻的历史根源，是长期历史发展过程中的文化积淀，这意味着我们只能选择继承历史给我们的礼物，而无法改变我们的历史传统。[①] 帕特南对于社会资本的投资给出了一个悲观的论调："建立社会资本并非易事。"[②] 但也并非所有的研究者都认为社会资本是可以继承而无法创造的，学者们在分析社会资本的特性时指出社会资本不会由于使用但会由于闲置不用而枯竭。林南比较了社会资本和人力资本的投资效果，研究认为社会资本积累的速度比人力资本快得多，人力资本的积累速度呈算数速度增长，社会资本的积累速度呈指数速度增长。[③] 福山在评估国家和政府在投资社会资本的作用时指出，尽管社会资本是许多社会活动的副产品，但国家和政府是可以有为的，政府不仅可以通过教育传输社会规范来直接地创造社会资本，还可以通过提供公共物品间接地创

---

　　① 帕特南：《使民主运转起来：现代意大利的公民传统》，王列等译，江西人民出版社2001年版，第215—216页。

　　② 同上书，第217页。

　　③ 林南：《社会资本——关于社会结构与行动的理论》，张磊译，上海人民出版社2005年版，第137页。

造社会资本。[1]

那么，社会资本应该如何投资呢？不同的社会资本概念意味着不同的投资方向。本书中农村社会资本概念包括农民个体社会资本和村域社区社会资本两个层面和互动、信任、互惠、规范四个维度。尽管农民个体社会资本和村域社区社会资本有区别，但二者也有很高的相似性：其一，不论是农民个体层面的社会资本还是村域社区层面的社会资本，在研究农村社会资本对农村社会经济发展时，都包括结构性社会资本和关系性社会资本，具体来说都包括社会互动、信任、互惠和规范；其二，农民毕竟是村域中的一员，农民个体社会资本的提升必然有助于村域社区社会资本含量的增加。因此，不论是农民个体社会资本还是村域社区社会资本，本书认为要增进农村社会资本的含量需要大力发展农村民间组织，建构农村社会信用体系，增强互惠规范，保护农村传统。

## 第一节　大力发展农村民间组织

社会资本的主导解释模型认为社团或者志愿组织对培育社会资本有很大作用。托克维尔在论述美国民主发展的原因时强调了志愿组织的作用。他认为志愿组织提供了信任框架，促进了合作机制的形成。[2] 帕特南继承了托克维尔的思想，论述了社团在培育社会资本中的重要作用。他认为意大利北方的民主制度运作比较好，主要原因就是因为那里有众多的横向社团，如邻里组织、合唱队、合作社、体育俱乐部、大众性政党等。社团既是社会资本的基本组成部分，又培育了互惠等规范和合作机制。他认为社团等公民参与网络增加了博弈的重复性和各种博弈之间的联系性，因而增加了人们在任何单独交易中进行欺骗的潜在成本；公民参与网络中的伙伴们倾向于给那些可以接受的行为制定强大的规范，并在各种场所相互交流各自的期望，遵守规范可以赢得好名声；公民参与网络促进了有关个人品行的信息的流动，这增强了人们对潜在伙伴以往行为和当前利益的真实了

---

[1]　福山：《公民社会与发展》，参见曹荣湘《走出囚徒困境：社会资本与制度分析》，上海三联书店 2003 年版，第 88—89 页。

[2]　托克维尔：《论美国的民主》，董果良译，商务印书馆 1997 年版，第 213 页。

解，弱化了不确定性，因而促进了合作的可能。① 在帕特南看来，社团能够打破理性人不信任、不合作的怪圈和困境，社团不仅是社会资本的基本组成部分，还可以培育社会资本。卡拉·伊斯特斯通过考察一个合唱队的招募方式、排练过程和组织方式，阐释了社团是如何培育社会资本的。他认为合唱队通过招募建立了联系网络，通过排练建立了规范和价值追求，通过开展项目培育了成员集体行动的技巧。② 由此可见，要培育农村社会资本必须重视各种农村居民自发成立或政府倡导成立的民间组织的重要作用。

目前，我国农村民间组织主要有三类：一类是基于我国传统文化产生的，如农村的宗族或家族组织和庙会组织等；一类是互助性的公益组织，如合作社、青苗会、农林会和积善堂等；一类是辅助性的自治组织，如治安会、巡逻队、民主理财小组、民兵组织、计划生育协会和老年协会等。尽管我国农村民间组织初具规模，在维护农民利益，弥补农村公共品供给不足和保持稳定等农村政治生活中发挥了一定作用，但还存在一些问题。这些问题具体表现为：缺乏成熟的制度规范，相关制度不健全；资金缺乏，筹资渠道单一；与政府联系密切，自主性和独立性缺失。相应的，大力发展我国农村民间组织需要推动农村民间组织的法规建设，建立多元化的筹资渠道，增强民间组织的独立性。

首先，完善农村民间组织法制体系，规范民间组织行为。针对民间组织缺乏制度规范问题，立法机关要尽快填补民间组织法律规范的盲区，制定民间组织发展和处理其与政府关系的相关法规。应该在相关法律规范中明确各类民间组织的设立条件和标准，界定各类民间组织的性质、职能、权利和义务，使农村民间组织明确自身定位及其与政府、市场的关系。③ 要落实农村民间组织的备案制度，将民间组织纳入依法管理的轨道上来。完善民间组织相关规范制度，建立统一的职业资格审批制度。同时，政府还要完善民间组织的捐赠免税条例，为社会捐赠行为提供各种方便，从而提高国内社会和国际社会捐赠的积极性，为农村民间组织的发展提供政策支持。

其次，建立多元化筹资渠道，为民间组织的发展提供资金支持。要解

---

① 帕特南：《使民主运转起来：现代意大利的公民传统》，王列等译，江西人民出版社 2001 年版，第 203—204 页。

② 卡拉·伊斯特斯：《组织的多样性与社会资本的产生》，参见李惠斌、杨雪冬《社会资本与社会发展》，社会科学文献出版社 2000 年版，第 101—118。

③ 徐湘林：《"三农"问题困扰下的中国乡村治理》，载《战略与管理》2003 年第 4 期。

决民间组织资金短缺的问题，必须建立多元化的筹资渠道。民间组织要通过提高社会服务建立筹资的社会渠道。民间组织应该在完善社会服务功能的基础上扩大宣传，建立自己的知名度，通过向社会提供服务的方式获得补偿资金，也可以拓宽民间捐助的渠道，通过各种形式吸取社会资金。除了形成筹资的社会渠道之外，还要建立筹资的国际渠道。农村民间组织要加强和国外同类组织之间的交流，扩大国内民间组织的国际影响力，在获得国外民间组织和机构认同的基础上积极吸引国外组织和机构的资助。除了形成社会和国际筹资渠道外，还可以从政府获得财政专项基金的资助。国际上许多国家也都对民间组织给予了一定的财政信贷支持。政府在民间组织的发展中要加大公共财政的投入，通过设立专项基金扶持与农民生活紧密相关的组织，也可以通过建立融资担保体系等方式筹集社会闲散资金投向民间组织。

最后，政府要放开对民间组织的过多干预，给民间组织独立发展的空间。我国农村大多数民间组织都衍生于政府机构，与党政机关有不可分割的联系，属于官方或半官方的性质，不是纯粹的农户与市场、政府交流的中介，组织的独立性得不到保障。与西方的国家与社会二分的模式不同，我国国家与社会关系具有国家权力对社会进行渗透与控制的特点，这使得作为社会利益以及力量的社团不得不依靠政府来获得政治合法性，从而处于半官半民的尴尬地位。[①] 而本书实证研究也发现，农民的社团参与和信任、互惠、规范等关系性社会资本并没有显著的正相关关系，社团参与并不是农村社会资本的重要构成部分，这和西方社会资本的研究结果有很大差异。究其原因，很可能是因为我国农村社会民间组织的独立性不够，这种官控型或者半官控型的民间组织类似帕特南所说的垂直网络，这种垂直网络充满了庇护和附庸，把不平等的个体联系在一起。这种网络无法实现信息的自由流通，无法实施惩罚机制，也无法培育信任和互惠规范。因此，政府应该减少对农村民间组织的行政控制，使农村民间组织能独立地对社会和市场发挥作用。政府应该鼓励民间组织走向自主，并且切实尊重民间组织参与公众事务的权利，保证民间组织的自主能动性，发挥其在实际工作中的创造力。同时，民间组织要立足自身求发展，减少对政府的依赖，以专业化、社会化、市场化

---

① 熊跃根:《转型经济国家中的第三部门发展:对中国现实的解释》，载《社会学研究》2001 年第 1 期。

为宗旨，在扩大自身影响力的基础上谋得长远独立的发展。

## 第二节 构建农村社会信用体系

费孝通认为我国农村社会中，农民的信任是以血缘和地缘关系为核心的关系网络，大部分的社会关系在本质上是这种网络的延伸和扩展，即根据血缘亲疏、地缘远近，其信任度呈现递减的信任模式。[①] 我国农村是一个典型的熟人社会，在一定空间长期生活的农民之间有密切的交往，这种基于血缘和地缘的交往网络中嵌入了惩罚失信的各种规范，农民的失信成本很高，因此农民的特殊信任水平很高。随着我国农村务工潮和城镇化的发展，农民交往范围超出了传统的村落的地域局限，农民与陌生人打交道的机会越来越多，传统的基于地缘和血缘关系所形成的特殊主义的信任模式不再适用。它不但限制了农民自身的交际范围，而且限制了村域组织通过农村社会资本实现集体目标的可能。而农民对置身于血缘和地缘关系之外的人是普遍不信任的，因此培育农民的普遍信任很有必要。帕特南在《使民主运转起来：现代意大利的市民传统》中详细分析了信任的重要性。帕特南认为信任是社会资本必不可少的组成部分，在意大利公共精神发达的地区，社会信任长期以来一直都是伦理道德的核心组成部分，它不仅确保了民主制度的绩效，还维持了经济的发展。[②] 信任特别是普遍信任对农村社会经济发展有重要的作用。本书认为政府可以通过以下三个方面来培育农民的普遍信任。

首先，应该加快农村社会信用体系方面的法律法规建设。相关部门应尽快制定有关信用的法律法规，如地方政府和村委会信用方面的立法、农村企业信用方面的立法、信用社信用方面的立法、农户信用方面的立法、农村中介服务行业行为规范信用方面的立法等，加快信用方面的立法是完善信用体系的一个重要方面。立法的目的是对信用缺失行为依法严惩。因此，在司法和执行上要切实落实法律责任，加大审判和执法力度，提高违背信用的法律成本。同时，对恶意违背信用的投机行为要利用各种媒体公开曝光，增大其

---

① 费孝通：《江村经济》，江苏人民出版社 1986 年版，第 59—64 页。

② 帕特南：《使民主运转起来：现代意大利的公民传统》，王列等译，江西人民出版社 2001 年版，第 200 页。

违约的社会惩罚力度，提高失信行为的社会成本，使广大农民切身体验到"诚信"所蕴含的价值，从而促进农村形成更好的诚信氛围。同时，法律也要体现出对守信者的保护和奖励，如在金融方面对诚实守信的农民或者经营户可以实行"贷款优先、利率优惠、手续简化"的信贷激励政策。

其次，通过教育和舆论宣传传授、弘扬信任品质。信任的道德品质是后天培育的结果，要重视学校德育在培育农村青少年信任品质中的作用。学校教育可以使农村青少年正确理解和运用信任、公平、平等和博爱的抽象原则，以此指导他们的日常生活行为。德育要从幼儿园和小学开始，重视对孩子灌输合作、信任、开放、诚实等现代意识，让抽象的信任意识在小学生心中生根发芽。中学教育要打破只重视知识传授和分数教育的现状，充分重视德育的重要性，制定出一套符合农村中学生的德育原则和实施办法。学校除了从理论层面传授信任的重要性和必要性，教给他们非人格化的信任、互惠和宽容之外，更应重视从实务领域引导学生树立信任的信念和培养信任的技巧。学校可以通过组织团体游戏、学校比赛等集体活动增加学生对学校公共事务的参与热情，在公共事务参与中增加学生彼此之间的交流，培养他们的合作精神，让他们在合作中学会彼此信任的技巧，意识到信任的重要性。学校还可以成立各种公益性质的社团，鼓励学生参与各种社团，通过分工合作来实现社团的目标，以此培育学生合作和信任的技巧。在重视学校教育的同时，地方政府和农村村委会应充分利用报纸、农村广播、电视和电影等媒体对农村不讲信用的倾向和意识进行大力批判，对信任规范进行弘扬，倡导"守信光荣，失信可耻"的理念，提高农户对信用重要性的认识。媒体还要做好强有力的监督工作，惩恶扬善，逐步在农村社会形成诚信为本的良好风尚。

最后，加强政府在农村社会信用体系建设中的作用。霍布斯最早提出了解决双方互不信任的囚徒困境的方案，即第三方监督执行。双方都向国家出让权力，以强制双方互相尊重礼让，他们就会得到参与公共生活所必需的互相信任。国家使得公民能够做他们自己无法做的事情，即互相信任。[①] 霍布斯的论述强调了公共权威体制的缺失必定导致人们之间的尔虞

---

① Pietr Kropotkin, *Mutual Aid: A Factor of Evolution*, London: Heinemann, 1902；转引自帕特南《使民主运转起来：现代意大利的公民传统》，王列等译，江西人民出版社 2001 年版，第 192 页。

我诈和彼此之间的无法信任。为形成一个规范有序和普遍信任的农村社会，政府必须在以下方面有所作为：第一，各级政府加大奖励守信者、惩罚失信者的力度，并能通过制度安排为农民提供社会安全秩序网。当农村社会出现农户违反诚信的问题时，地方政府要依法保护守信农户的利益，严厉打击失信农户，通过法治的手段维护农村社会的诚信。除了打击农村失信行为之外，最重要的是预防农户失信行为的发生。这要求政府加强农村社会保障和社会救助制度的建设，通过制度安排给农民最低的生活保障，使他们能够在风险面前获得安全秩序感，从而有利于他们诚实守信，这样农民的普遍信任及行为规范就会得到增强。须知"仓廪实而知荣辱"，只有满足了农民对基本生活的需求，农民才可能把信任和诚信作为一种更高的生活行为准则。当然，第三方监督的方案有很大的弱点，它的有效运作需要地方政府大公无私。如诺斯所说，第三方执行涉及一个中立方，它能够免费对合同的特性进行评估，能够免费执行合同中的各种协议。在这样的情况下，违约方永远都必须向受害者进行赔偿，其数量足以使得违约成为一件代价昂贵的事。显然，在现实的世界里，这些严格的条件，极少或根本无法得到满足。① 诺斯担心政府本身谋权谋利的行为无法有效地执行第三方方案。如果地方政府能够增加透明度，不以权谋私，允许农民通过各种渠道表达他们的偏好和不满，农民就会增强对地方政府和政策公正性的信心，农民对政府的信任反过来可以增强农民彼此间的信任感。第二，保护农民的私有产权，让农民形成稳定的投资心理和预期。农民的私有产权是政府构建农村社会资本的重要基础，它给农民提供了一个追求长期利益的稳定预期和博弈的规则。农民的私有产权越明晰，预期就越稳定，投机获利的动机就越弱，守信行为就越盛行。农民的守信行为越多，农村社会关系网络就越容易建立，网络中信息传递就越通畅，网络规则的约束力就越强，农村社会资本的含量就越高。因此，地方政府必须界定和保护农民私有产权，切实保护农民的房屋、土地产权，保护农民的既得利益，以增强农民的稳定预期，规避其短期的投机行为，形成诚信意识，从而促进农村社会资本的积累。第三，建立农村快捷的信息沟通渠道，以便交易双方获取必要信息，在一方产生信用不良记录时能够及时发

---

① Douglass, North, *Institution*, *Institutional Change and Economic Performance*, New York: Cambridge Press, 1990, p. 58.

现，终止合作的继续。既然大量的失信行为源自信息不对称，地方政府可以制定出一套信用体系建设方案和行为主体信用评定标准，统一对农村企业和农户个人进行信用等级评定，然后将综合评定结果传到互联网上实现信息共享。对涉信单位评定信用等级并实现信用信息共享一方面可以规避不诚信单位利用信息不对称的投机行为，另一方面也可以帮助诚信单位获得利益以达到奖励其诚信行为的目的。第四，因为信用产生于组织和交易，农村经济合作组织等各种民间组织具有将不讲信用的农户排除出局的功能，这些民间组织是农村社会信用网络的重要组成部分，地方政府应给予政策鼓励支持各种民间组织健康发展。当然，农村信用体系的建设是一项长期系统的工程，需要地方政府、村委会、农户和社会多个部门的通力合作，也需要长期不懈的努力。

## 第三节　强化互惠规范

帕特南认为互惠包括均衡的互惠和普遍化的互惠，而普遍化的互惠是一种具有高度生产性的社会资本。遵循了互惠规范的共同体，不但可以更有效地约束投机，实现合作，而且可以强化社会网络，培育信任。因此，互惠不仅是社会资本的内容，也是社会资本的来源。均衡的互惠指人们同时交换价值相等的东西，普遍的互惠则指交换关系在持续进行，这种互惠在特定的时间里是无报酬和不均衡的。普遍的互惠使人们产生共同的期望，现在己予人，将来人予己。普遍的互惠可以有效地约束投机，解决集体行动困境，因为普遍的互惠把自我利益和团结互助结合了起来。① 用泰勒的话说，这是一种短期的利他主义和长期的自我利益的结合：我现在帮你摆脱困境，是期望你将来会帮我的忙。② 互惠在科尔曼的表述中表现为"义务与期望"，即我帮你做事就对你有一种回报的期望，你对我就有一种回报的义务。也就是说，你帮我做事，我欠你一份"人情"。这种"人情"就是我将来要帮你的一种"义务感"，而"欠"就表示我有一种

---

① 帕特南：《使民主运转起来：现代意大利的公民传统》，王列等译，江西人民出版社2001年版，第201—202页。

② Michael, Taylor, *Community, Anarchy and Liberty*, New York: Cambridge University Press, 1982, pp. 28 - 29；转引自帕特南《使民主运转起来：现代意大利的公民传统》，王列等译，江西人民出版社2001年版，第202页。

"还"的意愿。社会资本的投资意味着个体通过帮助别人以换来"人情"，使自己成为更多"义务"的债权人，进而可以在其他交易中获得自己需要的东西。农村社会资本的积累就是农民获得大量"人情"，并把这些"人情"在适当的时候换来别人对自己的"义务"。目前我国农村处于社会转型期，在市场经济和务工潮的影响下，传统农村的互惠规范正遭受侵蚀，以往在建房等事务上互相帮工的互惠形式几乎消失，农民往往通过支付货币购买劳动的形式来完成建房等事务。人际关系的货币化降低了农村地区的合作互助和凝聚力。既然为他人提供帮助便是创造"义务"，也就是积累社会资本，那么通过人情往来拉动他人对自己的需求，就是积累社会资本的有效途径。

翟学伟认为，人情是一种由"亲情"延伸出来的世情，体现了一种交换关系，是中国人际关系基本模式的核心。① 农村社会人情往来是为帮助单个农户应对红白喜事等家庭大事，各家户捐献出物质、金钱和人力的一种互助互济行为，是为维持农户之间交往而进行的物质、金钱和人力的交换。因此农民可以在"借钱"、"借物"和"帮工"三个方面对人情往来进行投资。第一，通过"借钱"建立"人情"。在农村社会中，农民之间相互借钱是经常发生的。因为银行的利息太高，而且手续繁杂，农民很少向银行贷款，因此农民之间在"借钱"方面的互助很重要。农民可以在以下方面对亲朋或者邻里进行资助以获得"人情"：当遇到邻里子女上学等重大事件时，农民可以直接或间接地对其进行经济资助；在邻里办理红白喜事时，可以参加并送礼金，通过相互来往强化互惠规范；在邻里遇到困难如生病需要用钱时，可以考虑借钱给他，从而掌握一个"人情"。农民通过"借钱"行为获得对方的"义务"，在"借"与"还"的过程中，强化互惠规范。第二，通过"借物"增强互惠规范。对农村社会资本的物质投资是强化互惠规范常用的方式，如在亲朋、邻里外出时借交通工具，在农忙时节借农具，如农民之间互赠节日、生日礼物等。"借物"不仅能够使农具或者交通工具利用效率最大化，还能增进农民彼此之间的感情，从而有效地增强农民之间的互惠规范。第三，通过"帮工"强化互惠规范。"帮工"也是投资农村社会资本的一种有效的方式。农村社会资本的积累是靠亲朋、邻里、同学或同乡之间的互帮互助实现的。如邻里

---

① 翟学伟：《人情、面子与权力的再生产》，北京大学出版社 2005 年版，第 77 页。

家里遇到建房、挖井或者农忙需要劳动力时,农民间的相互帮助便是积累社会资本的重要渠道。农户对人力的交换很大程度上是顺应农业生产和日常生活的需要的。特别是在"春耕秋收"的农忙时节,农民劳动强度大,相互帮助显得更加重要。如果农民要做生意或从事种玉米等大规模生产时,需要请更多帮手,这时就取决于该户在平时是否积累了大量"人情",创造了大量"义务"。那些没有掌握"人情"的农民会孤立无援。大卫·休谟有类似这样的描述:"你的玉米今天熟了,我的明天也可以割了。让我们来做对对方有利的事吧,今天我给你干,明天你来帮我。我这可不是对你发善心,我知道你也不是。因此,我不会为了你的利益而费心尽力,我帮你干是为了我自己,是期望得到回报。"[1]

人情往来是积累农村社会资本的重要渠道,农民在人情往来中需要遵循以下几个原则:第一,人情往来要"礼尚往来"。农民家里都有一个"人情单",它记载着人情来往的过往记录,从别处收来的帮助或者资助需要及时送出。如果农民没有回报所欠的"人情"就会导致双方人情往来的中断,而且还会招来"坏口碑",该家庭在人情往来中的投机行为很快会被同一村落中其他农户知晓,其他农户就无法预期该户在和自己的人情往来中会及时还"人情",该户在村落中就获得了"坏口碑",这最终导致该户人情圈将缩小并不被其他农户认同。人情往来的"礼尚往来"原则不仅要求同代人之间需要偿还"人情",还要求未完的"人情"在代际之间传递下去。也就是说,上一代未还的"人情"要下一代去继承,让下一代继续还"人情"。第二,人情往来要避免往来之间的即时性。人情往来是一个长期的持续过程,即时的交换显得很"见外"。对此费孝通先生有精辟的论述,中国乡土社会是一个"生于斯,长于斯,死于斯"的社会,生活在农村的人们有着亲密的人际关系,尤其是亲密的血缘关系,共同生活中各人互相依赖的地方是多方面的和长期的,因此在授受之间无法一笔一笔地清算往回。[2] 人情往来有一个时间差,是一种期货性质的投资,一方总是处于"欠",而另一方总是处在"还"的状态,在"欠"与"还"中不断推动人情往来的不间断进行。第三,人情往来要适

———————

①    David Hume, (1740), Book 3, Part 2, Section 5, as quoted in Robert Sugden, *The Economics of Rights*, Co-operation and Welfare Oxford: Basil Blackwell, 1986, p. 106;转引自帕特南《使民主运转起来:现代意大利的公民传统》,王列等译,江西人民出版社2001年版,第191页。

②    费孝通:《乡土中国》,北京出版社2005年版,第68—74页。

当"水涨船高"。农民是"理性小农",他们在人情往来中也会追求利益。农民总会在需要的时候通过举行仪式收回曾经送出去的"人情",而农民一旦把"人情"送出去,不仅希望有"回报",还希望回报时能"稍微加一点",这符合农民投资的心理。

## 第四节　保护农村传统

费孝通在《乡土中国》中认为,在乡土社会中人们彼此熟悉,信用的确立不必依靠正式的契约和国家权威;人们追求"无讼",公共秩序的维护无须依赖国家法律,而是依靠"对传统规则的服膺"。费孝通认为,农村社会秩序的维护更多的是依靠强农村传统的非正式规范而非现代法律等正式规范。农村社会资本是在农村长期生活和生产的经验中积淀下来的,是农民在长期的实践中形成并固定下来的行为方式和价值理念,是积久成习的农村传统。农村社会的非正式规范如家族制度、婚丧礼仪习俗等农村传统通过一代又一代的传承,渗透到农民日常生活的各个领域,对农民的行为具有潜在的指导作用。这类似于一种"自发的社会秩序"。一些农村传统如婚嫁礼俗、乡规民约的力量非常强大,对维持农村社会秩序的运行有很大作用。一些农村传统如春节拜年、中秋团聚可以增加家庭气氛,加强亲族的关系,从而提高社会网络的凝聚力。对这些农村传统风俗习惯一定要保护,否则会破坏农村社会资本,影响农村社会秩序的稳定。帕特南对意大利的研究指出,意大利南方和北方政府绩效的差异源自社会资本的差别,而社会资本是历史的积淀,建立社会资本绝非易事。① 这个悲观的结论似乎暗示政府在社会资本培育中是无能为力的,但既然社会资本来自历史传统,政府至少是可以从保护农村传统方面来做一些努力的。

首先,政府要正确处理正式规范和农村传统的关系。在强调现代法律和正式制度在农村生活中重要作用的同时,不要以"封建"、"落后"和"愚昧"的姿态否定农村传统。须知农村社会是一个"无讼"的社会,在协调农民生产和生活秩序中起重要作用的是农村传统这种非正式规范而非法律和正式制度。农村传统是受"生存理性"约束的能动的村庄或者农

---

① 帕特南:《使民主运转起来:现代意大利的公民传统》,王列等译,江西人民出版社2001年版,第217页。

民在面对特定的自然和社会环境时智慧的结晶与传承。长期积累而成的农村非正式规范是正式制度运行的背景因素,法律等正式制度在规范农村社会生活、生产秩序时,应该尊重农村传统,适应农村传统,给农民选择和改进的机会,以建立起基于农民内心认同的农村社会秩序。

其次,保护农村传统应充分发挥中央和地方各级政府的力量。对于农村传统的继承和发展,各级政府应承担主要责任。中央政府应通过制定公共政策和提供公共物品来保护农村传统。公共政策能够反映已经存在的社会资本形式,国家对公共物品尤其是保障农民权利的公共物品的提供也间接地创造了社会资本。中央政府可以通过出台公共政策保护春节、清明节、端午节、中秋节等传统节日,充分发挥节假日对农民心理归属感和行为凝聚力的作用。地方政府要因地制宜积极开发具有地方传统特色的民间传统文化,挖掘当地农村文化内涵,重视对传统民间艺术文化的挖掘、整理、保护和利用,对具有地方特色的人文资源、传统文化、民俗文化、民间艺术资源进行重点保护和利用。中央和地方政府要统一规划、合理分配职责、齐抓共管,使凝聚着经验、情感和智慧的农村传统得到保护和发展。

最后,应加大媒体对农村传统的宣传。要加大媒体尤其是电视媒体对农村传统的弘扬力度。地方电视媒体要多策划、制作和播出一些与传统乡村文化相关的节目,可以多开辟一些专门针对乡村传统文化传播的栏目,有意识地引导乡村传统文化的传播。比如,地方综艺频道可以尝试增加当地民间演艺活动的传播,诸如民间曲艺、民谣、地方风情、民族风情等内容,科教频道开设一些有关民俗事象、民间技能、民间手艺等方面内容的栏目。民间曲艺、民俗风情等传统文化在丰富农民精神生活的同时,增强了农民对所生活农村地区的认同感和归属感,可以提升农民集体行动的凝聚力,培养他们的合作意识,从而提升农村社会资本的含量。

# 第八章　结论与讨论

## 第一节　基本结论

本书分别建构了农村社会资本和参保决策分析框架，在此基础上建立了农村社会资本与农民参保决策理论模型，在实证分析农村社会资本与参保决策理论模型的基础上检验了农村社会资本对农民参保决策的影响效应和作用机制，基于农村社会资本对农民参保决策的作用，提出了培育农村社会资本的建议。基本结论如下：

### 一　农村社会资本包括两个层面四个维度

从纵向来看，农村社会资本包括农民个体社会资本和村域社区社会资本两个层面。农村社会资本是嵌入在农村社会关系或者社会网络结构中的主体（农民个体或者村域）在长期的互动中形成的关系特征，如信任、互惠和规范，嵌入在社会关系或者网络结构中的主体可以通过这种关系或者网络结构及其关系特征来实现其自身目标或者集体行动。

从拥有的主体来看，农村社会资本包括农民个体社会资本和村域社区社会资本两个层面，农民个体社会资本是农民个体拥有的可以用来实现自身目标的社会资源，包括农民的社会关系及附于其上的各种规范。

村域社区社会资本是村域所具有的追求团体目标、实现集体合作的组织资源，包括社会网络及其结构特征。

对农村社会资本层次的划分符合林南对社会资本的分类方法，他认为社会资本包括两个层次：一个是个体社会资本，是一种嵌入在个人行动背后的社会网络中的资源，其功能是帮助行动者获得更多的资源；另一个是团体社会资本，是一个团体所具有的集体财产，其功能在于提升群体的集体行动水平。[1]

从横向来看，农村社会资本包括互动、信任、互惠和规范四个核心维度。不管是个体还是村域层面，在研究农村社会资本对农民参保决策的作用时，农村社会资本都包括结构性社会资本和关系性社会资本。正如格鲁特尔特等指出的那样，在研究社会资本对经济或者金融发展的作用时，社会资本应该包括结构性社会资本和关系性社会资本。[2] 因此，依据帕特南对社会资本概念的经典论述，本书从互动、信任、互惠和规范四个维度对农民个体社会资本和村域社区社会资本进行分析和测量。互动反映了结构性社会资本，而信任、互惠和规范则反映了关系性社会资本。

## 二　参保决策是一个包括相互强化的五个维度的动态过程

参保决策是一个动态的复合决策过程，而非仅指静态的决策结果。参保决策包括保险需求识别、信息搜寻、参与指数、参保行为和参保后评估五个维度，代表了参保决策的五个阶段。这五个阶段按照时间上的先后顺序组成了一个封闭式的决策循环，互相强化，环环相扣。

第一个阶段是需求识别。基于安全需要的考虑，人都具有参保需求，以化解未知的风险。从参保需求到参保需求识别经历了参保人心理状态和内外刺激相互作用和强化的过程。参保人的心理状态是参保需求标准和参保态度的胶着。当内外刺激作用于参保人的心理状态时，参保需求会被识别，参保人心理的紧张状态产生，激励参保人搜寻和甄别保险信息。第二个阶段是信息搜寻。参保人通过注意、综合、保持将有关参保信息存储在记忆中，并对参保行为产生影响。参保人为解决信息不对称的问题，还会通过各种渠道搜寻信息，在充分甄别信息的基础上对参保与否做出判断。第三个阶段是参与指数。完成需求识别和信息搜寻之后，最终做出参保抉择之前，还有一个心理评估阶段，称为参与指数。参与指数是参保人在了解险种、服务等相关信息的基础上，比照需求联想对该险种进行满意度和信任度等评价。参保人根据自身确认的需求，提出需求重点，设想出一种理想险种，拿现实险种和这种理想险种进行比较，根据现实险种与理想险

---

① Lin Nan, *Building a Network Theory of Social Capital*, in social capital: Theory and Research, (eds) by Lin Nan, Karen Cook, Ronald S., Burt, New York: Aldine De Gruyter, 2001, p. 8.

② 格鲁特尔特、贝斯特纳尔：《社会资本在发展中的作用》，黄载曦等译，西南财经大学出版社 2004 年版，第 4—5。

种的接近程度，做出满意度和信任度的判断。第四个阶段是参保行为。在形成参与指数的基础上，参保人根据心理参与程度来决定是否购买该保险，即做出参保行为。第五个阶段是参保后评估。参保后评估则是参保发生后，参保人根据险种的觉察性能进行满意度评估，如果险种的觉察性能符合或者高出参保人的预期，参保人会表示满意，获得好的参保结果，进而刺激他人或者自己的保险需求识别，进入下一个参保决策的循环。

### 三　农村社会资本对农民参保决策具有正效应

农民参保决策嵌入在农村社会资本之中，农村社会资本对农民参保决策具有正效应。农村社会资本通过信任、互动、互惠和规范推动农民参保决策。

首先，信任对农民参保决策具有推动作用。信任不仅可以降低制度交易成本，还增加了农民对参保的期望值。参保决策是嵌入在社会网络中的，信任关系是决定交易成本的因素之一，在缺少信任的前提下，任何保险交易都不会发生。"每一起商业交易都内在地含有信任成分，任何一种交易都有一定的时间跨度。人们似乎有理由相信，经济落后很大程度上是由缺乏相互信任造成的。"[1] 安东尼奥·基诺威希也指出："在缺乏信任的地方，契约没有确定性，法律没有效力。处于这种境地的社会，实际上退回到了半原始状态，债务甚至货币，很多都是假的，人们不再随意接受它。一手交钱，一手交货，是他们唯一的交易方式。"[2] 信任降低了信息搜寻成本，这是因为信任的内涵与公共事务参与具有天然的契合性，信任能够培育农民对公共事务的认同感，从而激发参与热情。信任能促进农民之间信息的流转，使得农民更愿意给彼此有价值的参保信息，信息的交流更迅速，效率更高。Zand 发现信任将使信任主体更加接受同伴对自己的影响，从而提高信息交流的准确性和及时性。[3] 农村社会资本提高了农民对保险的期望值。信任是对交易关系中利益相关方可能采取的对各方都有

① Arrow, Kenneth J., *Gifts and Exchanges*, Philosophy & Public Affairs, 1972, 1 (4), pp. 343 – 362.

② Anthony, Pagden, *The Destruction of Trust and its Economic Consequences in the Case of Eighteenth-century Naples*, in Trust, ed. Gambetta, 1803, pp. 136 – 138；转引自帕特南《使民主运转起来：现代意大利的公民传统》，王列等译，江西人民出版社 2001 年版，第 200 页。

③ Zand, D. E., *Trust and managerial problem solving*, Administrative Science Quarterly, 1972, 17 (2), pp. 229 – 239.

利的合作性策略的一种稳定性的期望,是人们理性选择的结果。农村社会
资本在农民和保险之间架起了一座桥梁,农民信任水平越高,越相信政府
或者保险公司会改善、合规经营,越相信参保对风险的化解能力,越相信
参保的未来收益。正如福山所指出的,信任虽然不能完全代替契约和商务
法规,但更高程度的信任作为经济关系的一个附加条件有助于降低交易成
本;有助于找寻到合适的买方和卖方从而使交易行为反复出现;有助于协
商签订合约、遵守政府管制,并在出现争执和违约的情况下,较好地履行
合约,通过这些方式来提高经济效率。[1]

　　其次,互动有助于农民做出参保决策。农民是否接受保险是通过社会
互动形成社区相对共识后最终达成的。曼斯基在社会互动的经济学分析
中,解释了同一群体成员行为趋向一致性的原因,并进一步把社会互动分
为内生互动、外生互动和交互效应。内生互动是指个体行为决策受到参照
群体成员行为的影响,而这种决策可能反作用于参照群体成员;外生互动
指个体行为决策根据参照群体成员行为的改变而改变,但他的决策并不能
反作用于参照群体成员。[2] 曼斯基提出的内生互动和外生互动对应于杜尔
劳夫提出的内生互动和情景互动,杜尔劳夫认为社会互动通过内生互动和
情景互动这两种机制来影响居民的金融决策行为。[3] 内生互动指个体的投
资决策受到其参照群体成员同期行为的影响,而其自身的决策又反作用于
参照群体成员的投资决策,因此内生互动意味着个体投资者和参照群体成
员之间是互为影响的,它也被称为伙伴群体效应。内生互动实际上是一种
个体与参照群体成员之间互相的影响和暗示,表现为"看别人参与了,
我也要参与;别人缴费多,我也缴费多",这种影响是双向的,结果也是
不确定的。情景互动则是一种单向作用,个体的投资决策受到参照群体成
员的影响,但其自身的决策并不能反作用于参照群体成员,它也被称为群
体示范效应。情景互动强调个体行为受到参照群体行为结果的影响,表现
为"我是否参与,看别人参与结果的好坏",这种影响是单向的,结果也

　　① Fukuyama, Francis, *Trust: The social virtues and the creation of prosperity*, New York: Free Press, 1995.

　　② Manski, Charles F., "Economic Analysis of Social Interaction", *Journal of Economic Perspectives*, 2000, 14, pp. 115 – 136.

　　③ Durlauf, Steven, *Neighborhood Effects*, in Handbook of Regional and Urban Economics, J. V. Henderson & J. F. Thesse, eds., Amsterdam: North Holland, 2004, pp. 2173 – 2242.

是不确定的。个体认为"参保结果较好"时，情景互动效应为正，"感觉受到欺骗"时，情景互动效应则为负。内生互动对参保决策产生正效应，而情景互动对参保决策具有正负两种效应。因此，加总的社会互动对农民参保决策的效应要视内生互动和情景互动效应的比较而定。总的来说，社会互动对农民参保决策具有推动作用。

再次，互惠对农民参保决策有正效应。互惠对农民参保决策具有"挤入效应"。互惠有助于农民在缴费中互相帮助，也契合了保险对人们互助共济意识的要求。正式保险的有效推行需要参保对象具备互助共济的观念，正式保险就是通过参保主体的共同参与来承担未知风险的。互惠对参保决策也有"挤出效应"。亲朋好友间的馈赠和礼金支出暗含义务的特性，它对农民化解风险有很大帮助，可以将馈赠等互惠形式作为一种保险关系来对待。作为一种非正式保险，互惠机制和正式保险之间有可能是一种替代关系。互惠提供了一种非正式支持，这种非正式支持在一定程度上会削弱农民对正式保险的需求，不利于其参保。但正式保险和非正式保险之间的替代关系会被互补关系冲淡。农民可以通过正式与非正式机制两种方式来处理风险，前者包括由市场或者政府提供的商业保险或政策性保险，后者主要是指农民个人平时对社会关系的投资。由此看来，互惠对农民参保决策的"挤出效应"被冲淡，对农民参保决策最终表现为正效应。

最后，规范推动农民做出参保决策。规范对参保的正效应实际上反映了文化对经济的调节作用。村域中，文化观念这种非正式规范对农民的经济决策行为具有调节作用，这种非正式调节机制异于政策、法律和市场等正式调节机制。文化观念等非正式规范导致农民选择和参照群体一致的参保决策行为。路易吉·圭索等（2004）分析了这种非正式规范对个体投资行为的调节作用，社会规范反映了个体对其参照群体投资决策的认同，遵守这种规范可以获得群体的尊重和声望，违反这种规范，会有被排斥和孤立的可能。

## 四　农村社会资本可以从民间组织、信任、互惠和农村传统四方面培育

首先，要大力发展农村民间组织。作为农民参与网络，民间组织增加了博弈的重复性和各种博弈之间的联系性，促进了农民个人品行信息的流动，促进了合作机制的形成，对培育农村社会资本有重要作用。我国民间

组织缺乏成熟的制度规范，资金不足，独立性不够。立法机关要尽快填补民间组织法律的盲区，制定民间组织的相关法规。民间组织要打破只能依靠社会捐款发展的观念，建立多元化的筹资渠道。政府要放开对民间组织的过多干预，给民间组织以独立发展的空间。

其次，要建构农村社会信用体系。我国农村社会是一个典型的熟人社会，基于血缘和地缘关系的特殊信任水平很高，但普遍信任水平很低。政府应该在以下方面有所作为：加快农村社会信用体系方面的法律法规建设，通过教育和舆论宣传弘扬信任品质；加大奖励守信者，惩罚失信者的力度，并能通过制度安排为农民提供社会安全网；保护农民的私有产权，让农民形成立足长远的稳定的投资心理和预期；建立农村快捷的信息沟通渠道，解决因信息不对称造成的农民失信问题。

再次，要增强互惠规范。互惠是一种具有高度生产性的社会资本，遵循互惠规范的共同体可以更有效地约束投机，实现合作。农民可以在"借钱"、"借物"和"帮工"三个方面对人情往来进行投资，以增强互惠规范。人情往来是一个长期的持续过程，要遵循"礼尚往来"，避免人情往来间的即时性，还要适当的"水涨船高"。

最后，要保护农村传统。在乡土社会中，公共秩序的维护依靠对传统规则的服膺。正式制度的运行应该考虑如何结合和运用农村传统，给农民对正式规则选择和改进的权利和空间，以建立起农民内心认同的乡村秩序。政府应通过制定公共政策和提供公共物品来保护农村传统文化，利用媒体加大对农村优秀传统文化的宣传和弘扬。

## 第二节　创新点

### 一　建立了参保决策分析框架

以往文献研究仅从狭义的视角理解参保决策，把参保决策的概念界定为参保行为或者参保意愿，将其视为一种静态的"结果"。这种概念界定方法尽管抓住了参保决策的重点，但有三个弊端：一是无法对参保对象进行细分；二是只关注到了行为或者意愿，没有对参保对象主观心理特征进行详细的考量，从而无法理解参保的潜在不稳定性；三是对参保决策的"过程"本质认识不够。本书提出了参保决策分析框架，从横向维度来看，按照参保过程中时间和内容的不同，可以将参保决策划分为保险需求识别、信息搜寻、参与指数、参保行为和参保后评估五个维度，横向维度划分突出了参保决策的动态"过程"本质。从纵向维度来看，根据参保决策的主体不同，将参保决策分为农民参保决策和村域参保决策两个维度。本书从横向和纵向两个维度建构了参保决策分析框架，在问卷调查和部门调查的基础上，以农民参与新农保为例，对参保决策分析框架进行了实证检验。

## 二　建立了农村社会资本分析框架

本书在对社会资本概念、属性和类型进行梳理和分析的基础上，参照帕特南对社会资本概念的经典论述，把农村社会资本概念界定为嵌入在农村社会关系或者社会网络结构中的主体（农民或者村域）在长期的互动中形成的关系特征，如信任、互惠和规范，嵌入在社会关系或者网络结构中的主体可以通过这种关系或者网络结构及其关系特征来实现其自身目标或者集体行动。本书对农村社会资本概念的界定考虑到了几个原则，即概念界定取决于研究目的、要区分分析层次、概念是多维度的、概念本身和后果要区分，还要考虑到农村社会的特殊性原则。在分析农村社会资本的属性及其分类的基础上，提出了农村社会资本分析框架。研究从纵向和横向两个维度建构了农村社会资本分析框架。从纵向维度将农村社会资本划分为农民个体社会资本和村域社区社会资本，从横向维度将其划分为结构性社会资本和关系性社会资本，前者如社会互动，后者如信任、互惠和规范。本书在问卷调查的基础上对农村社会资本分析框架进行了实证检验。

## 三　从社会资本理论视角研究农民参保决策

以往对参保决策影响因素的研究多从理性选择视角出发，肯定了经济因素的重要性，而忽略了对非经济因素的研究。从社会资本理论视角研究农民参保决策具有一定的创新性。以往文献只是从社会互动或信任的视角分析其在金融参与中的作用，而对互惠和规范的可能性作用缺乏分析和检验。社会资本理论认为，结构性社会资本与关系性社会资本互相关联、互相强化，因此单独从某一个维度去做分析，可能无法验证其和金融参与之间是否具有真实的因果关系。换句话说，当研究发现社会互动对金融参与起到促进作用时，有可能是社会互动提高了信任水平，进而促进了金融参与；当研究发现信任提高了金融参与时，有可能是信任提高了社会互动水平，进而提高了金融参与。总的来说，当前的文献从社会资本的某个维度分析金融参与是不全面、不准确的。本书中，农村社会资本概念操作化为四个维度：互动、信任、互惠和规范。这样，在农村社会资本理论框架下对农民参保决策进行分析，就排除了个别维度和参保决策之间存在虚假因果关系的可能。将农民参保决策置于农村社会资本理论框架中进行理论和实证研究具有创新性。

### 四  通过细分样本的方法推进研究的深入

在分析社会互动对农民参保行为的作用时，本书运用了细分样本的方法推进了研究的深入。基于总体样本的回归分析发现了社会互动对农民参保行为的影响效应和作用机制，这只是基于全部农民的平均观察。进一步的问题是，社会互动对参保行为的影响效应和作用机制会不会在不同的样本中有所不同。为回答这一问题，本书从农民的学历和家庭收入两个角度对总体样本进行了区分。细分农民学历的实证研究发现，社会互动对低学历农民参保行为的影响更显著，相比高学历农民而言，低学历农民更依赖于通过人际网络互动来获取信息。细分农民家庭收入的实证研究发现，情景互动的负效应和内生互动的正效应相互抵消，使得社会互动对低收入家庭农民的参保行为没有显著影响；在情景互动负效应弱化的条件下，社会互动促进了高收入家庭的农民参保。

## 第三节  研究的不足

### 一  调查样本代表性有局限

受研究能力的限制，笔者第一次调查仅以陕西省神木县、耀州区和山东省青岛市即墨区为调查点，第二次调查只选择了河南省鲁山县三个镇为调查点。调查地点和调查地点中农民或者村域样本的选择并没有严格按照随机抽样方法进行，这影响到了样本的代表性。因此，用基于此数据得出的研究结论来推及全国的情况时需要慎重。

### 二  回归模型整体解释力度不高

本书从农民个体和村域社区两个层面验证了社会资本对农民参保决策的影响效应和作用机制。尽管以村域社区社会资本为自变量对参保决策进行解释时模型的整体解释力度比较大，但以农民个体社会资本为自变量对参保决策进行解释时模型的整体解释力度较小，这表明笔者还未找到农民个体参保决策的主要影响因素。

### 三　实证分析结果未能充分验证研究假设

依据社会资本与农民参保决策关系的理论分析，本书在农民个体和村域社区两个层面一共形成了 20 个研究假设，并以农民参与新农保为例进行了实证检验。从数量上看，20 个假设只验证了 13 个假设，7 个假设未得到验证；从假设的类别上看，有关互惠对参保决策作用的研究假设没有直接得到验证，而有关规范对参保决策作用的研究假设未得到验证。

# 参考文献

著作类：

[1] 埃莉诺·奥斯特罗姆：《社会资本流行的狂热抑或基本概念》，参见曹荣湘《走出囚徒困境：社会资本与制度分析》，上海三联书店2003年版。

[2] 奥列弗·E. 威廉姆森：《资本主义经济制度——论企业签约与市场签约》，段毅才等译，商务印书馆2004年版。

[3] 巴伯：《信任》，牟斌等译，福建人民出版社1989年版。

[4] 保罗·怀特利：《社会资本的起源》，载李惠斌、杨雪冬主编《社会资本与社会发展》，社会科学文献出版社2000年版。

[5] 迪尔凯姆：《社会分工论》，渠东译，生活·读书·新知三联书店2000年版。

[6] 风笑天：《社会学研究方法》（第三版），中国人民大学出版社2009年版。

[7] 福山：《信任：社会德性与繁荣的创造》，李宛蓉译，台北立绪文化事业有限公司1998年版。

[8] 福山：《公民社会与发展》，参见曹荣湘《走出囚徒困境：社会资本与制度分析》，上海三联书店2003年版。

[9] 费孝通：《乡土中国》，上海人民出版社2006年版。

[10] 费孝通：《江村经济》，江苏人民出版社1986年版。

[11] 顾琴轩、郭培芳：《组织行为学》，上海人民出版社2003年版。

[12] 格鲁特尔特、贝斯特纳尔：《社会资本在发展中的作用》，黄载曦等译，西南财经大学出版社2004年版。

[13] 胡荣：《社会资本与地方治理》，社会科学文献出版社2009年版。

［14］吉登斯：《现代性的后果》，田禾译，译林出版社 2000 年版。

［15］肯尼思·纽顿：《社会资本与现代欧洲民族》，参见李惠斌、杨雪冬主编《社会资本与社会发展》，社会科学文献出版社 2000 年版。

［16］科斯：《社会成本问题》，载《财产权利与制度变迁——产权学派与制度学派译文集》，陈昕译，上海人民出版社 1994 年版。

［17］林南：《社会资本——关于社会结构与行动的理论》，张磊译，上海人民出版社 2005 年版。

［18］卢曼：《信任：一个社会复杂性的简化机制》，瞿铁鹏等译，上海人民出版社 2005 年版。

［19］苗富春、林岱仁：《县域保险发展研究报告》，中国财政经济出版社 2006 年版。

［20］马赛尔·毛斯：《社会学与人类学》，佘碧平译，上海译文出版社 2003 年版。

［21］诺曼·厄普霍夫：《理解社会资本：学习参与分析与参与经验》，参见帕萨·达斯古普特伊斯梅尔·撒拉尔丁《社会资本：一个多角度的观点》，张慧东等译，中国人民大学出版社 2005 年版。

［22］帕特南：《使民主运转起来：现代意大利的公民传统》，王列等译，江西人民出版社 2001 年版。

［23］帕特南：《独打保龄球：美国下降的社会资本》，参见李惠斌、杨雪冬主编《社会资本与社会发展》，社会科学文献出版社 2000 年版。

［24］青木昌彦：《比较制度分析》，周黎安译，上海远东出版社 2001 年版。

［25］托克维尔：《论美国的民主》，商务印书馆 1997 年版。

［26］韦伯：《儒教与道教》，王容芬译，商务印书馆 1995 年版。

［27］燕继荣：《投资社会资本：政治发展的一种新维度》，北京大学出版社 2006 年版。

［28］尹钢、梁丽芝：《行政组织学》，北京大学出版社 2005 年版。

［29］翟学伟：《人情、面子与权力的再生产》，北京大学出版社 2005 年版。

［30］詹姆斯·科尔曼：《社会理论的基础》，邓方译，社会科学文献出版社 1999 年版。

［31］Bourdieu, *The Forms of Capital*, In handbook of Theory & Research for the Sociology of Education, ed. J. G. Richardson, New York: Greenwood, 1985.

[32] David, Bohm, *On Communication*, In John, Stewart, Bridges Not Walls: A Book about Interpersonal Communication (9th), New York: McGraw-Hill Companies, 2006.

[33] De Silva, Mary, *System Review of the Methods Used in Studies of Social Capital and Mental Health*, In Kwame McKenzir & Trudy Harpham (eds.), Social Capital and Mental Health, London: Jessica Kingsley Publisher, 2006.

[34] Durlauf, Steven, *Neighborhood Effects*, in Handbook of Regional & Urban Economics, edited by J. V. Henderson & J. F. Thesse, Amsterdam: North Holland, 2004.

[35] Douglass, North, *Institution*, *Institutional Change and Economic Performance*, New York: Cambridge Press, 1990.

[36] Harpham, Trudy, *The Measurement of Community Social Capital Through Surveys*, In Idiro Kawachi, SV Subramanian and Daniel Kin (eds), Social Capital and Health, New York: Springer, 2007.

[37] Inglehart, Ronald, *Trust, Well-being and Democracy*, In Warren, Mark E., Democracy and Trust, New York: Cambridge University Press, 1999.

[38] Inglehart, Ronald, *Modernization and Postmodernization: Cultural, Economic and Political Change in 43 Societies*, Princeton: Princeton University Press, 1997.

[39] Janowitz M., *The Study of Mass Communication*, In Sills, DE (ed), International Encyclopedia of the Social Sciences, New York: Macmillan & Free Press, 1968.

[40] Kipnis, Andrew B., *Producing Guanxi: Sentiment, Self and Subculture in a North China Village. Durham*, N. C.: Duke University Press, 1997.

[41] Lin Nan, *Building a Network Theory of Social Capital*, in social capital: Theory and research, (eds.) by Lin Nan, Karen Cook, Ronald S. Burt, New York: Aldine De Gruyter, 2001.

[42] Mancur Olson, *The Rise and Decline of Nations: Economic Growth, Stagflation and Social Rigidities*, New Haven: Yale University

Press，1982.

［43］ Ostrom，Elinor & T. K.，Ahn，*Foundations of Social Capital*，Edward Elgar Publishing Limited，2003.

［44］ Pippa Norris，*Democratic Phoenix*，New York：Cambridge University Press，2002.

［45］ Putnam，Robert D.，*Making Democracy Work*，Princeton：Princeton University Press，1993.

［46］ Rogers，Everett，*Diffusion of Innovation*，4th ed.，New York：The Free Press，1995.

［47］ Sahlins，Marshall D.，*Stone Age Economics*，New York：Aldine De Gruyter，1972.

［48］ Susana Narotaky，*New directions in economic anthropology*，Pluto press，1977.


**论文类：**

［49］褚福：《我国城乡医疗保险现状分析》，载《中国医疗保险》2011年第12期。

［50］陈迎春、崔斌：《社会资本与农村合作医疗的发展》，载《中国卫生资源》2000年第4期。

［51］邓大松、薛惠元：《新型农村社会养老保险制度推行中的难点分析——兼析个人集体和政府的筹资能力》，载《经济体制改革》2010年第1期。

［52］范飞：《家庭馈赠对医疗保险需求的影响——一个非正式风险分担机制的视角》，复旦大学硕士论文，2008年。

［53］房莉：《制度信任的形成过程——以新型农村合作医疗制度为例》，载《社会学研究》2009年第2期。

［54］樊丽明、解垩、尹琳：《农民参与新型农村合作医疗及满意度分析——基于3省245户农户的调查》，载《山东大学学报》（哲学社会科学版）2009年第1期。

［55］龚向光、胡善联、程晓明：《贫困地区农民对合作医疗的意愿支付》，载《中国初级卫生保健》1998年第8期。

［56］高祥宇、卫民堂、李伟：《信任促使两人层次的知识转移的机制的

研究》，载《科学学研究》2005 年第 3 期。

[57] 何军、纪月清、钟甫宁：《外出务工、社会资本与农户新型合作医疗的参与——基于江苏省的实证分析》，载《南京农业大学学报》（社会科学版）2007 年第 3 期。

[58] 何兴强、李涛：《社会互动、社会资本和商业保险购买》，载《金融研究》2009 年第 2 期。

[59] 胡荣：《社会资本与中国农村居民的地域性自主参与——影响村民在村级选举中参与的各因素分析》，载《社会学研究》2006 年第 2 期。

[60] 胡荣：《中国农村居民的社团参与》，载《中共福建省委党校学报》2004 年第 2 期。

[61] 桂勇、黄荣贵：《社区社会资本测量：一项基于经验数据的研究》，载《社会学研究》2008 年第 3 期。

[62] 蒋杭君：《农户购买农业保险的行为与意愿研究——以湖南岳阳为例》，暨南大学硕士论文，2011 年。

[63] 柯江林、孙健敏、石金涛等：《企业 R&D 团队之社会资本与团队效能关系之间的实证研究——以知识分享与知识整合为中介变量》，载《管理世界》2007 年第 3 期。

[64] 康晓光：《转型时期的中国社团》，载《中国青年科技》1999 年第 10 期。

[65] 李涛：《社会互动、信任与股市参与》，载《经济研究》2006 年第 1 期。

[66] 李涛：《社会互动与投资选择》，载《经济研究》2006 年第 8 期。

[67] 李连重：《农村社会养老保险调查与研究》，载《北京邮电大学学报》1999 年第 4 期。

[68] 李伟民、梁玉成：《特殊信任与普遍信任：中国人信任的结构与特征》，载《社会学研究》2002 年第 3 期。

[69] 李志宏、李军、徐宁等：《社会资本对个体间非正式知识转移的影响机制研究》，载《图书情报工作》2009 年第 5 期。

[70] 林义：《破解新农保制度运行五大难》，载《中国社会保障》2009 年第 9 期。

[71] 刘书鹤：《我对"农村社会养老保险"的看法及建议》，载《社会

学研究》1997 年第 4 期。

[72] 刘军：《一般化互惠：测量，动力及方法论意涵》，载《社会学研究》2007 年第 1 期。

[73] 卢燕平：《社会资本与金融发展的实证研究》，载《统计研究》2005 年第 8 期。

[74] 陆铭、李爽：《社会资本非正式制度与经济发展》，载《管理世界》2008 年第 9 期。

[75] 吕继明：《我国农村养老保险的现状及发展路径分析》，载《宁夏党校学报》2005 年第 11 期。

[76] 马利敏：《农村社会养老保险请缓行》，载《探索与争鸣》1999 年第 7 期。

[77] 马小勇：《中国农户的风险规避行为分析——以陕西为例》，载《中国软科学》2006 年第 2 期。

[78] 马得勇：《社会资本：对若干理论争议的批判分析》，载《政治学研究》2008 年第 5 期。

[79] 马九杰、赵永华、徐雪高：《农户传媒使用与信息获取渠道选择倾向研究》，载《国际新闻界》2008 年第 2 期。

[80] 宁满秀、邢郦、钟甫宁：《影响农户购买农业保险决策因素的实证分析——以新疆玛纳斯河流域为例》，载《农业经济问题》2005 年第 6 期。

[81] 乔晓春：《农村社会养老保险问题研究》，载《中国人口科学》1998 年第 6 期。

[82] 石绍宾、樊丽明、王媛：《影响农民参加新型农村社会养老保险的因素》，载《财贸经济》2009 年第 11 期。

[83] 孙昕、徐志刚、陶然等：《政治信任、社会资本和农民选举参与——基于全国代表性样本调查的实证分析》，载《社会学研究》2007 年第 4 期。

[84] 史清华：《民生化时代中国农民社会保险参与意愿与行为变化分析——来自国家农村固定观测点 2003—2006 年的数据》，载《学习与实践》2009 年第 2 期。

[85] 宋涛、吴玉锋、陈婧：《社会互动、信任与农民购买商业养老保险的意愿》，载《华中科技大学学报》（社会科学版）2012 年第 1 期。

[86] 谭静、江涛：《农村社会养老保险心理因素实证研究》，载《人口与经济》2007 年第 2 期。

[87] 唐均：《新农保的"软肋"》，载《中国社会保障》2009 年第 11 期。

[88] 田凯：《当前中国农村社会养老保险的制度分析》，载《社会科学辑刊》2000 年第 6 期。

[89] 托马斯·福特·布朗：《社会资本理论综述》，木子西编译，载《马克思主义与现实》2000 年第 2 期。

[90] 王海江：《影响农民参加社会养老保险的因素分析——以山东、安徽省六村农民为例》，载《中国人口科学》1998 年第 6 期。

[91] 王绍光、刘欣：《信任的基础：一种理性的解释》，载《社会学研究》2002 年第 3 期。

[92] 王守智、王素华：《政治传播视角下受众参与缺位的二维解析》，载《理论研究》2008 年第 5 期。

[93] 王敏：《论农村人身保险市场的开拓》，载《保险研究》2007 年第 3 期。

[94] 文莉、肖云、胡同泽：《政府信誉与建立农村养老保险体制研究——对 1757 位农民的调查》，载《农村经济》2006 年第 1 期。

[95] 魏星河、郭云华：《政治冷漠：农民对村委会选举的一种行为》，载《求实》2003 年第 10 期。

[96] 吴罗发：《中部地区农民社会养老保险参与意愿分析——以江西省为例》，载《农业经济问题》2008 年第 4 期。

[97] 吴玉锋：《新型农村社会养老保险参与实证研究：一个信任分析视角》，载《人口研究》2011 年第 4 期。

[98] 吴玉锋：《社会互动与新型农村社会养老保险参保行为实证研究》，载《华中科技大学学报》（社会科学版）2011 年第 4 期。

[99] 吴玉锋、吴中宇：《村域社会资本、互动与新农保参保行为研究》，载《人口与经济》2011 年第 2 期。

[100] 吴玉锋：《新型农村社会养老保险参与行为实证分析——以村域社会资本为视角》，载《中国农村经济》2011 年第 10 期。

[101] 邢宝华、窦尔翔、何小峰：《新型农村社会养老保险制度的金融创新》，载《东北财经大学学报》2007 年第 4 期。

[102] 熊跃根：《转型经济国家中的第三部门发展：对中国现实的解释》，

载《社会学研究》2001 年第 1 期。

[103] 徐立强：《影响新农保参保率的因素探析——基于 SPSS 的实证分析》，载《山东农业大学学报》2011 年第 2 期。

[104] 徐湘林：《"三农"问题困扰下的中国乡村治理》，载《战略与管理》2003 年第 4 期。

[105] 徐淑芳：《社会资本与金融发展》，载《改革与战略》2008 年第 8 期。

[106] 杨小玲：《社会资本视角下的中国金融发展与经济增长关系——基于 1997—2008 年省际面板数据研究》，载《产经评论》2010 年第 2 期。

[107] 叶琪、潘再见：《新型农村合作医疗制度与农民行为分析》，载《辽宁工程技术大学学报》2006 年第 1 期。

[108] 乐章：《现行制度安排下农民的社会养老保险参与意向》，载《中国人口科学》2004 年第 5 期。

[109] 张俊生、曾亚敏：《社会资本与区域金融发展——基于中国省际数据的实证研究》，载《财经研究》2005 年第 4 期。

[110] 张跃华、顾海英、史清华：《农业保险需求不足效用层面的一个解释及实证研究》，载《数量经济技术经济研究》2005 年第 4 期。

[111] 张里程、汪宏、王禄生等：《社会资本对农村居民参与新型农村合作医疗支付意愿的影响》，载《中国卫生经济》2004 年第 10 期。

[112] 张述林：《试论投保人行为的复合决策过程》，载《重庆社会科学》1996 年第 5 期。

[113] 赵建国：《农村养老保险制度的反思与创新》，载《法学杂志》2004 年第 4 期。

[114] 赵德余：《制度与信任形成的微观机制》，载《社会》2010 年第 6 期。

[115] 赵德余、梁鸿：《农民参与社会养老保险行为选择及其保障水平的因素分析——来自上海郊区村庄层面的经验》，载《中国人口科学》2009 年第 1 期。

[116] 左延莉、胡善联、博卫等：《2004 年中国新型农村合作医疗参合率分析》，载《卫生软科学》2006 年第 8 期。

[117] 周涛、鲁耀斌：《基于社会资本理论的移动社区用户参与行为研

究》，载《管理科学》2008 年第 3 期。

[118] 周密、赵文红、姚小涛:《社会关系视角下知识转移理论研究述评及展望》，载《科研管理》2007 年第 3 期。

[119] 中国投资者动机和预期调查数据分析课题组:《参与不确定性与投资秩序的生成和演化》，载《经济研究》2002 年第 2 期。

[120] Adler, Paul & Kwon, Seok-Woo, "Social capital: prospects for a new concept", *in the Academy of Management Review*, 2002, 27 (1), pp. 17 - 40.

[121] Alejandro, Portes, "Social Capital: Its Origins & Applicationsin Modern Sociology", *Annual Review of Sociology*, 1998, 24, pp. 1 - 24.

[122] Arrow Kenneth J., *The Organization of Economic Activity: Issue Pertinent to the Choice of Market Versus Nonmarket Allocation*, in the Analysis and Evaluation of Public Expenditure, The PPB System Vol. 1, U. S. Jaint Economic Committee, 91st Congress, 1st Session, Washington, D. C., U. S. Government Printing Office, 1989, (48).

[123] Atim C., "Social movements and health insurance: A critical evaluation of voluntary, non-profit insurance schemes with case studies from Ghana and Cameroon", *Social Science & Medicine*, 1999, 48 (7), pp. 881 - 896.

[124] Attanasio O. & Rios-Bull, J. V., *Consumption Smoothing and Extended Families*, Mimeo, University of Pennsylvania, 2000.

[125] Banerjee, Abhijit, "A simple model of herd behavior", *Quarterly Journal of Economics*, 1992, 107, pp. 797 - 817.

[126] Banfield, Edward C., *The Moral Basis ofa Backward Society*, Glencoe: Free Press, 1958, pp. 1 - 188.

[127] Beiseitov, Eldar, Jeffrey D. Kubik & John R. Moran, *Social Interaction and Health Insurance Choices of the Elderly: Evidence from the Health and Retirement Study*, Working Paper, Syracuse University, 2004, pp. 1 - 34.

[128] Bergelsdijk, S. & T. VanSchalk, *Social Capital and Regional Economic Growth*, Mimeo, Tilburg University, 2001, pp. 1 - 43.

[129] Bernheim, D. B., "A Theory of Conformity", *Journal of Political E-*

conomy, 1994, 102, pp. 841 – 877.

[130] Bikhchandani S. , D. Hershleifer & I. Welch, "Learning from the Behavior of Others: Conformity, Fads and Informational Cascades", *Journal of Economic Perspectives*, 1998, 12, pp. 151 – 170.

[131] Bossone, Biagio, *The Role of Trust in Financial Sector Development*, Policy Research Working Paper, No. 2200, the World Bank, 1999, pp. 1 – 33.

[132] Brien, Megan S. , Charles A. Burdsal & A. Craig Molgaard, "Further Development of An Australian-based Measure of Social Capital in a US Sample", *Social Science & Medicine*, 2004, 59, pp. 1207 – 1217.

[133] Coleman, James, "Social Capital in the Creation of Human Capital", *American Journal of Sociology*, 1988, 94, pp. s95 – s120.

[134] DesmetM. , Chowdhury, A. Q. & Islam, M. K. , "The potential for social mobilisation in Bangladesh: The organisation and functioning of two health insurance schemes", *Social Science & Medicine*, 1999, 48 (7), pp. 925 – 938.

[135] Dimitris, Georgarakos & Giacomo, Pasini, "Trust Sociability and Stock Market Participation", *Review of Finance*, 2011, 15 (4), pp. 693 – 725.

[136] Duflo, Esther & Emmanuel Saez, "Participation and Investment Decisions in a Retirement Plan: the Influence of Colleagues'Choices", *Journal of Public Economics*, 2002, 85 (1), pp. 121 – 148.

[137] Durlauf, Steven, *Neighborhood Effects*, in Handbook of Regional & Urban Economics, J. V. Henderson & J. F. Thesse, eds, Amsterdam: North Holland, 2004, pp. 2173 – 2242.

[138] Durlauf, Steven N. & Marcel Fafchamps, *Social Capital*, NBER Working Paper No. W10485, 2005, pp. 1639 – 1699.

[139] GambettaD. , *Can We Trust Trust* ? In Trust: Making and Breaking Cooperative Relations. ed. Diego Gambetta, Oxford: Blackwell, 1988, p. 216.

[140] Granovetter M. , *The Strength of Weak Ties*, American Journal of Sociology, 1973, 78 (6), pp. 1360 – 1380.

[141] Granovetter M., "Ecnomic action and social structure: The problem of embeddedness", *American Journal of Sociology*, 1985, 91 (3), pp. 481 – 510.

[142] Grootaert, Christiaan, *Social Capital, Household Welfare and Poverty in Indonesia*, Local Level Institutions Working Paper, No. 6, Washington D. C.: World Bank, 1999, pp. 1 – 79.

[143] Grootaert, Christiaan and Thierry van Bastelaer (eds.), *Understanding and Measuring Social Capital: A Multi-disciplinary Tool for Practitioners*, Washington, D. C.: World Bank. 2002, pp. 1 – 30.

[144] Guiso Luigi, Paola Sapienza & Luigi Zingalea, "Does Culture Affect Economic Outcomes?", *Journal of Economic Perspectives*, Spring, 2006, 20 (2), pp. 23 – 48.

[145] Guiso Luigi, Paola Sapienza & Luigi Zingalea, "The Role of Social Capital in Financial Development", *American Economic Rewiew*, 2004, 94 (3), pp. 526 – 556.

[146] Guiso Luigi, Paola Sapienza & Luigi Zingales, "Trusting the Stock Market", *The Journal of Finance*, 2008, 63 (6), pp. 2557 – 2600.

[147] Hamilton, Jill Bridgette, *Theorizing Social Support for African Americans with Cancer*, PhD Dissertation of the University of North Carolina at Chapel Hill, 2001.

[148] Hong, Harrison, Jeffrey D. Kubik & Jeremy C. Stein, "Social Interaction and Stock Market Participation", *The Journal of Finance*, 2004, 59 (1), pp. 137 – 163.

[149] Hsiao, W. C., *Unmet health needs of two billion: Is community financing a solution?* HNP Discussion Paper, World Bank, Washington, DC., 2001.

[150] IslamM. Kamrul, Juan Merlo, Ichiro Kawachi, Martin Lindström & Ulf G. Gerdtham, "Social Capital and Health: Does Egalitarianism Matter?" *A Literature Review*, *International Journal for Equity in Health*, 2006, 5 (3), pp. 1 – 28.

[151] Jackson, Matthew O., *The Economics of Social Networks*, in Advances in Economics and Econometrics, Theory and Applications: Ninth

World Congress of the Econometric Society, ed. by R. Blundell, W. Newey & T. Persson, Cambridge University Press, Chap. 1, 2006, 1, pp. 1 – 56.

[152] Joon Koh, Young-Gul Kim, Brian Butler, Gee-Woo Bock, *Encouraging Participation in Virtual Communities*, Communications of the ACM, 2007, 50 (2), pp. 68 – 73.

[153] Knack, Stephen, "Social Capital and the Quality of Government: Evidence from the States", *American Journal of Political Science*, 2002, 46 (4), pp. 772 – 785.

[154] Knack, Stephen & Keefer, Philip, "Does Social Capital Have an Economic Payoff? A Cross-Country Investigation", *Quarterly Journal of Economics*, November, 1997, 112 (4), pp. 1251 – 1288.

[155] Knack, Stephen & Zack, Paul, "Trust and Growth", *Economic Journal*, April, 2001, 111 (470), pp. 295 – 321.

[156] Knight, T. O. & K. H. Coble, "Survey of U. S. Multiple Peril Crop Insurace Literature Since 1980", *Review of Agricultural Economics* (spring summer), 1997, pp. 128 – 156.

[157] Lin Nan, *Building a Network Theory of Social Capital*, in social capital: Theory and research, (eds.) by Lin Nan, Karen Cook, Ronald S. Burt, New York: Aldine De Gruyter, 2001, p. 8.

[158] Lin Nan, "Social networks and status attainment", *Annual Review of Sociology*, 1999, 25, pp. 467 – 487.

[159] Lopez-de-Silanes, Florencio & Shleifer Andrei, "What Works in Securities Laws", *Journal of Finance*, 2006, 61 (1), pp. 1 – 32.

[160] Manabe, Kazufumi, *People's Attitudes Toward Technology and Environment in China*, Kwansei, Gakuin University Annual Studies, 1995.

[161] Manski, Charles F., "Economic Analysis of Social Interaction", *Journal of Economic Perspectives*, 2000, 14 (3), pp. 115 – 136.

[162] Nahapiet J., Ghoshal S., "Social Capital, Intellectual Capital and the Organizational Advantage", *The Academy of Management Review*, 1998, 23 (2), pp. 242 – 266.

[163] Onyx, Jenny & Paul Bullen, "Measuring Social Capital in Five Com-

munities", *The Journal of Applied Behavioral Science*, 2000, 36 (1), pp. 23 – 42.

[164] Putnam, Robert D. , "Tuning in, tuning out: The strange disappearance of social capital in America", *Political Science & Politics*, 1995, 28 (4), p. 665.

[165] Paxton, Pamela, "Is Social Capital Declining in the Unites States? A Multiple Indicator Assessment", *American Journal of Sociology*, 1999, 105 (1), pp. 88 – 127.

[166] Rotter, J. B. , "Interpersonal Trust, Trust, Trust Worthiness and Guilibility", *American Psychologist*, 1980, 35, pp. 1 – 7.

[167] SchneiderP. , DiopF. , MaceiraD. & ButeraD. , *Utilization, cost and financing of district health services in Rwanda*, Technical Report No. 61, Partnerships for Health Reform Project, Abt Associates Inc. Bethesda, MD, 2001.

[168] Schneider P. , *Trust in micro-health insurance: An exploratory study in Rwanda.* Social Science & Medicine, 2005, 61 (7), pp. 1430 – 1438.

[169] SerraT. , B. K. Goodwin & A. M. Featherstone, "Modeling Changes in the U. S. Demand for Crop Insurance during the 1990s", *Agricultural Finance Review*, 2003, 63 (2), pp. 109 – 125.

[170] Sorensen, A. T. , *Social learning in the demand for employer-sponsored health insurance*, Unpublished manuscript available, at http: //terpconnect. umd. edu/dvincent/learning. pdf, 2001.

[171] Szulansk, i. G. , "Exploring internal stickiness: Impediments to the transfer of best practice within the firm", *Strategic Management Journal*, 1976, 17, pp. 27 – 43.

[172] TakahashiN. , "The Emergence of Generalized Exchange", *American Journal of Sociology*, 2000, 105, pp. 1105 – 1134.

[173] Wellman B. , Carrington, P. J. & A. Hall, *Networks as Personal Communitiesin Wellman*, B. & Berkowitz, S. D. ( eds ), Social Structures: A Network Approach Cambridge, England: Cambridge University Press, 1988, pp. 169 – 170.

[174] Whiteley, Paul F. , *The Origins of Social Capital*, in Van Deth, Jan

W. , Maraffi, Macro, Newton, Kenneth &Whiteley, Paul (eds ), Social Capital and European Democracy, NY: Routledge, 1999, pp. 45 – 73.

[175] Williams, Bernard, *Formal structures and social reality*, in Diego Gambetta, ed. Trust: Making and Breaking Cooperative Relations Oxford: Blackwell, 1988, p. 8.

[176] Wright, B. D. & J. D. Hewitt. , *All Risk Crop Insurance: Lessons From Theory and Experience*, Giannini Foundation, California Agricultural Experiment Station, Berkeley, April, 1990, pp. 73 – 112.

[177] Xavier Giné, Robert Townsend & James Vickery, *Patterns of Rainfall Insurance Participation in Rural India*, Oxford Journals, Social Sciences, World Bank Economic Review, 2008, 22 (3), pp. 539 – 566.

# 附录:调查问卷

## 一 新型农村社会养老保险制度参与行为调查问卷1

尊敬的答卷人:

您好！我是华中科技大学社会学系社会保障专业博士研究生，现进行关于新型农村社会养老保险参与状况的调查，目的是了解当前农村居民的参保情况。本次调查的对象仅限16岁到59岁之间，具有农村户口的农村居民（不包括在校学生），不管是否参与了新农保，都可以成为我们的调查对象，调查不用写名字，所得的资料完全用于学术研究，对于您的支持与合作，我表示衷心感谢！

2010. 5. 1

填写说明:

1. 本问卷绝大部分是单选题，即只有一个答案，多选题会在题目后注明。

2. 请在符合您情况的选项的序号下打"√"，不要遗漏。

3. 有些题是填空题，请在该题的横线处填写您的情况。

### 一 本人及家庭情况

1. 您的性别: ①男 ②女

2. 您的年龄是_____岁（填写）

3. 您的身体状况: ①好 ②一般 ③差

4. 您的政治面貌: ①中共党员 ②群众 ③共青团员 ④其他

5. 您是否村组干部: ①是 ②否

6. 您的婚姻状况： ①未婚 ②已婚 ③丧偶 ④其他

7. 您一共上了_____年学（填空，没上学填"0"）

8. 去年，您的家庭纯收入（总收入除去总支出）为多少？

①5000 元以下　　　②5000—10000 元　　　③10001—15000 元

④15001—20000 元　⑤20001—25000 元　⑥25001—30000 元

⑦30001—35000 元　⑧35001—40000 元　⑨40001—50000 元

⑩50000 元以上

9. 您现在一共有_____个儿子，_____个女儿（没有子女请填"0"）

10. 您家现在一共有_____个 60 岁以上的老人？（没有请填"0"）

11. 您家有_____亩地（填空）

12. 您村距离县城_____公里（填空）

## 二　制度与缴费

1. 您对现在实施的新型农村养老保险政策的了解情况如何？（在相应的位置打"√"）

| 指标 | 非常清楚 | 比较清楚 | 不太清楚 | 很不清楚 | 说不清 |
|---|---|---|---|---|---|
| 政府推行这一政策的目的是什么？ | | | | | |
| 参加新农保的缴费档次有哪些？ | | | | | |
| 缴费时政府一年补助多少？ | | | | | |
| 缴纳的保费是否可以退还？ | | | | | |
| 个人账户利息如何确定？ | | | | | |
| 个人账户资金都包括哪些部分？ | | | | | |
| 领取养老金的标准如何计算？ | | | | | |
| 领取养老金需要具备哪些条件？ | | | | | |
| 领取标准高低取决于哪些条件？ | | | | | |
| 自己需要缴多少年才可以领取？ | | | | | |

2. 您是通过什么渠道了解新农保的？（本项可多选）

①当地政府组织人进村宣传　②电视宣传　③协管员入户宣传　④村群众大会　⑤亲友告知　⑥自己主动咨询别人　⑦参加政府组织的培训

⑧邻居交流　⑨村里广播　⑩村里黑板报

3. 您是否有下列情况?（在相应的位置打"√"）

| 指标 | 是 | 否 |
|---|---|---|
| 自己参加过村里组织的宣传大会 | | |
| 自己参加过专门的政策培训会议 | | |
| 自己通过电视等媒体获取政策信息 | | |
| 自己主动向别人咨询过新农保政策 | | |
| 自己向别人讲解过新农保政策的情况 | | |
| 自己劝说家人或者别人参与新农保 | | |

4. 您是否已经加入新农保?①是（只回答箭头所指问题）　②否（只回答箭头所指问题）

* 您为什么参加新农保?（本项可多选）

①政策有实惠　②政府强制让缴费　③为了能让家里老人领到养老金　④想靠这个以后养老　⑤费用不高，无所谓　⑥看大家都参与了　⑦其他

*您加入新农保时，一年缴费金额共_____元

*您是否自己主动自愿缴费的?

①是　②否

*村集体给您缴费补助_____元（没有补助填"0"）

*地方政府（省、市、县三级）给您缴费补助_____元

*您是否有坚持长时间缴费的想法?

①是　②否　③看情况

*您没有参加新农保的原因有哪些?（本项可多选）

①不知道这个政策　②缴不起费用　③养老待遇太少　④证件不齐　⑤靠家庭养老就行　⑥不相信能兑现　⑦不公平　⑧不知道怎么参与　⑨错过了时间　⑩家里人不让参与

* 您明年是否有参与新农保的意愿?①是　②否　③看情况

5. 请您回答下列情况（在相应的位置打"√"）

| 指标 | 非常相信 | 比较相信 | 不太相信 | 很不相信 | 说不清 |
|---|---|---|---|---|---|
| 新农保政策会稳定推行 | | | | | |
| 中央政府财政补贴会持续支持 | | | | | |
| 地方政府财政补贴会持续支持 | | | | | |
| 管理部门会确保养老金不挪用 | | | | | |
| 个人账户养老金不会贬值 | | | | | |
| 养老金待遇会按时按量兑现 | | | | | |
| 养老金待遇水平以后会提高 | | | | | |
| 干部和群众缴费、受益标准一致 | | | | | |
| 政策运行不会产生不公平现象 | | | | | |

6. 请对下面情况作出回答（在相应的位置打"√"）

| 指标 | 是 | 否 | 说不清 |
|---|---|---|---|
| 您是否满意中央政府的补贴水平？ | | | |
| 您是否满意地方政府的补贴水平？ | | | |
| 您是否满意新农保的服务管理？ | | | |
| 您是否满意养老待遇的水平？ | | | |
| 您是否认为这个政策可以解决您的养老问题？ | | | |

## 三　社会关系情况

1. 您的交往情况（在相应的位置打"√"）

| 指标 | 经常来往 | 有时来往 | 较少来往 | 很少来往 |
|---|---|---|---|---|
| 与亲戚 | | | | |
| 与本家族成员 | | | | |
| 与同小组村民 | | | | |
| 与同村村民 | | | | |
| 与同行政村村民 | | | | |
| 与村干部 | | | | |

2. 您的信任情况（在相应的位置打"√"）

| 指标 | 非常信任 | 比较信任 | 有点信任 | 不信任 |
|---|---|---|---|---|
| 对亲戚 | | | | |
| 对本家族成员 | | | | |
| 对同姓村民 | | | | |
| 对同小组村民 | | | | |
| 对同自然村村民 | | | | |
| 对同行政村村民 | | | | |
| 对村干部 | | | | |

3. 互惠情况

Ⅰ. 过去一年您是否与亲友之间有过义务帮工？①是　　②否

Ⅱ. 您是否赞同下列情况？（在相应的位置打"√"）

| 指标 | 非常赞同 | 比较赞同 | 有点赞同 | 不赞同 |
|---|---|---|---|---|
| 邻里之间应该互相帮忙干活 | | | | |
| 邻里之间应该互相借用东西 | | | | |
| 邻里之间应该互相借钱 | | | | |
| 邻里之间帮忙应该不求回报 | | | | |

4. 村庄情况

Ⅰ. 邻村的姑娘是否愿意嫁到本村？

①很愿意　②较愿意　③一般　④较不愿意　⑤很不愿意

Ⅱ. 您认为在本村生活有安全秩序感吗？

①很有安全秩序感　②较有安全秩序感　③较少安全秩序感
④没有安全秩序感

Ⅲ. 您会经常因为您是这个村的村民而感到光荣吗？

①经常　②有时　③很少　④从不

Ⅳ. 与周围村相比，本村的社会风气好不好？

①很好　②较好　③一般　④较差　⑤很差

Ⅴ．您村是否经常发生果园或农作物被盗的事？

①经常　②有时　③很少　④没有

Ⅵ．您村是否经常有村民家里的东西被盗？

①是　②否

Ⅶ．邻居之间是否经常吵架？

①是　②否

5．您是否参与过下面的组织？（在相应的位置打"√"）

| 指标 | 是 | 否 |
|---|---|---|
| 共青团 | | |
| 妇女代表大会 | | |
| 民兵组织 | | |
| 娱乐组织（如合唱队） | | |
| 合作社 | | |
| 科技组织（如果农协会） | | |
| 民间借贷组织 | | |
| 体育运动组织 | | |
| 宗教信仰组织（如耶稣教） | | |

## 二　新型农村社会养老保险参与行为调查问卷 2

尊敬的答卷人：

　　您好！我是华中科技大学社会学系社会保障专业博士研究生，现进行关于新型农村社会养老保险参与状况的调查，目的是了解当前农村居民的参保情况。<u>本次调查的对象仅限 16 岁到 59 岁之间，具有农村户口的农村居民（不包括在校学生）</u>，不管是否参与了新农保，都可以成为我们的调查对象，调查不用写名字，所得的资料完全用于学术研究，对于您的支持与合作，我表示衷心感谢！

　　填写说明：

1. 本问卷绝大部分是单选题，即只有一个答案，多选题会在题目后注明。

2. 请在符合您情况的选项的序号下打"√"，不要遗漏。

3. 有些题是填空题，请在该题的横线处填写您的情况。

## 一　本人及家庭情况

1. 您村属于_____乡（请填写乡或镇的名称）

2. 您的性别：

①男　②女

3. 您的年龄_____岁（填写）

4. 您的身体状况：

①很好　　②比较好　　③一般　　④差　　⑤很差

5. 您的政治面貌：

①中共党员　②群众　　③其他

6. 您是否是村干部或组干部：

①是　②否

7. 您的婚姻状况：

①未婚　②已婚　③丧偶　④再婚　⑤其他

8. 您的受教育程度：

①没上过学　②小学　③初中或技校

④高中或者中专　⑤大专及以上

9. 去年，您家庭人均收入为多少？

①没有　　②1000元以下　　③1001—2000元　　④2001—3000元

⑤3001—4000元　　⑥4001—5000元　　⑦5001—6000元

⑧6001—7000元　　⑨7001—8000元　　⑩8000元以上

10. 您家庭总财富（指全部家当核算为人民币）数量为多少？

①10000元以下　　②10001—20000元　　③20001—30000元

④30001—40000元　　⑤40001—50000元　　⑥50001—60000元

⑦60001—70000元　　⑧70001—80000元　　⑨80001—90000元

⑩90000元以上

11. 与村里其他家庭相比，如果满分为10分，您家富裕程度可以打_____分（填写）

12. 您家收入情况未来会更好吗？

①肯定会 ②应该会 ③不好说 ④不会 ⑤肯定不会

13. 您家现在共有_____口人，_____个 60 岁以上的老人，_____个子女（没有填 0）

14. 您的主要职业是：

①务农 ②个体户 ③经商 ④打工 ⑤教师 ⑥其他

15. 您是否购买了商业人寿保险？

①是 ②否

16. 您今年是否参加了新型农村合作医疗？

①是 ②否

17. 如果可以的话，您是否愿意贷款去消费？

①是 ②否

18. 您担心自己未来的养老问题吗？

①一点都不担心 ②不很担心 ③无所谓 ④有点担心

⑤非常担心

19. 养老还是要靠子女，您同意这个说法吗？

①很同意 ②比较同意 ③一般 ④不太同意 ⑤很不同意

20. 您是否同意以下看法？（在相应的位置打"√"）

| | 非常同意 | 比较同意 | 一般 | 不太同意 | 很不同意 |
|---|---|---|---|---|---|
| 有时候我觉得生活没有意思 | | | | | |
| 有时候我对自己失去了信心 | | | | | |
| 我是一个心态开放的人 | | | | | |
| 我觉得很孤独 | | | | | |

**二 制度与缴费**

1. 总的来说，您对新型农村社会养老保险政策清楚吗？

①很清楚 ②比较清楚 ③一般 ④不太清楚 ⑤一点都不清楚

2. 您对新型农村养老保险政策（简称"新农保"）的具体了解情况
（在相应的位置打"√"）

| | 非常清楚 | 比较清楚 | 一般 | 不太清楚 | 不清楚 |
|---|---|---|---|---|---|
| 新农保有几个缴费档次？ | | | | | |
| 中央政府给参保农民补助多少？ | | | | | |
| 地方政府给参保农民补助多少？ | | | | | |
| 需要缴多少年能领取养老金？ | | | | | |
| 养老金多少是如何计算出来的？ | | | | | |
| 新农保的主管部门是哪个？ | | | | | |
| 所缴费用利息是怎么计算的？ | | | | | |

3. 您是通过什么渠道了解新农保的？（本项可多选）
①政府宣传 ②协管员入户 ③村大会 ④亲友告知 ⑤邻居告知
⑥村干部告知 ⑦其他

4. 新农保政策对您来说重要吗？①很重要 ②重要 ③一般 ④不
太重要 ⑤很不重要

5. 您会不会靠新农保解决养老问题？①肯定会 ②应该会 ③可能
会 ④不会 ⑤肯定不会

6. 新农保在您村宣传时，您是否有过下列情况？（在相应的位置打
"√"）

| | 经常 | 有时 | 偶尔 | 从不 |
|---|---|---|---|---|
| 向邻居询问过新农保的信息 | | | | |
| 向亲友询问过新农保的信息 | | | | |
| 向村里其他人询问过新农保的信息 | | | | |
| 参加过政府组织的一些宣传活动 | | | | |
| 参加过村群众大会来了解农保信息 | | | | |
| 参加过村小组座谈会来了解新农保信息 | | | | |
| 给邻居讲解过新农保的信息 | | | | |
| 给亲友讲解过新农保的信息 | | | | |
| 给村里其他人讲解过新农保的信息 | | | | |

7. 在做出缴费参保决定之前，你觉得和周围其他人交流看法重要吗？
①很重要 ②重要 ③一般 ④不太重要 ⑤很不重要

8. 周围其他人是否参保，会不会影响到你的决定？

①会　　②不会

9. 周围大多数人是否已经缴费参保？

①是　　②否

10. 您是否已经缴费参保？

①是（只回答箭头所指问题）　　　②否（只回答箭头所指问题）

\* 您为什么参加新农保？（本项可多选）

①政府强制让缴费　②是个好投资　③为了能让家里老人领到养老金

④想靠这个以后养老　⑤以后有点零花钱　⑥看大家都参与了

⑦ 其他

\*您参保时，缴了_____元（填空）；您是否是自愿缴费的：

①是　②否

\*您会一直缴费到60岁之前吗？

①肯定会　　②可能会　③看情况　　④可能不会

⑤ 肯定不会

\* 您没有参加新农保的原因是？（本项可多选）

　　①不知道这个政策　②现在没有富余钱　③养老待遇太少　④怕贬值，不划

算　⑤怕政策变，不能兑现　　⑥不知道怎么参与　⑦错过了时间　⑧ 其他

\*您以后是否有参与新农保的意愿？①是　　②否　　③看情况

11. 您是否相信新农保政策的下列情况？（在相应的位置打"√"）

| | 非常相信 | 比较相信 | 一般 | 不太相信 | 不相信 |
|---|---|---|---|---|---|
| 这个政策会一直推行下去 | | | | | |
| 中央政府会一直补贴 | | | | | |
| 地方政府会一直补贴 | | | | | |
| 管理部门不会挪用所缴费用 | | | | | |
| 管理部门会确保所缴费不贬值 | | | | | |
| 60岁后能每月按时领到养老金 | | | | | |
| 以后养老待遇还会逐步提高 | | | | | |

12. 您是否满意新农保政策的下列情况？（在相应的位置打"√"）

| | 很满意 | 比较满意 | 一般 | 不太满意 | 不满意 |
|---|---|---|---|---|---|
| 中央政府的补贴水平 | | | | | |
| 地方政府的补贴水平 | | | | | |
| 办事人员的服务水平 | | | | | |
| 政府管理水平 | | | | | |
| 养老待遇水平 | | | | | |

## 三 社会关系情况

1. 您是否同意下列说法？（在相应的位置打"√"）

| | 非常同意 | 比较同意 | 一般 | 不太同意 | 很不同意 |
|---|---|---|---|---|---|
| 我们村的邻里会互相帮忙 | | | | | |
| 我可以顺利从我的邻居那里借到钱 | | | | | |
| 我经常做好事，不求回报 | | | | | |
| 如果为帮助受灾的人，我会捐款 | | | | | |
| 我们村的人有共同的想法，帮助有困难的人 | | | | | |
| 我们村想法是一致的，愿大家生活越来越好 | | | | | |

2. 您是否同意以下说法？（在相应的位置打"√"）

| | 非常同意 | 比较同意 | 一般 | 不太同意 | 很不同意 |
|---|---|---|---|---|---|
| 出远门我会考虑把钥匙托邻居保管 | | | | | |
| 托左右邻居办点小事，是可靠的 | | | | | |
| 总的来说，我们村的人是可以信任的 | | | | | |
| 社会上大多数陌生人是可信任的 | | | | | |
| 假如我丢失有我家庭详细地址的钱包一定会还给我 | | | | | |
| 一般来说，正规市场里不会有假冒伪劣的东西 | | | | | |
| 政府部门及公务员是可以信任的 | | | | | |
| 在遇上较大纠纷时，我会寻求法律援助 | | | | | |
| 一般来说，到政府机关办事不需要关系 | | | | | |

3. 您的交往情况

Ⅰ. 科技协会、宗教协会、娱乐组织、体育组织、合作社、妇女代表大会、借贷组织，这些组织中，你参加了几个？

①无　②1 个　③2 个　　④3 个　　⑤4 个以上

Ⅱ. 村里关系好到可以到家里去聊天的人有几个？

①1 个　②2 个　③3 个　　④4 个　　⑤5 个以上

Ⅲ. 村里知心的朋友有几个？

①1 个　②2 个　③3 个　　④4 个　　⑤5 个以上

Ⅳ. 村里一般朋友有几个？

①1 个　②2 个　③3 个　　④4 个　　⑤5 个以上

Ⅴ. 最近两周，您拜访邻居的次数？

①1 次　②2 次　③3 次　　④4 次　　⑤5 次以上

Ⅵ. 最近两周，邻居拜访您的次数？

①1 次　②2 次　③3 次　　④4 次　　⑤5 次以上

Ⅶ. 最近两周，您和亲友联系的次数？

①1 次　②2 次　③3 次　　④4 次　　⑤5 次以上

Ⅷ. 去年春节您给_____人拜年（填数字，没有填 0）

Ⅸ. 总的来说，您交往广泛吗？

①很广泛　　②广泛　③一般　④不广泛　　⑤几乎不交往

4. 村庄情况

Ⅰ. 如果有机会，您会考虑搬出您们村吗？

①很可能　　②有可能　③一般　④不太可能　　⑤不可能

Ⅱ. 您会经常因为您是这个村的村民而感到光荣吗？

①经常　　②有时　　③很少　④从不

Ⅲ. 与周围的村相比，本村的社会风气好不好？

①很好　　②较好　　③一般　④较差　　⑤很差

Ⅳ. 您村邻里之间的关系融洽吗？

①非常融洽　②比较融洽　　③一般　④不太融洽　⑤很不融洽

Ⅴ. 您村村民家里的东西是否经常被盗？

①是　　　②否

Ⅵ. 您村邻居是否经常吵架？

①是　　　②否

Ⅶ. 您村在重大问题上，是不是村民大会说了算？

①是　　　②否

Ⅷ. 您村是否是镇政府所在农村或者城郊农村？

①是　　　②否

Ⅸ. 您村距离县城_____公里（填空）

Ⅹ. 您们乡在全县中富裕程度：①很富裕　②比较富裕　③一般
④差　⑤很差

# 后　　记

　　本书是在我的博士论文《农村社会资本与参保决策研究》的基础上修改而成。此书现在得以出版，首先要感谢我的博士生导师华中科技大学社会学系吴中宇教授。吴中宇教授治学严谨，对我的博士论文倾注了大量心血，从选题、开题、问卷调查、写作、成稿和完善，导师都给予了具体的指导，没有导师的悉心指导，就不可能完成本书的写作。吴老师重视思维方法的传授，给足了我自由发挥的空间，这锻炼了我的学术能力，使我受益终生。没有吴老师在生活和学习中的鼓励与指导，就没有那快乐的三年博士生活。在此，我深表谢意！另外，也要感谢丁建定老师、石人炳老师，他们通过授课的方式培养了我的专业素养，启发了我的写作思维。特别感谢郑丹丹老师，她从硕士阶段就开始讲授"社会研究方法"和"社会统计学"课程，这些课程帮助我更好地完成了博士论文的写作。

　　感谢西北大学出版基金的资助，感谢公共管理学院的全体领导，感谢学院给青年教师的学术成长创造了良好的环境和条件。感谢公管学院的全体教师，与他们的学术探讨有助于我的成长。

　　最后，我要感谢我的家人对我的支持。如果说母爱是船，载着我从少年走向成熟；那么父爱就是一片海，给了我一个幸福的港湾。早已习惯了父母的关爱，渐渐忘记了感动，忘了说声谢谢。我把这本书送给我的家人，祝他们平安、健康、幸福。我把这本书送给我的妻子，遇见你，是我一生中最大的幸福。我要将这本书送给我的小宝宝，祝福他健康、快乐地成长！

吴玉锋

2015.1.22